MAGNUS
서술형 시리즈

고등영어 서술형
기본편
6주완성

박지성 편저

도서
출판 오스틴북스

　수능영어가 절대평가로 바뀐 지 얼마 지나지 않아 다시 입시에 변화가 생기면서 고등학교 1학년 내신의 중요성이 강조되고 있다. 그런 의미에서 서술형 문제 대한 중요도는 더욱 커지고 있는 느낌이다.

　최근 chatGPT의 활용이 높아지면서 기존에 출제된 문제를 응용•변형 하거나 참신한 신유형의 서술형 문제가 출제되는 현실에서 기출 유형에 문제 뿐 아니라 신유형 문제에 철저히 대비할 필요가 있다.

　본서는 전국 200개 이상의 고등학교 내신에 출제된 서술형 문제 유형을 분석•정리하고, 총 100개의 구문에 맞춰 기출과 신유형 문제를 모두 담아 어떠한 유형의 문제라도 당황하지 않고 대처할 수 있도록 구성했다.

　객관식 문제와 달리 서술형은 오랜 시간 투자를 바탕으로 한 탄탄한 기본실력이 뒷받침되지 않는다면 결코 좋은 성적을 기대할 수 없다. 책의 구성과 특징에서 밝힌 본서의 활용법에 따라 믿음을 가지고 책을 마무리한다면 고등영어 내신에서 좋은 성적을 받을 수 있음을 확신한다.

저자 박지성

구성과 특징

✻ 구문 학습 병행의 필요성

구문은 문장을 형성하는 수많은 규칙들 가운데 특별한 형태로 자주 활용되는 언어적 패턴을 말한다. 예를 들어 "내가 그를 만난 곳은 (다른 아닌) 공원이었다."라는 말을 전달할 때 문장 내 특정 표현을 강조하기 위해 다음과 같은 표현이 활용된다.

> **It** was <u>at the park</u> **that** I met him.

위 예문은 일반적으로 it ~ that강조 구문이라고 부르고, 부사구인 at the park의 내용을 강조하고 있다.

| 구문학습의 필요성 |

① 해석 속도 극대화

문법이 문장이란 퍼즐을 구성하는 조각들을 어떻게 맞추는지 이해하는 것이라면, 구문학습은 특정 형태로 맞춰진 "맞춤형 퍼즐"이라고 볼 수 있다. 특정 형태를 취한다는 말은 그 형태의 변화가 없고, 반복적으로 사용된다는 의미이므로 학습을 통한 체득은 곧 문장해석 속도의 극대화와 동일한 말이 된다.

② 해석의 정확성

특정 구문에 대한 학습은 문장해석의 정확성으로 이어진다.

> **It follows that** he is a good man

위 문장에서 It follows that S V의 구문을 몰랐다면, "그것은 그가 착한 사람이라는 것이 따른다." 또는 "그가 착한 사람이라는 것이 따른다"와 같이 오역할 수 있다. 이 표현은 앞서 전개된 내용을 바탕으로 "(당연히) ~라는 결론이 따른다"는 의미로 위 문장은 "(결과적으로) 그는 착한 사람이다"로 해석해야 한다. 구문학습은 문법 학습만으로 메울 수 없는 특정 문장에 대한 해석의 정확성을 높여준다.

③ 내신 서술형과 수행평가 에세이

특정 문법 또는 구문의 활용을 묻는 영작 문제가 주를 이루는 서술형 문제뿐 아니라 에세이 작문과 같은 수행평가에서 좋은 점수를 받기 위해서는 구문학습은 그 어느 때보다 중요하다. 덧붙여, 눈으로 보는 영어가 아니라 "이해 → 암기 → 영작"으로 이어지는 "쓰는 영어"에 대한 대비가 필수이다.

④ 착실한 내신준비는 곧 수능영어 고득점

수능영어는 기본적으로 1단락 1문항을 기본 골격으로 삼다보니, 당연히 제시한 시간에 상당히 많은 지문을 소화해 내야 하는 시간압박(time pressure)이 높은 시험이다. 문장해석 속도를 극대화시키는 구문학습은 내신영어뿐 아니라 수능영어에 필요하며, 특히 어법문제와 직결된다. 이뿐만 아니라 주제, 제목, 요지, 문단요약과 같은 대의파악 문제의 핵심내용은 일반적으로 강조, 도치, 최상급, 가정법, 상관등위접속사와 같은 특수구문으로 표현되기에 수능고득점을 위해선 구문학습은 필수이다.

✽ 본서의 구성

본서의 구성과 특징은 다음과 같다.

1. 구문

본서는 강별로 아래와 같은 Key Point를 통해서 각 구문에 대한 핵심을 추려 간단·명료하게 설명했다.

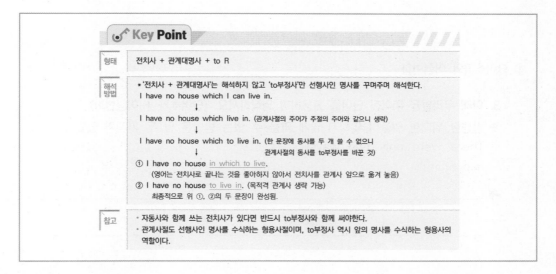

2. 미리 Voca

각 장에서 나오는 어휘를 미리 학습함으로써 문제 접근성을 높였다.

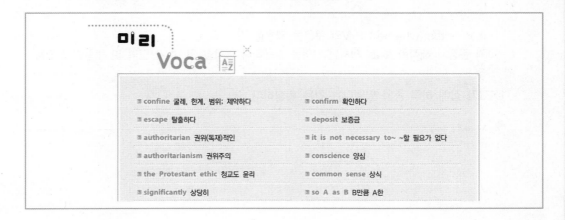

구성과 특징

3. 다양한 유형의 서술형 문제 단계적 구성

① 제시된 단어만을 활용한 영작

> **연습문제 2. 아래 우리말을 괄호 안에 주어진 단어만을 활용하여 영작하시오.**
>
> ❖ 당신이 멍청한 짓을 하지 않기 위해서는 두려워할 줄 알아야 한다.
>   You need some fears (foolish / things / to / you / from / keep / doing).
>
> ➜ _____

② 단어추가와 어형변화

> **3. 아래 우리말을 주어진 단어를 활용하여 영작하시오. (단어추가 + 어형변화)**
>
> ❖ 발생한 위대한 일들이 잊히지 않게 막을 수 있는 방법은 단 두 가지가 있었다.
>   There were only two ways (forgotten / from / could / in which / great happenings / being / people / hinder).
>
> ➜ _____
>
>   _____

③ 조건부 영작

> • 조건 •
> • it is ~ that(whether) S V의 구문을 활용할 것
> • 각 문장의 해석을 보고, 제시된 단어를 활용하여 영작할 것. 추가 단어 및 어형변화 있음.
>
> 1. 그가 집에 하루 종일 있었다는 것은 확실하다. (certain / stay at home / all day long)
>
> ➜ _____

④ 문장전환

※ 아래 지문을 읽고, 밑줄 친 ⓑ의 문장을 해석하고 빈칸에 알맞은 단어를 넣으시오.

ⓐ The roadside is crowded with locals, and (그들의 두뇌는 지역의 지식으로 가득 차 있다.) but ⓑ <u>we are too arrogant and embarrassed to ask the way.</u> So we drive around in circles, ⓒ (   ) and ⓓ (   ) successive hypotheses ⓔ (그림 같은 전망을 어디서 찾아야하는지에 관하여) that would entertain and enlighten the tourists.

해석 ➡ _____

We are (   ) arrogant and embarrassed (   ) (   ) (   ) ask the way.

⑤ 빈칸 채우기

유형 1. 내용정리

※ 아래 지문을 읽고, 물음에 답하시오.

It depends on their concentration than on a high IQ (학생들이 좋은 성적을 얻는지 못 얻는지는). Students with high grades often prepare for exam in advance by regularly reviewing their notes. In contrast, students with poor grades wait until the last minute and then quickly try to catch up.

♣ 본문의 내용을 바탕으로 아래 빈칸에 들어갈 표현을 적으시오. (동사의 어형변화에 주의)

Students with good grades	Students with poor grades
start studying _____ _____	wait _____ ___ _____ _____, hardly _____ _____

구성과 특징

유형 2. 본문에 나온 표현을 활용한 빈칸 채우기

> ※ 밑줄 친 (a)에 들어갈 알맞은 단어를 쓰시오. (단, 본문의 단어를 문맥에 맞게 변형할 것)
>
> I once said to a first date "Should I kiss you goodnight?" She looked confused for a moment and said "Yes". I went to kiss her on the cheek, and there was a moment of (a) c_____ about whether (b) (내가 그녀의 입술에 키스를 할 것인지 볼에 할 것인지를), and (c) 그녀는 머리를 어느 방향으로 틀어야하는지 몰랐다.).

⑥ 문단요약

유형 1. 우리말 제시형

> ※ 아래 지문을 읽고, 물음에 답하시오.
>
> Leaders and manager are basically different types of people. Every organization structures itself to accomplish its goal in a way that is in tune with or responsive to its environment. <u>Once the efficiency of the organization is established, people to about simply maintaining the system, assuming that the environment will stay the same.</u> Managers, then, take the leading role in sustaining the business. But the environment for any organization is always changing, thus the organization becomes less able to cope with the situation, creating more management problems. Times like this require organizations to think more in terms of leadership. Leaders seek to bring their organization more in line with the realities of their environment, which often necessitates changing the very structure, resources, and relationships of their organization. As they do, leaders can bring renewed vitality to their people.
>
> Q. 위 본문의 내용을 한 문장으로 요약하려고 한다. 빈칸에 들어갈 표현을 순서대로 쓰시오.
> (단, 첫 철자가 제시된 경우 해당 철자로 시작하는 단어로 표현할 것)
>
> When the environment of their organization changes and causes problems, leaders are expected to take more a_____(적응을 돕는) measures to resolve them compared to managers who are usually involved in _____ the e_____(기존의) system

유형 2. 구문 활용

※ 아래 지문의 내용을 한 문장으로 요약하려고 한다. 빈 칸에 들어갈 표현을 본문에서 찾아 쓰시오.

The best equipment a young man can have for the battle of life is a conscience, common sense and good health. There is no friend so good as a good conscience. There is no enemy so dangerous as a bad conscience. Conscience makes us either kings or slaves.

For a young man to go through the battle of life, it is _____ great importance to keep _____.

⑦ 이어질 내용 추론

※ 아래 지문을 읽고, 물음에 답하시오.

If you're faced with a complicated problem, (그것을 잘라서 많은 단순한 문제들로 만들고, 그리고 그것들을 하나씩 하나씩 처리하고 싶은 마음이 생길 것이다.). It is sometimes claimed that if you have solved all the simple problems you've solved the whole thing. That's reductionism in a nutshell. And as a methodology it works extremely well. In my discipline, which is physics, it's had some amazing successes. Look at the world about us, just see how complicated it is, the richness and diversity of nature. How are we ever to come to understand it? Well, a good way to start is by breaking it up into small bite-sized pieces. One example is atomism. <u>The belief that the entire universe is made up of atoms, or some sort of fundamental particles, and that everything that happens in nature is just the rearrangement of these particles, have proved extraordinarily fruitful.</u> Once you focus down to the level of individual atoms you can work out all the laws and principles that govern them. You can figure out in detail what they are doing.

Q. 위 본문의 마지막 내용이 이어지는 문장이다. 빈칸에 적절한 표현을 쓰시오.

It's then tempting to believe that if you understand individual _____ and the way they interact, you understand _____.

구성과 특징

⑧ 패러프레이즈

※ 아래 지문을 읽고, 물음에 답하시오.

Piaget's contributions need no defense. Like nearly all social scientists I have learned much from him. Nor have his contributions been merely academic. For instance, much of the current interest in child-centered learning and in "open instruction" has been directly inspired by Piaget's views of mental development and the nature of thought. (가) It would be misleading to suggest that Piaget is oblivious to the limitations. (나) It is with explicit intent that he has elected to fix his powerful intellect upon scientific thought and thus to neglect realms of imagination, emotion, and "lived" experience.

❖ 문맥을 고려하며, 밑줄 친 (가)의 문장과 같은 뜻의 다른 문장으로 표현하려고 한다. 빈칸에 들어갈 적절한 단어를 쓰시오.
It would be misleading to suggest that Piaget is oblivious to the limitations.
= Piaget was fully _____ of the limitations.

⑨ 지칭추론

The latest studies indicate that (사람들이 정말 원하는 것은 자신의 부모와 같은 특징을 가진 배우자이다). Women are after a man who is like their father and men want to be able to see their own mother in the woman of their dreams. Cognitive psychologist David Perrett studies what makes faces attractive. He has developed a computerized morphing system that can endlessly adjust faces to suit his needs. Perrett suggests that we find our own faces charming because they remind us of <u>the faces</u> we looked at constantly in our early childhood years.

❖ 위 본문의 내용으로 보아 밑줄 친 the faces를 지칭하는 대상은?

이외에도 다양한 유형의 서술형 문제를 담아 기출유형과 신유형에 모두 대비할 수 있도록 만전을 기했다.

Contents

MAGNUS
서술형 시리즈

MAGNUS

It ~ for (of) ~ to V

미리 Voca

▣ **confine** 굴레, 한계, 범위; 제약하다	▣ **confirm** 확인하다
▣ **escape** 탈출하다	▣ **deposit** 보증금
▣ **authoritarian** 권위(독재)적인	▣ **it is not necessary to~** ~할 필요가 없다
▣ **authoritarianism** 권위주의	▣ **conscience** 양심
▣ **the Protestant ethic** 청교도 윤리	▣ **common sense** 상식
▣ **significantly** 상당히	▣ **so A as B** B만큼 A한
▣ **contribute to** ~에 공헌하다	▣ **go through** 경험하다
▣ **emphasize** 강조하다	▣ **look forward to** ~을 기대하다
▣ **capitalism** 자본주의	▣ **proverb** 속담
▣ **have an effect on** ~에 영향을 미치다	▣ **gems of truth** 보석과 같은 진실
▣ **enrich** 풍요롭게 하다	▣ **profound** 심오한
▣ **merge** 병합하다, 합치다	▣ **reliable** 믿을만한
▣ **variety** 다양성	▣ **ageing** 노화
▣ **spectacular** 장관의	▣ **mislead** 호도하다
▣ **spectator** 구경꾼	▣ **be capable of** ~할 수 있다
▣ **produce** 생산하다	▣ **respect** 측면
▣ **merge** 합치다, 병합하다	▣ **at most** 기껏해야, 많아 봐야
▣ **computer-driven** 컴퓨터 기반의	▣ **hasty** 성급한
▣ **scence** 장면	▣ **capture** (특정 개념을) 담다
▣ **smoothly** 순조럽게, 매끄럽게	

🔑 Key Point

형태	it ~ (for 또는 of) ~ to V

해석 방법	① [It is hard] [for him to pass the examination. 　　[어렵다]　　　　[그가 시험을 통과하는 것은] ② [It is dangerous] [to jump off the moving train]. 　　　[위험하다]　　　[달리는 기차에서 점프해 내리는 것은]

참고	• it = to V • it은 해석하지 않는다. • to부정사의 의미상의 주어를 표시하는 경우와 그렇지 않는 경우를 구별한다. 　(for or of + 의미상의 주어) • 형용사가 to부정사가 이끄는 내용을 나타낼 때 for를 쓰고, 사람의 성격을 나타내는 표현이면 of를 　쓴다.

Exercise 01　　아래 샘플 구문을 확인하고, 각 문제의 우리말을 제시된 단어만을 활용하여 영작하시오.

가주어 · 진주어 구문
It is impossible (**for** me) **to** fix it　in an hour.

1　내가 당장에 의사를 보는 것(진찰을 받는 것)은 가능하다.

(is / possible / me / a doctor / it / at once / for / to / see)

→ _____

2　네가 더 열심히 일하는 것은 중요하다.

(is / to / you / harder / it / work / for / important)

→ _____

3 네가 가난한 사람들을 돕는 것을 보니 너는 아주 친절하구나.

(very / the poor / to / you / is / help / it / kind / of)

➔ _____

4 부자가 천국에 들어가는 것은 어렵다.

(for / the kingdom / to / enter / it / a rich man / hard / heaven / of / is)

➔ _____

5 그녀가 그렇게 말하는 것을 보니 아주 친절하구나.

(kind / to / it / say / so / of / is / her)

➔ _____

▶ 도전

6 개인이 권위주의의 굴레에서 벗어나 진정한 자유를 누리는 것은 가능하다.

(of / it / the confines / individuals / possible / freedom / and / escape / to / for / authoritarianism / genuine / is / experience)

➔ _____

_____

✔ 고난도

7 베버는 프로테스탄트 윤리와 그 사상의 영향이 자본주의 발전에 크게 기여할 수 있었다고 강조할 수 있다.

(could have / is / it / the development / and / possible / the Protestant ethic / for / Weber / the influence of / its ideas / to / significantly contributed / to emphasize that / of / capitalism)

➔ _____

_____

Exercise 02   아래 조건에 따라 우리말을 영작하시오.

> - [it ~ for/of ~ to v] 구문을 활용할 것.
> - 괄호 안에 제시된 단어를 활용할 것.
> - 추가단어 있음.

1   오늘 아침에 외투를 입는 것이 필요하다.

(necessary / her / wear / overcoat)

➜ _____

2   그 아이에게 그가 원하는 모든 것을 주는 것은 잘못이다.

(wrong / them / give / child / everything he wants)

➜ _____

3   우리가 일상의 삶에서 다른 사람과 우리의 사상과 생각을 교환하는 것은 필요하다.

(necessary / exchange our ideas and thoughts / daily social life)

➜ _____

4   그가 그의 입학시험에서 실패한 것에 대해 말할 때, 네가 그에게 그러한 것을 말하는 것은 잔인했다.

(cruel / such a thing) **when** (he / informed / his failing / of) **the entrance examination.**

➜ _____

Exercise 03 각 지문을 읽고, 물음에 답하시오.

1

Nowadays, Ⓐ (사람들이 다양한 문화의 음악을 듣는 것은 아주 쉽다.) Recorded music has had a great effect on enriching Ⓑ (우리가 듣는 다양한 음악)

1 괄호 Ⓐ의 우리말을 아래 조건에 맞게 영작하시오.

> • [it ~ for/of ~ to v] 구문을 활용할 것.
> • 아래 제시된 단어를 활용하되, 단어추가와 어형 변화 있음.
> 제시어 easy / hear music / culture

➜ _____

2 박스 안의 예시문장에서 활용된 관계대명사 용법을 참고하여 괄호 Ⓑ의 우리말을 영작하시오.

> 우리가 가지고 노는 다양한 장난감
> the variety of toys (that) we play with

➜ _____

2

Another example of <u>this</u> is the 3-D computer graphics that film-makers use to produce spectacular scenes. Computer screen techniques merge computer-driven models, and actors and real scenes together so smoothly that (일반 관객은 어느 것이 어느 것인지 구별하는 것이 불가능하다.)

1 문맥 상 this가 가리키는 것을 아래 제시된 단어만을 사용하여 작성하시오. (단, 관계대명사 that을 반드시 추가해서 작성할 것)

제시어

spectacular / to / a / screen / technique / scenes / film-makers / produce / computer / use

this: _____

2 괄호 안의 우리말을 아래 주어진 단어만을 사용하여 영작하시오.

for / spectators / tell / to / is / impossible / ordinary / which / which / it / is

➡ _____

3

Thank you for your letter of October 1. This is the return mail ⓐ for your asking and will confirm your reservation ⓑ for the nights of October 20, 21, 22, and your stay in ⓒ a single room with a private bath. (방 예약금을 미리 보내실 필요는 없습니다.) We ⓓ look forward to seeing you and hoping that you will enjoy your stay with us.

1 밑줄 친 ⓐ~ⓓ 중 문법적으로 어색한 부분을 찾아 고치시오.

번호	틀린 표현		바른 표현
_____ :	_____	➡	_____

2 괄호 안의 우리말을 아래 주어진 단어만을 사용하여 영작하시오.

> for / you / in / for / a / send / not / the room / is / deposit / necessary / it / advance / to

→ _____

Exercise 04 아래 각 지문을 읽고, 물음에 답하시오.

1

The best equipment a young man can have for the battle of life is a conscience, common sense and good health. (가) (바른 양심만큼 좋은 벗도 없다.) <u>There is no enemy so dangerous as a bad conscience.</u> Conscience makes us either kings or slaves.

---

1 본문의 밑줄 친 표현을 참고하여 괄호 안의 우리말을 아래 단어를 활용하여 영작하시오. (단, 추가단어 있음)

제시어
good / friend / good

→ _____

---

2 본문의 내용을 한 문장으로 요약하려고 한다. 빈칸에 들어갈 표현을 본문에서 찾아 쓰시오.

> For a young man to go through the battle of life, it is Ⓐ _____ great importance Ⓑ _____ keep a Ⓒ _____ _____.

Ⓐ _____   Ⓑ _____   Ⓒ _____ _____

2

Many proverbs contain gems of truth, and some are indeed profound, but they aren't reliable sources of knowledge and can be misleading. For example, take the saying 'You can't teach an old dog new tricks'. This isn't true of all dogs, and certainly isn't true of all human beings. (가) (능력 면에서 대단한 도약을 할 수 있는 노인들이 많이 있다.) This is not to deny the effects of ageing. The point is that what is roughly true, that as we get older it becomes harder to learn new behaviour, is not (나) <u>true for</u> everyone in every respect. At most the saying captures the idea that it may be difficult to change the ways of an older person.

1 괄호 (가)의 우리말을 아래 제시된 단어를 사용하여 영작하시오.

제시어

older / are / many / their / of / ability / people / making / who / in / are / capable / leaps / radical / there

_____

_____.

2 본문의 요지를 한 문장으로 요약하고자 한다. 아래 조건에 맞게 빈칸을 채우시오.

조건

• 빈칸 Ⓐ의 경우 g로 시작하는 총 15개의 철자로 된 단어임.
• Ⓑ의 경우 본문의 밑줄 친 (나)의 <u>true for</u>와 같은 의미의 표현으로 두 빈칸은 각각 a와 t의 철자로 시작함.

Saying that 'You can't teach an old dog new tricks' can be a hasty Ⓐ g_____ because it does not Ⓑ a_____ t_____ everyone in every respect.

Ⓐ g_____

Ⓑ a_____ t_____

unit 02 It is ~ that (whether) S + V

미리

Voca

▧ depend on ~에 의존하다 ~에 달려있다	▧ in advance 미리
▧ shut~ away ~을 가두다, 격리하다	▧ regularly 정기적으로
▧ regrettable 유감스러운	▧ review 검토하다
▧ certain 확실한	▧ whether~ not~ ~이든 아니든
▧ tragedy 비극	▧ catch up 따라잡다
▧ inhabitant 거주민	▧ praise 칭찬, 찬양, 숭배, 찬미; 신을 찬양하는
▧ be different from ~와 다르다	▧ available 이용할 수 있는, 쓸모 있는; 유효한
▧ look upon A as B A을 B로 간주하다	▧ profound 깊은, 밑바닥이 깊은; (병 따위가) 뿌리 깊은, 뜻깊은, 심원한
▧ with affection 애정을 가지고	▧ incorporate 합동(합체)시키다, 통합(합병, 편입) 하다; 짜 넣다
▧ belong to ~에 속하는	▧ endure (사람·물건이) 견디다, 인내하다
▧ regrettable 유감스런, 안된; 슬퍼할 만한, 가엾은	▧ confidence (남에 대한) 신용, 신뢰
▧ depend on ~에 달려 있다	▧ task (일정한 기간에 완수해야 할) 일, 임무
▧ concentration 집중(력)	▧ preschool 학령 미달의, 취학 전의
▧ grade 성적	

형태	It is ~ that (whether) S + V

해석
방법
	S + V하는 것은(인지 아닌지는) ~이다.
	① It is impossible [that he finishes the work in an hour.
	     불가능하다 [그가 한 시간 안에 그 일을 끝내는 것은
	② It's doubtful [whether there'll be any seats left].
	     의심스럽다 [남은 좌석이 있는지는] ← 없을 것이라는 생각이 강함

참고	• 주절에 명령, 주장, 결정, 요구, 제안, 충고의 의미가 표현되어 있거나, 또는 이성적 판단의 표현이 있어
	  당위나 소망의 관념을 나타낼 때, that 이하 should는 생략도 가능하다.
	• It is necessary that his father (should) be informed.
	  (그의 아버지께 꼭 알려드려야 한다.)
	• It is strange that he (should) refuse to see her.
	  (그가 그녀 보기를 거절하다니 이상하구나.)

Exercise 01 아래 샘플 구문을 확인하고, 각 문제의 우리말을 제시된 단어만을 활용하여 영작하시오.

> **It** is certain **that** he stayed at home that day.
> 그가 그날 집에 있었다는 것은 확실하다.

1 당신이 나와 동의하지 않다니 이상하구나.

(that / strange / disagree / you / it / is / should / with / me)

→ _____

2 그들이 여기에서 이길지 의심스럽다.

(is / will / whether / the / it / they / win / doubtful / game)

→ _____

3 당신은 당장 의사를 보아야 한다.

(see / a / should / that / is / it / you / right / necessary / doctor / now)

➜ _____

4 네가 매일 아침 길을 따라 걸어야 하는 것은 중요하다.

(walk / is / important / every / road / you / morning / the / it / along / that)

➜ _____

5 그것이 좋은 계획인지 어떤지는 토의할 여지가 있는 문제다.

(or / it / good / a / it / not / plan / argument / whether / for / matter / is / a / is)

➜ _____

🚩도전

6 우리는 현실의 본질에 대한 심오한 의미를 파악하기 위해 플라톤의 동굴의 비유를 깊이 파고들 필요가 있다.

(Plato's Allegory of the Cave / its profound implications / the nature of reality / necessary / about / we / is / delve into / to / it / that / grasp)

➜ _____

_____

7 뒤르켐의 자살 이론은 사회마다 다른 자살률에 기여하는 사회적 요인과 집단적 영향을 광범위하게 분석하기 때문에 자해 사망을 단순히 개인의 동기로만 돌리는 것은 불가능하다.

(individual motives / simplistically attributes / that / Durkheim's theory / It / suicide / self-inflicted / impossible / is / deaths / on / to), as (to / his work / different suicide rates / contribute / and / across / extensively analyzes / the social factors / societies / collective influences / that).

➜ _____

_____

_____

Exercise 02   아래 조건에 따라 우리말을 영작하시오.

- [it is ~ that(whether) S V] 구문을 활용할 것.
- 각 문제의 괄호 안에 제시된 단어를 활용하되, 추가 단어와 어형변화 있음.

1 그가 집에 하루 종일 있었다는 것은 확실하다.
(certain / stay at home / all day long)

➜ _____

2 사람들이 이전보다 더 길게 산다는 것은 사실이다.
(true / live long / than / did before)

➜ _____

3 그가 거기에 갈지 안 갈지는 너에게 달려 있다.

(depend / go there)

→ _____

4 우리가 하기로 약속했던 일이 유용한지 아닌지는 네가 상관할 일이 아니다.

(no business of yours / the work / we promised / useful)

→ _____

5 도시의 아주 많은 거주민이 자연의 아름다움과 격리되어 있다는 것은 현대 세계의 비극 중 하나이다.

(a tragedy of the modern world / so large a portion of the inhabitants of cities / shut away / natural beauty)

→ _____

_____

Exercise 03 아래 지문을 읽고, 물음에 답하시오.

1

Ⓐ (미국 영어가 영국 영어와 다르다는 것은 놀랍지 않다.) Even though there are many differences between British English and American English, there are far more ways in which they are Ⓑ a_____.

1 괄호 ⒜의 우리말을 박스 안에 제시된 단어만 사용하여 영작하시오. (It is ~ that 구문 활용)

> Britain / that / is / different / of / the English / not / it / is / surprising / from /
> English / American

→ _____

2 문맥 상 빈칸 ⒝에 들어갈 단어는? (단, 제시된 철자로 시작하는 단어를 쓸 것)

⒝ a_____

2

It is regrettable, but it is a fact, that children do not look upon their parents, or their
relations belonging to another generation, ⒜ (~와 동일한 정도의 애정을 가지고) their parents,
or relations, look upon ⒝ them.

---

1 괄호 ⒜의 우리말을 아래 단어만을 사용하여 영작하시오.

> degree / the / with / affection / same / as / of

→ _____

2 밑줄 친 ⒝의 them이 지칭하는 대상 또는 내용은?

3

It depends on their concentration than on a high IQ (학생들이 좋은 성적을 얻는지 못 얻는지는). Students with high grades often prepare for exam in advance by regularly reviewing their notes. In contrast, students with poor grades wait until the last minute and then quickly try to catch up.

1 괄호 안의 우리말을 아래 제시어만을 활용하여 영작하시오.

제시어

get / grades / not / or / good / whether / students

➜ _____

2 본문의 내용을 바탕으로 아래 빈칸에 들어갈 표현을 적으시오. (동사의 어형변화에 주의)

Students with good grades	Students with poor grades
start studying _____ _____	wait _____ _____ _____ _____, hardly _____ _____

Exercise 04 다음을 읽고, 물음에 답하시오.

Although praise is one of the most powerful tools available for improving young children's behavior, it is equally powerful for improving your child's self-esteem. Preschoolers believe what their parents tell them in a very profound way. (가) They do not yet have the cognitive sophistication to reason analytically and reject false information. If a preschool boy consistently hears from his mother that he is smart and a good helper, (나) he is likely to incorporate that information into his self-image. Thinking of himself as a boy who is smart and knows how to do things is likely to make him endure longer in problem-solving efforts and increase his confidence in trying new and difficult tasks. Similarly, thinking of himself as the kind of boy who is a good helper will make him more likely to (다) _____ _____ _____ _____(volunteer) tasks at home and at preschool.

1 밑줄 친 (가)의 내용에서 알 수 있는 아이들의 특성을 작성하려고 한다. 빈칸에 들어갈 단어를 〈조건〉
   에 맞게 쓰시오.

> ● 조건 ●
> • ⓐ의 경우 c로 시작하는 본문에 언급된 단어임. 필요시 빈칸의 문맥에 맞게 단어의 형태를 변형
>   할 것.
> • ⓑ의 경우 m로 시작하는 grown과 동의어임.

> Children are not ⓐ c_____ ⓑ m_____ to distinguish true information from
> false information.

2 밑줄 친 (나)를 가주어it – 진주어that 구문으로 바꾸시오.

> he is likely to incorporate that information into his self-image

→ _____

3 괄호 안의 단어를 사용하여 문맥 상 (다)의 빈칸에 들어갈 단어를 쓰시오.

(다) _____ _____ _____ _____

unit 03 It seems (happens) that ~

미리 Voca

▤ be out of ~ 맞지 않다, 어긋나다	▤ recognize 인식하다
▤ inclement (날씨 등이) 좋지 않은	▤ presence 존재
▤ inhabitant 거주민	▤ deep-rooted 뿌리 깊이 밝힌
▤ keep in touch with~ ~와 연락하다	▤ gradually 점진적으로
▤ argument 논쟁, 토의	▤ evolving 발전하는, 진화하는
▤ the Allegory of the Cave 동굴의 비유	▤ eventual 최종의, 궁극의
▤ profound 심오한	▤ abolition 폐지
▤ implication (숨은) 의미, 내포, 함축	▤ emancipation 해방
▤ reality 현실, 실체	▤ take place 발생하다
▤ delve into ~안을 탐구하다, 자세히 살펴보다	▤ have time to v ~할 시간을 갖다
▤ grasp 이해하다, 잡다	▤ digression 여담
▤ motive 동기	▤ narration 서사
▤ attribute 기여하다, (… 에) 돌리다, (…의) 탓으로 하다	▤ revolutionary 혁명적인
▤ self-inflicted 스스로 자신에게 과한, 자초한	▤ irritate 성가시게 하다
▤ suicide rate 자살률	▤ amusement 재미
▤ extensively 광범위하게	▤ excessive 지나친, 과도한
▤ social factor 사회적 요인	▤ excessive 과도한, 과대한, 과다한
▤ collective 집단적	▤ digression 본제를 벗어나 지엽으로 흐름, 여담, 이각
▤ influence 영향	▤ irrelevance 부적절, 무관계, 현대성의 결여; 잘못 짚은 비평, 빗나간 질문
▤ solar 태양의	▤ interrupt 가로막다, 저지하다, 훼방 놓다
▤ sunspot 태양 흑점	▤ narration 서술, 이야기하기, 이야기
▤ accompany 동행하다	▤ retrospect 회고, 회상, 회구
▤ intense (빛·온도 따위가) 격렬한, 심한, 맹렬한	▤ desire 소망, 요구
▤ lead to ~의 결과에 이름	▤ accompany 수반하다
▤ phenomenon 현상 (복수 phenomena)	▤ transaction (업무) 처리, 취급, 거래
▤ flare 너울거리는 불	▤ mundane 현세의, 세속적인
▤ institution 제도, 기관	▤ fundamental 기초의, 기본의, 근본적인
▤ slavery 노예제도	▤ keep track of ~을 기록하다 ~의 자국을 뒤밟다

형태	It seems that S V / It happens that S V 우연히(마침) ~하다, 공교롭게도 ~하다

해석 방법	① It seems [that he has much to do with the scandal]. 　　~처럼 보인다 [그가 그 스캔들과 관련성이 많은 것] ② It happened one day [that a stray dog came to him]. 　　(어느 날) 우연히 ~했다 [길거리 개가 그에게 다가왔다]

참고	• It seems that S V구문은 S seems to V로 바꾸어 표현할 수 있다. ① It seems that he has much to do with the scandal. 　= He seems to have much to do with the scandal. ② It happened one day that a stray dog came to him. 　= A stray dog happened one day to come to him.

Exercise 01 아래 샘플 구문을 확인하고, 각 문제의 우리말을 제시된 단어만을 활용하여 영작하시오.

It happens **that** today is my birthday.
마침 오늘이 내 생일이야.

---

1 그는 오늘 밤 여기서 머무를 것 같다.

(that / stay / he / to / seems / tonight / is / here / it)

➡ _____

2 그는 어둠을 두려워하는 것처럼 보이는데, 이는 그의 성격과는 전혀 어울리지 않는다.

(afraid / dark / he / is / that / the / seems / the / of / it), (his / is / completely / character / which / of / out).

➡ _____

_____

3 우리 조종사들이 완벽한 임무수행을 한 것 같다.

(complete / it / a / did / that / seems / pilots / our / service)

➜ _____

4 가정생활은 일본에서보다 미국에서 사회생활과 훨씬 더 연결되어있는 것처럼 보인다.

(connected / much / in / than / life / is / more / seems / is / in / that / America / social / it / to / life / it / Japan / family)

➜ _____

_____

5 날씨가 점차 더 혹독하게 되는 것 같은데.

(weather / more / in / inclement / have / it / we / seems / that / moving)

➜ _____

🚩도전

6 태양 흑점의 특징은 태양 표면의 어둡고 차가운 지역을 포함하는 것으로 보이며, 종종 태양 플레어 및 기타 우주 기상 현상으로 이어질 수 있는 강렬한 자기 활동을 동반한다.

It seems that (surface / of / the Sun's / solar sunspots / the characteristics / dark, cooler / include / on / regions), **often accompanied by** (intense / lead / can / to / magnetic activity / and / that / other space weather phenomena / solar flares).

➜ _____

_____

_____

7 에이브러햄 링컨은 미국에서 노예 제도의 뿌리 깊은 존재를 인식하는 동시에 점차 노예 제도의 해방과 종국적인 폐지에 대한 믿음으로 발전하면서 노예 제도에 대해 복잡한 견해를 가졌던 것 같다.
(complex / the institution / Abraham Lincoln / a / slavery / on / it / of / seems / view / held / that), **as** (recognized / presence / he / the United States / its / in / deep-rooted) **while** (towards / the belief / gradually evolving / the eventual abolition / slavery / and / of / in / emancipation).

→ _____

_____

_____

Exercise 02 아래 우리말을 조건에 맞게 영작하시오.

- [it ~ that] 구문을 활용하여 영작할 것.
- 괄호 안에 주어진 단어를 활용하되, 단어추가와 어형변화 있음.

1 내가 바로 어제 우연히 기차에서 그를 만났다.
(happen / so / meet / train / just yesterday)

→ _____

2 더 많은 통제와 권력은 재난에 의해 얻어진 것으로 보인다.
(seems / more control and power / gain / disasters)

→ _____

3 만약 당신이 외국을 여행하게 된다면, 당신은 그 나라의 언어를 모르고 여행하는 것이 얼마나 불편한지 알게 될 것이다.

(happen / travel / foreign country / find / how inconvenient / to travel / without / the native language)

→ _____

4 고대에 안데스에 거주했던 사람들은 이 수로를 수단으로 외부 세계와 연락을 취했던 것처럼 보인다.

(seem / in ancient times / inhabitant / the Andes / keep in touch with / the outside world / means / waterway)

→ _____

Exercise 03 아래 지문을 읽고, 물음에 답하시오.

1

To many scientists of the nineteenth century Ⓐ <u>it seemed that all of the important problems in science were solved</u> and that there would be little scientific work to be done in the future. But Ⓑ <u>as the twentieth century opened, revolutionary changes began to take place in most every field of science.</u>

1 밑줄 친 Ⓐ를 아래 예시를 참고하여 전환하시오.

| 예시 |
It seemed that <u>he</u> was there at the moment.
= <u>He</u> seemed <u>to</u> be there at the moment.

Ⓐ it seemed that all of the important problems in science were solved.

= _____.

2 ⒷＢ의 밑줄 친 문장에서 틀린 곳을 찾아 바르게 고치시오.

틀린 표현   바른 표현

_____ ➔ _____

2

Ⓐ Readers in the past seem to have been more patient than the readers of today. There were few amusements, and they had more time to read novels of Ⓑ <u>a length that seems to us now excessive</u>. It may be that they were not irritated by the digressions and irrelevances that interrupted the narration.

1 아래 예시를 참고하여 Ⓐ의 문장을 It ~ that 구문으로 바꾸시오.

┤ 예시 ├

It <u>seems</u> that he <u>passed</u> the test. = He seems to have passed the test.
· 주절의 seem과 종속절의 passed의 시제차가 발생하면 to 다음에 have + p.p의 형태를 취한다.

➔ _____

2 밑줄 친 Ⓑ를 해석하고, 구조를 분석하시오.

Ⓑ a length that seems to us now excessive

[해석] _____

[분석] _____

3

In retrospect, (돌이켜보면 양을 세고 싶다는 욕구처럼 일상적인 것이 문자 언어처럼 근본적인 발전의 원동력이 되었다는 사실이 놀랍게 느껴질 수도 있다.) But the desire for written records has always accompanied e_____ activity, since transactions are meaningless unless you can clearly keep track of who owns what.

1 아래 조건에 맞게 괄호 안의 우리말을 영작하시오.

─● 조건 ●─

• It seems that S V 구문을 활용할 것.
• 아래의 예시와 같은 [N as 형용사 as N] 구문을 활용할 것.
  [예시] a dog as fast as a bird
• 추가단어나 어형변화 없이 아래 제시어만을 사용할 것.

제시어 for / seems / language / count / an advance / it / was / mundane / as / as / to / surprising / fundamental / the driving force / as / something / written / the desire / sheep / that / as

→ _____

_____

_____

2 문맥 상 빈칸에 들어갈 단어를 쓰시오. (단, e로 시작하는 총 8개의 철자로 구성된 단어임)

e_____

unit 04 It be p.p ~ that S + V

미리 Voca

■ **desist** 그만두다	■ **cargo** (선박·항공기 등의) 적화, 뱃짐, 선하, 화물
■ **paramilitary** 준군사적인	■ **versatile** 재주가 많은, 다예한, 다능의, (감정·기질 등이) 변하기 쉬운, 변덕스러운
■ **impulse** 충동	■ **satellite** 위성; 인공위성
■ **superstition** 미신, 미신적 관습	■ **orbit** 궤도
■ **discipline** 훈계, 규율	■ **reductionism** 환원주의
■ **psychological** 심리학적	■ **in the nutshell** 요약하면
■ **adjustment** 적응	■ **methodology** 방법론
■ **permissive** 허용적인	■ **extremely** 극도로
■ **authoritarian** 권위적인	■ **diversity** 다양성
■ **hostile** 적대적인	■ **belief** 믿음
■ **be likely to~** ~할 것 같다	■ **come to understand** ~을 납득하게 되다, 이해하다
■ **delinquent** 비행의	■ **bite-sized** 한 입에 먹을[넣을] 수 있는; 다루기 쉬운
■ **foster** 발생시키다, 조성하다	■ **fruitful** 유익한
■ **inhibit** 충동·욕망을) 억제하다, 금하다	■ **work out** 이해하다
■ **manned** 승무원이 탄, 유인의	■ **knock off** 해치우다
■ **reduce** (양·액수·정도 따위를) 줄이다; 축소하다; 한정하다	■ **principle** 규율
■ **conventional** 전통적인, 인습적인, 관습적인, 형식적인	

Key Point

| 형태 | It be p.p ~ that S + V |

| 해석
방법 | ① It is said [that he was once a young men's idol].
여겨진다 [그는 한 때 한 젊은이들의 우상이었다고]
② It is believed that he worked very hard in his younger days.
믿겨진다 [그는 그가 젊은 날에 아주 열심히 일했다고] |

| 참고 | • It is said that S V는 다음과 같은 문장의 변형 중 하나이다.
People say that it is easy to learn English.
→ It is said that English is easy to learn.
→ English is said to be easy to learn. |

Exercise 01 제시된 문장을 아래 예시와 같이 문장을 전환하시오.

1. It is said that he works hard at school.
   → He is said to work hard at school.
2. It be p.p that S V에서 두 동사의 시제차가 발생하면 to have + p.p를 사용한다.
   It is thought that the language was once an international language.
   → The language is once thought to have been an international language.

1 It is believed that the festival comes from the South Pacific islands.

→ _____

2 It is known that the ceremony will be held at the end of July.

→ _____

3 It is thought that greatness was always his destiny.

→ _____

4 It is thought that a trip to the moon will be made possible.

➔ _____

5 If they get some of what they want, perhaps they are thought to desist from their paramilitary activities.

➔ _____

Exercise 02 제시된 우리말에 맞게 괄호 안의 단어를 사용하여 영작하시오. (단, 단어추가와 어형변화 있음)

1 외국어를 배우는 가장 최상의 방법은 그 언어가 사용되는 나라로 가는 것이라고 종종 여겨진다.

It _____ _____ _____(often, say) that the best way to learn a foreign language is to go to a country _____ _____ _____ _____(speak).

2 숫자 13에 관한 많은 미신이 존재한다. 고대 힌두교인들은 13명의 사람들이 함께 앉을 때 이는 불행하다고 믿은 첫 번째 사람이라 여겨진다.

There are very many superstitions about the number 13. _____ _____ _____ _____(say) the ancient Hindus _____ _____ _____ _____ _____(first, believe) that when thirteen persons sat together it was unlucky.

3 사실, 모든 치약이 품질에 있어서는 비슷하기에, 소비자는 순간의 충동에 의해서 구매한다고 말해도 무리가 없다.

In fact, as all tooth-pastes are similar in quality, _____ _____ _____ _____ _____ (may, safely, say) that consumers choose one _____ _____ _____ _____ _____(impulse, moment).

Exercise 03 아래 지문을 읽고, 물음에 답하시오.

1

Is it better for the child's development if parents are strict in their demands and discipline, or will the child have better psychological adjustment if parents are more permissive and less authoritarian in their behavior? Ⓐ <u>It is known that the effects of both permissiveness and strictness are negative</u> if the family environment tends to be cold and hostile. Ⓑ <u>A hostile and permissive environment is likely to produce an aggressive and delinquent child</u>, while a hostile and restrictive family environment fosters children who are anxious and inhibited.

1 본문의 내용을 아래와 같이 한 문장으로 요약하려고 한다. 빈칸에 들어갈 표현은?

It is thought that regardless of the kinds of discipline by parents it is the _____ of the _____ that affects directly the child's development.

2 밑줄 친 Ⓐ와 Ⓑ를 같은 내용의 다른 문장으로 각각 전환하려고 한다. 빈칸을 채우시오.

Ⓐ It is known that the effects of both permissiveness and strictness are negative.

→ The effects of both permissiveness and strictness _____.

Ⓑ A hostile and permissive environment is likely to produce an aggressive and delinquent child.

→ It is _____ that _____.

2

The Space Shuttle, a new manned transport system, is developed by NASA. Ⓐ <u>It is expected to reduce the costs of scientific, commercial and defense needs.</u> Ⓑ (㉠ The Shuttle is a rocket. ㉡ It can be flown back to Earth like a conventional aircraft and then reused.) Because it has a large cargo capacity and is so <u>versatile</u>, Ⓒ <u>it can carry out more than one mission per trip</u>. It would be possible for the Shuttle to put a weather satellite and a scientific satellite into proper orbits and then pick up a communication satellite for servicing.

1 밑줄 친 Ⓐ를 It ~ that구문으로 바꾸어 표현하시오.

➡ _____

2 괄호 Ⓑ안의 ㉠, ㉡ 두 문장을 관계대명사를 이용하여 한 문장으로 표현하시오.

> ㉠ The Shuttle is a rocket.
> ㉡ It can be flown back to Earth like a conventional aircraft and then reused.

➡ _____

3 Ⓒ의 내용을 바탕으로 밑줄 친 versatile의 영영풀이로 가장 적절한 것은?

① drawing near the middle of something

② turning either forward or backward

③ having or capable of many uses

④ having different feelings at the same time

Exercise 04 아래 지문을 읽고, 물음에 답하시오.

If you're faced with a complicated problem, Ⓐ (그것을 잘라서 많은 단순한 문제들로 만들고, 그리고 그것들을 하나씩 하나씩 처리하고 싶은 마음이 생길 것이다.) It is sometimes claimed that if you have solved all the simple problems you've solved the whole thing. That's reductionism in a nutshell. And as a methodology it works extremely well. In my discipline, which is physics, it's had some amazing successes. Look at the world about us, just see Ⓑ (그것이 얼마나 복잡한지), the richness and diversity of nature. How are we ever to come to understand it? Well, a good way to start is by breaking it up into small bite-sized pieces. One example is atomism. The belief that the entire universe is made up of atoms, or some sort of fundamental particles, and that everything that happens in nature is just the rearrangement of these particles, have proved extraordinarily fruitful. Once you focus down to the level of individual atoms you can work out all the laws and principles that govern them. You can figure out in detail what they are doing.

1   괄호 Ⓐ의 우리말을 아래 조건에 맞게 영작하시오.

> • [it ~ to v and v] 구문을 활용할 것.
> • 아래 단어를 활용하되, 추가 단어와 동사의 어형 변화 있음.
>   tempt / chop it up / knock off / them / one by one

→ _____

2   괄호 Ⓑ의 우리말을 제시어만을 사용하여 영작하시오. (단, 필요 시 단어의 형태를 변형할 것)

제시어
complicate / is / how / it

→ _____

3 본문의 밑줄 친 문장에서 문법적으로 **틀린** 부분을 찾아 고치시오.

> The belief that the entire universe is made up of atoms, or some sort of fundamental particles, and that everything that happens in nature is just the rearrangement of these particles, have proved extraordinarily fruitful.

틀린 표현   바른 표현

_____ ➔ _____

4 위 본문의 마지막 내용에 이어지는 문장이다. 빈칸에 적절한 표현을 쓰시오. (각 빈칸에 들어갈 단어는 모두 본문에서 찾아 쓰되, 철자가 제시된 경우 해당 철자로 시작하는 단어를 찾아 쓸 것)

> It's then tempting to believe that if you understand individual a_____ and the way they interact, you understand _____ _____ _____.

It be ~ that (강조구문)

미리

Voca

▩ with a heavy heart 무거운 마음으로	▩ be of the opinion that S V ~라는 의견을 가지다
▩ social security system 사회보장제도	▩ aggressiveness 공격성
▩ talk over ~에 대해 얘기하다	▩ accompany 동반하다
▩ in truth 사실	▩ twig 잔가지
▩ recognize 알아보다	▩ ape 유인원
▩ a large number of 수많은	▩ accompany 수반하다
▩ clue 단서	▩ feed on (보통, 동물이 …을) 먹이로[상식으로] 하다
▩ numerous 수많은	▩ bud 싹, 눈; 봉오리
▩ at a disadvantage 불리한 입장인	▩ twig 잔가지, 가는 가지
▩ clue 실마리, 단서	▩ frighten 두려워하게 하다, 흠칫 놀라게 하다
▩ numerous 다수의, 수많은	▩ elsewhere (어딘가) 다른 곳에(서)다른 경우에
▩ encounter 마주치다, 우연히 만나다	▩ natural enemy 천적
▩ first-language 모국어	▩ contribution 기여
▩ second-language 제 2언어	▩ merely 단순히
▩ due to ~때문에	▩ misleading 오해하기 쉬운, 오해하게 하는, 현혹시키는
▩ talkative 말하기 좋아하는	▩ oblivious 의식하지 못하는
▩ so far as~ ~하는 한	▩ intent 의도
▩ chief 주된	▩ elect to~ ~을 선택하다
▩ not so much A as B A라기 보다는 B인	▩ neglect 무시하다
▩ entail 수반하다	▩ realm 영역
▩ anthropologist 인류학자	▩ explicit 명백한, 노골적인

형태	It be ~ that S V

해석 방법	It is his laziness [that he must overcome]. 　　바로 게으름이다 [그가 극복해야 하는 것은]

참고	• 주어, 목적어, 부사(구/절) 중 강조하려는 대상을 It과 that사이 넣어 만든다. 　Tom met Jane at the park. 　a. It was Tom that met Jane at the park. (주어 강조) 　b. It was Jane that Tom met at the park. (목적어 강조) 　c. It was at the park that Tom met Jane. (부사구 강조) • 사람을 강조할 때 who, 사물을 강조할 때 which를 사용한다.

Exercise 01 아래 각 문장을 밑줄 친 부분을 강조하는 It ~ that구문으로 바꾸시오.

1 I made the visit to the hospital <u>with a heavy heart</u>.

➜ _____

2 I first met my wife <u>in this coffee shop</u>.

➜ _____

3 <u>He</u> met her in the park yesterday.

➜ _____

4 I would like to repair <u>these computers</u>.

➜ _____

5 <u>The income from taxes</u> pays for public services and the social security system.

➜ _____

Exercise 02 아래 조건에 따라 각 문제의 우리말을 영작하시오.

> • [It ~ that]강조 구문을 활용할 것.
> • 동사의 시제가 현재이면 It is ~, 동사의 시제가 과거이면 It was로 표현함에 주의할 것.
> • 제시된 단어만을 활용할 것.

1 내가 영어책을 쓰기 시작한 것은 바로 1997년이었다.

(that / started / write / I / books / it / 1997 / to / was / in / English)

➡ _____

2 지난주에 창문을 깬 사람은 바로 나의 동생이었다.

(broke / was / who / last / my / window / week / sister / the / it)

➡ _____

3 일본의 현금 경제가 삶에 중요한 영향을 미치기 시작한 것은 바로 1,600년대였다.

(1,600 / in Japan / in life / to / an / began / that / it / important / a cash economy / around / part / play / was)

➡ _____

4 It is sometimes helpful to talk over our plans with a friend; but we must remember that (무엇을 할지를 결정하는 것은 바로 우리 자신이다.)

(what / we / is / it / ourselves / decide / do / who / must / to)

➡ _____

5 In truth, people can generally find time enough for their work; (부족한 것은 시간이 아니라 의지다.)

(is / is / the / not / the / that / time / will / wanting / it / but)

➡ _____

Exercise 03 아래 지문을 읽고, 물음에 답하시오.

1

Good second-language readers need to be able to recognize a large number of words automatically. Since second-language readers will always be at a disadvantage because of their limited vocabulary knowledge, they must make use of context clues to infer the meaning of the numerous unknown words they will encounter. Unfortunately, Ⓐ (문맥적 힌트 또한 온전하게 활용하는 것을 막는 요소는 바로 외국어 학습자의 아주 제한된 어휘력이다.) In other words, compared to first-language readers, Ⓑ <u>second-language readers' lack of vocabulary knowledge forces them to guess word meanings more often.</u>

1 괄호 Ⓐ의 우리말을 아래 박스 안의 제시된 문장에서 밑줄 친 부분을 활용하여 It ~ that강조구문으로 표현하시오. (단, 추가단어와 어형변화 있음)

> Because of <u>the second-language readers' very limited vocabulary knowledge</u>, they are unable to <u>make full use of context clues as well</u>.

It is _____ that prevents _____

_____.

2 Ⓑ의 밑줄 친 문장을 같은 내용의 아래와 같이 바꾸려고 한다. 순서대로 빈칸을 채우시오.

> Ⓑ second-language readers' lack of vocabulary knowledge forces them to guess word meanings more often.

= Because of second-language readers' lack of vocabulary knowledge, _____ _____ _____ _____ _____ word meanings more often.

= Second-language readers frequently find themselves _____ the meanings of words due to their limited vocabulary knowledge.

2

Human beings are talkative creatures and always have been, so far as we can see. (Our urge to communicate with each other and growing ability to do so was probably the chief factor in the development that made us different from all other animals). Leading anthropologists are now of the opinion that it was not so much aggressiveness ___ ability to cooperate that gave the earliest forms of man a superiority over others of the ape family, and cooperation entails communication.

✔ 고난도

1   Based on the context, fill in the blanks.

> Among the ape family, the earliest humans were superior to others because of their ability to _____, which accompanied _____.

2   괄호 안의 문장에서 밑줄 친 부분을 강조하는 It ~ that구문으로 바꾸시오.

→ _____

_____

3   빈칸에 들어갈 표현은?

1

Deer are beautiful but not very smart. They feed mostly on tree buds and twigs or berries, but often they stay in one area until there is no food left, and they die. Deer get frightened and move elsewhere <u>only when their natural enemies such as wolves show up</u>. There they may find food and survive.

1 밑줄 친 표현을 문두로 하는 동일한 의미의 문장으로 바꾸시오.

> Deer get frightened and move elsewhere <u>only when their natural enemies such as wolves show up</u>.

➡ _____

2 위 글의 내용을 한 문장으로 요약하려고 한다. 아래 빈칸에 들어갈 적절한 표현을 본문에서 찾아 쓰시오.

> It is actually _____ _____ that help dear to find food and survive when there is no food left around them.

2

Piaget's contributions need no defense. Like nearly all social scientists I have learned much from him. (a) <u>And his contributions haven't been merely academic, either.</u> For instance, much of the current interest in child-centered learning and in "open instruction" has been directly inspired by Piaget's views of mental development and the nature of thought. (b) <u>It would be misleading to suggest that Piaget is oblivious to the limitations.</u> (c) <u>With explicit intent he has elected to fix his powerful intellect upon scientific thought and thus to neglect realms of imagination, emotion, and "lived" experience.</u>

1 아래 박스 안의 공식을 참고하고, 밑줄 친 (a)의 문장을 Nor로 시작하는 도치문으로 바꾸시오.

> 공식: and + not + either = nor

Nor _____.

2 문맥을 고려하며, 밑줄 친 (b)의 문장과 같은 뜻의 다른 문장으로 표현하려고 한다. 빈칸에 들어갈 적절한 단어를 쓰시오.

> It would be misleading to suggest that Piaget is oblivious to the limitations.
> = Piaget was fully _____ of the limitations.

3 밑줄 친 (c)이 문장에서 "With explicit intent"를 강조하는 문장으로 바꾸고, 우리말로 해석하시오.

→ _____

_____

해석: _____

_____

unit 06 It be not until ~ that S + V (강조구문)

미리 Voca

- **learn** 알게 되다
- **atomic energy** 원자력
- **at large** 전체적으로
- **arise** 발생하다, 생기다
- **come into existence** 존재하게 되다
- **civilization** 문명
- **flee** 도망치다
- **consequence** 결과; 결말, (영향의) 중대성, 중요
- **evolution** 진화
- **mechanism** 기계(장치), 기구, 구
- **Natural Selection** 자연도태
- **adaptation** 적응, 적합, 순
- **comprehend** (완전히) 이해하다, 파악하다, 깨닫다
- **formulate** 형식[공식]으로 나타내다, 공식화하다
- **challenge** 도전
- **persevere** 참다, 견디다, 버티다
- **numerous** 다수의, 수많은
- **transformative** 변화시킬 힘[경향]이 있는
- **appreciate** 감지하다, 헤아리다; 식별[인식]하다
- **patience** 인내(력), 참을성; 끈기
- **narrative** 서사
- **rhetoric** 미사어구, 웅변술, 설득력
- **embed** (끼워) 넣다, (마음·기억 등에) 깊이 새겨 두다
- **air** 발표하다
- **awe** 경외
- **to a large extent** 매우
- **severe** 심각한
- **intact** 온전한
- **restrict** 통제하다

- **assert** 주장하다
- **extent** 정도
- **shortage** 부족
- **interfere with** 간섭하다
- **as well as** ~ 뿐만 아니라
- **Primitive** 원시의, 원시시대의
- **interfere with** ~을 간섭하다, 말참견하다, 훼방놓다
- **to a large extent** 대단히, 매우
- **irresponsible** 책임이 없는, 무책임한; 책임 능력이 없는
- **phenomenon** 현상 사상, 사건, 놀라운 사물; 비범한 사람
- **claim** 주장하다
- **levitate** 공중에 뜨게 하다
- **magnetic force** 자기력
- **lapse** (시간의) 경과, 흐름, 추이, (우연한) 착오
- **shallow** 얕은
- **opossum** 주머니쥐
- **initially** 처음에는
- **phrase** 표현
- **hiss** (뱀·증기 따위가) 쉿 소리를 내다
- **growl** 으르렁거
- **foul** 더러운, 불결한; 냄새 나는
- **fluid** 유동체, 유체, 액체
- **defensive** 방어의, 방비용의
- **method** 방법, (특히) 조직적 방법, 방식
- **collapse** 부서지다, 무너지다, 붕괴하다, 내려앉다
- **foam** 거품(덩어리), 게거품
- **consciously** 의식적으로
- **physiological** 생리학(상)의, 생리적인

🔑 Key Point

형태	not A until B (B하고서야 A하다)

해석 방법	I did <u>not</u> realize my purse had been stolen <u>until I got off the train</u>. 　　기차에서 내리고서야 나의 지갑이 도난당했다는 것을 깨달았다. 　① ➜ <u>Not until</u> I got off the train <u>did I realize</u> (that) my purse had been stolen. 　② ➜ It was <u>not until I got off the train</u> that I realized (that) my purse had been stolen.

참고	• Not ~ until S V의 구문은 위와 같이 Not until S V를 문두로 보내고 주어와 동사를 도치하는 구문으 　로 만들 수 있다. • It ~ that 강조구문에 not until S V를 강조할 수 있다. • It is(was) ~ that S V(본동사 시제) 　본동사 시제에 따라 is 또는 was가 결정됨을 반드시 기억한다.

Exercise 01 　위 해석방법의 ①, ②번 설명에 따라 각 문제의 빈칸을 채우시오.

1 I didn't learn my wife had been sick for a year until I came back to Korea.

= It _____ that _____.

2 It was not until I got off the bus that I realized I had left my umbrella in the bus.

= I _____ that _____.

3 It was not until I left school that I realized the importance of study.

= Not until _____.

4 It was not till this morning that it stopped raining.

= It _____.

5 We didn't learn to apply atomic energy to the generation of electricity until the latter half of the twentieth century.

= Not until _____.

Exercise 02 아래 우리말에 해당하는 문장을 주어진 단어를 활용하여 영작하시오. (단, 괄호 안의 우리말 조건에 유의할 것)

1 집에 도착하고서야 나는 내가 펜을 잃어 버렸다는 것을 알았다. (It ~ that구문을 활용하고, 추가 단어와 동사의 어형변화 있음)

It was not until (I / home / my / pen / I / got / found / lose / that / I)

➡ _____

2 그가 죽은 후에야 그의 책의 가치가 대부분의 사람들에 의해서 인정되었다. (Not until 도치구문에 주의할 것)

Not until after his death (by people / his books / at large / the value / of / recognized / was)

➡ _____

3 돈은 인류의 필요에 부응하기 위해 존재하게 되었지만, 이 필요는 문명이 초기 단계를 넘어 성장할 때까지 증가하지 않았다.

Money came into existence to answer a need of mankind, but (did / rise / not / until / need / civilization / this / had grown / stages / beyond / its earliest).

➡ _____

_____

4 그가 자유로부터 도망칠 치고서야, 그는 자신의 선택의 무게와 그것들이 지니는 결과를 진정으로 이해하게 되었다. (Not until 도치구문에 주의할 것)

Not until he fled from freedom (his choices / of / they / the consequences / the weight / carried / did / truly understand / and / he).

➡ _____

_____

도전

5 '자연 선택'이라는 개념이 공식화되고 나서야 과학자들은 종의 적응과 진화의 메커니즘을 완전히 이해하게 되었다. (Not until을 문두로 하는 도치구문을 활용할 것)

(not / the concept / and / behind / evolution / the mechanism / "Natural Selection" / adaptation / did / fully comprehend / scientists / was / until / species / of / formulated)

➡ _____

_____

고난도

6 그녀는 부지런히 연습하고 수많은 도전을 견뎌낸 후에야 인내의 미덕과 목표를 달성하는 데 있어 인내가 가진 변화의 힘을 진정으로 깨달았다. (It ~ that 강조구문을 활용하되, 문맥에 맞는 동사의 시제를 사용할 것)

It was (challenges / and / diligently / until / through / not / numerous / she / practiced / persevered) **that** (power / achieving / the / transformative / its / her / goals / truly / virtue / and / in / appreciate / of / patience / she).

➡ _____

_____

_____

Exercise 03 각 지문을 읽고, 물음에 답하시오.

1

The official historical narrative of the Korean War, including the anti-North Korean rhetoric Ⓐ (embed) within Ⓑ it, Ⓒ has always been open to question in South Korea, but it was Ⓓ _____ _____ _____ _____ (아주 최근이 되어서야) that these new views and new perceptions of North Korea in particular have been able to Ⓔ (air) freely.

1 괄호 Ⓐ와 Ⓔ안의 embed와 air의 바른 형태를 각각 쓰시오.

Ⓐ _____   Ⓔ _____ _____

2 밑줄 친 ⓑ의 it이 지칭하는 대상 또는 내용은?

3 밑줄 친 ⓒ를 우리말로 해석하시오.

> ⓒ has always been open to question in South Korea

: _____

4 괄호 안의 우리말에 해당하는 영어표현은? (It ~ that / not until S V 구문에 주의할 것)

ⓓ _____

2

Primitive people lived in awe of nature. However, as we began to ⓐ <u>assert control over the environment</u>, our respect for nature to a large extent disappeared. ⓑ <u>Not until severe energy shortages and heavy pollution began to interfere with everyday life did we start to question our irresponsible use of the earth's resources</u>, and to see nature as a force to be protected as well as _____.

1 ⓐ의 밑줄 친 표현을 해석하면?

> ⓐ assert control over the environment

: _____

2 밑줄 친 ⑧의 문장을 It ~ that구문으로 바꾸시오.

: _____

_____

3 문맥 상 빈칸에 가장 적절한 표현은?

① intact   ② used   ③ unrestricted   ④ restricted

3

Racetrack Playa, a dry lake bed in Death Valley National Park, is famous for the "sailing stones" that move mysteriously across its surface. Long ago, explorers noticed this strange phenomenon when they saw tracks on the ground behind the rocks. But (가) (이러한 움직임이 과학적으로 이해된 것은 최근의 일이었습니다.) Some people had previously claimed that the rocks could levitate. Others believed that the rocks were moved by magnetic forces. Finally, in 2014, a time lapse video showed the stones moving at low wind speeds. Here's how it happens: first, rain forms a shallow layer of water on the dry ground. It freezes overnight and breaks into thin sheets of ice in the morning. Then, (나) _____ pushes the ice against the rocks, (다) ( ).

---

1 밑줄 친 (가)의 문장을 아래 조건에 맞게 영작하시오.

> ● 조건 ●
> • not until로 시작하는 도치구문을 활용할 것.
> • 아래 제시어를 활용하되, 추가단어와 문맥에 따른 단어의 품사와 어형 변형 있음.
> 제시어 recent / understand / scientifically / these movements

→ _____

2 문맥 상 빈칸 (나)에 들어갈 단어를 본문에서 찾아 <u>변형 없이</u> 그대로 쓰시오.

3 밑줄 친 첫 번째 문장의 내용을 참고하여 문맥 상 괄호 (다)에 들어갈 내용을 아래 제시어를 활용하여 영작하시오. (단, 문맥에 맞게 동사의 형태를 변형할 것)

> 제시어
>
> across / them / make / the / slide / ground

→ _____

4

Pretending to be dead is sometimes called "playing possum," a phrase inspired by the North American opossum. When facing danger, the opossum initially reacts by hissing, growling, showing its teeth, and even biting. If these methods fail, the opossum has an emergency plan: (가) (its / fake / death / to / own). In extremely dangerous situations, it collapses and foams at the mouth while lying completely still; meanwhile, a foul-smelling fluid is secreted, giving (나) it a realistic smell of death. Most predators prefer to kill prey themselves and will leave seemingly dead animals alone, so this is a very effective defensive method. Most surprising is the fact that the behavior is not done consciously. Instead, it is an automatic physiological response to the stress of facing a predator. Normally, (다) (포식자가 사라질 때까지는 주머니쥐가 이 상태에서 깨어나지 못합니다.)

---

1 문맥의 흐름에 맞게 괄호 (가)의 단어를 바르게 배열하시오.

→ _____

2 밑줄 친 (나)의 it이 지칭하는 대상 또는 내용을 적으시오.

3 본문의 내용으로 보아 아래 빈칸에 들어갈 단어를 채워 넣으시오. (단, 제시된 철자로 각각 시작하는 단어이며, 한 단어는 본문에 언급되지 않았음)

"Playing possum" is a d_____ m_____ when an opossum is in dangerous situations.

4 본문의 내용으로 보아 아래 빈칸에 들어갈 단어를 제시된 단어를 문맥에 맞게 적절하게 바꾸어 한 단어로 채워 넣으시오.

제시어
attract

Predators prefer to kill their prey themselves, and the "playing possum" behavior is an effective defense method that makes them _____ as prey.

5 괄호 (다)의 우리말을 아래 조건에 맞게 영작하시오.

• 조건 •
• It ~ that 강조구문과 not until 구문을 활용할 것.
• 아래 제시어를 사용하되, 단어의 어형변화 없음.
제시어 wakes / the predator / the opossum / this state / gone / from / is

→ _____

unit 07 remind A of B (통보의 'of')

미리 Voca

▥ convince 설득하다	▥ fault 과실, 잘못, 허물, 실책
▥ attendee 출석자	▥ whole 전부의, 모든
▥ psychoanalysis 정신 분석(학[법])	▥ certain 확신하는, 자신하는
▥ psychiatry 정신병학, 정신의학	▥ literature 문학, 문예
▥ thought-provoking 생각케 하는; 시사하는 바가 많은; 자극적인	▥ indicate 가리키다, 지적하다, 보이다, 표시하다, 나타내다
▥ insightful 통찰력이 있는	▥ cognitive 인식의, 인식력이 있는
▥ significance 중요성	▥ morphing 모핑《컴퓨터 그래픽스로 실사 영상을 animation처럼 변형시키는 특수 촬영 기술》
▥ cognitive 인식의; 인식력이 있는	
▥ construct (기계·이론 등을) 꾸미다, 구성하다, 연구[고안]하다	▥ endlessly 끊임 없이
▥ intricate 착잡한, 복잡한(complicated); 번잡한; 난해한	▥ adjust (꼭) 맞추다, 조정하다
▥ poverty 빈곤, 부족	▥ charming 매력적인, 아름다운; 호감이 가는
▥ linguist 언어학자	▥ constantly 변함없이, 항상, 끊임없이, 빈번히
▥ innate 내재적인	▥ capitalism 자본주의
▥ remarkable 놀라운	▥ exploitation 이용, 개발, 개척; 채굴, 벌채 사리를 위한 이용, 불법이용; 착취
▥ account for ~을 설명하다	▥ proletariat 무산 계급
▥ receive 받다	▥ bourgeoisie 중산(시민) 계급, 상공 계급; 부르주아(유산) 계급
▥ insufficient 불충분한	▥ perpetuate 영속시키다
▥ input 입력	▥ inequality 같지 않음, 불평등, 불공평, 불균형, 변동, 거칢
▥ remind A of B A에게 B를 상기시키다	▥ devoid ~이 전혀 없는, ~이 결여된
▥ satisfy 확신하게 하다	▥ debate 토론, 논쟁
▥ narcissus 나르시스	▥ inspiring 분발케 하는; 고무하는, 감격시키는
▥ hesitate to ~하기를 주저하다	▥ insight into ~안을 들여다 보는 통찰력
▥ treasure 보배, 재보, 금은	▥ ongoing 지속적인
▥ worth ~의 가치가 있는, ~의 값어치가 있는	▥ quest 탐구, 추구
▥ remind ~에게 생각나게 하다, ~에게 깨닫게 하다, ~에게 다짐하여 말하다	▥ equitable 공정[공평]한, 정당한

🔑 Key Point

| 형태 | remind A of B / inform A of B / convince A of B |

| 해석
방법 | ① The girl's name reminds me of my happy school days.
　　remind A of B : A에게 B를 생각나게 하다
② I informed her of my departure.
　　inform A of B : A에게 B를 알리다, 통보하다
③ They could not convince me of the truth of the report.
　　convince A of B : A에게 B를 확신시키다 |

| 참고 | • 3형식 동사들 중에는 목적어 다음에 전치사가 가진 고유의 의미가 동사에 결합되면서 의미가 완성되는
경우가 있다. 위 문장에서 쓰인 전치사 of는 '~에 대해서'의 의미를 가진 전치사이다.
• remind, inform, convince A of B 구문에서 전치사 of 대신에 접속사 that을 쓰는 것도 가능하며
접속사 that을 쓸 경우 문장과 함께 쓰임에 유의한다. |

Exercise 01 우리말을 제시된 단어만을 사용하여 영작하시오.

1 나는 그에게 그녀의 성공에 대해 알렸다.

(informed / success / her / I / him / of)

➔ _____

2 나는 그녀에게 일찍 떠나야 한다는 걸 상기시켜야 했다.

(had / her / early / remind / to / were / to / I / leave / supposed / that / we)

➔ _____

3 당신은 그들에게 그 일에 대한 당신의 열정을 확신시킬 필요가 있다.

(to / for / them / need / will / you / your / convince / enthusiasm / the / job / of)

➔ _____

4 경찰은 나에게 올바른 길을 알려주었다.

(of / a / the / informed / way / me / policeman / right)

→ _____

5 그는 그녀가 그 사건에 대해 책임이 있다고 확신했다.

(the / being / responsible / was / he / of / her / convinced / for / accident)

→ _____

🏁 도전

6 이 세미나에서는 프로이트의 정신분석 이론과 정신의학 분야에 미친 영향에 대해 알아볼 수 있다.

(the attendees / will / of / psychoanalysis / on / of / inform / psychiatry / its impact / of / the seminar / Freud's theory / the field / and)

→ _____

_____

✓ 고난도

7 이 학자는 생각을 자극하는 토론과 통찰력 있는 분석을 통해 문화와 예술 표현의 가교로서 고갱의 예술 철학의 깊이와 중요성을 동료들에게 확신시켰다.

(analysis / thought-provoking / insightful / discussions / through / and), (and / Gogang's art philosophy / of / convinced / the scholar / as / the depth and significance / culture / of / expression / a bridge / between / her peers / artistic).

→ _____

_____

_____

Exercise 02 괄호 안에 주어진 단어를 활용하여, 제시된 우리말을 영작하시오. (단, 조건이 제시된 경우 해당 조건에 따라 영작할 것)

1 젊은 여자의 초상화는 그가 그녀의 회사에서 행복한 시간을 보냈던 것을 상기시켰다.
The portrait of the young woman (company / her / happy / reminded / in / hours / him / spent / of / the).

➜ _____

_____

2 이곳 대서양의 해안에 서 있는 동안, 나는 그녀에게 13년 전에 나에게 일어났던 일에 대해 알려줬다.
Standing here on the shore of the Atlantic, (thirteen / her / years / informed / of a thing / to me / happened / ago / I / which).

➜ _____

_____

3 그녀는 나를 나르시스처럼 느끼게 하였고, 그녀는 너무 수줍어했기 때문에 나는 내가 그녀에 대해 어떻게 느끼는지 말하는 걸 주저했다.
She satisfied me of a narcissus, and she was so shy that for a long time (I / to tell / for her / I / felt / what / her / hesitated).

➜ _____

_____

• 나르시스: 그리스 신화에 나오는 청년으로 자신의 모습에 반해 물에 빠져 죽어서 수선화가 됨.

4 장 피아제의 인지 발달 이론은 아이들이 주변 세계에 대한 지식과 이해를 구축하는 복잡한 과정을 상기시켜 준다.

(theory of cognitive development / around / which / knowledge / them / construct / of / us / the world / of / understanding / children / and / reminds / Jean Piaget's / the intricate process / through).

➜ _____

_____

_____

고난도

5 노암 촘스키의 자극의 빈곤 이론은 언어학자들에게 언어의 선천적 본질을 설득하는 것을 목표로 하며, 아이들이 받는 제한적이고 불완전한 입력은 아이들이 발달하는 놀라운 언어 능력을 설명하기에 충분하지 않다고 제안한다. (아래 조건에 맞게 영작할 것)

조건

· [remind A of B] 구문을 활용할 것.
· [S V, V-ing]의 분사구문을 포함할 것.
· 아래 제시어만 사용한 되, 한 개의 동사의 어형을 변형할 것.

제시어

Ⓐ language / convince / aims / Noam Chomsky's / Poverty of the Stimulus theory / of / linguists / the innate nature / of / to

Ⓑ is / the remarkable linguistic abilities / suggest that / account for / children receive / they develop / to / insufficient / the limited and imperfect input

Ⓐ _____,

Ⓑ _____

_____.

Exercise 03 각 지문을 읽고, 물음에 답하시오.

❶

If Ⓐ (너의 친구가 너의 잘못을 친절하게 상기시켜주면), take Ⓑ (그가 말하는 것) not only pleasantly, but thankfully. Ⓒ <u>Few treasures are worth as much as a friend who is wise and helpful</u>. Such a one alone can remind us of our faults.

1 Ⓐ와 Ⓑ 괄호 안의 우리말을 아래 단어를 사용하여 영작하시오.

> Ⓐ kindly reminds / friend / you / your / faults / of / your
> Ⓑ he / says / what

Ⓐ _____

Ⓑ _____

2 밑줄 친 Ⓒ를 우리말로 해석하시오.

➜ _____

❷

A man's education should be the guiding line for the reading of his whole life, and I am certain that Ⓐ (대학 교육을 잘 활용해온 사람은) will Ⓑ (convince) the importance of reading the world's great books and the literature of their own land. They will know Ⓒ (무엇을 읽고, 읽은 것을 어떻게 이해해야 하는지를 알 것이다.)

1 괄호 Ⓐ안의 우리말을 아래 단어를 사용하여 영작하시오.

> their / studies / made / good / of / use / have / university / those / who

➜ _____

2 괄호 ⑧의 단어를 문맥에 맞게 바른 형태로 쓰시오.

⑧ convince → _____ _____ _____

3 괄호 ⓒ안의 우리말을 아래 단어를 사용하여 영작하시오.

> and / understand / it / how / what / to / to / read

➜ _____

Exercise 04 다음 글을 읽고, 물음에 답하시오.

The latest studies indicate that Ⓐ (사람들이 정말 원하는 것은 자신의 부모와 같은 특징을 가진 배우자이다.) Women are after a man who is like their father and men want to be able to see their own mother in the woman of their dreams. Cognitive psychologist David Perrett studies Ⓑ (얼굴을 매력적으로 만드는 것). He has developed a computerized morphing system that can endlessly adjust faces to suit his needs. Perrett suggests that we find our own faces charming because they remind us of the faces we looked at constantly in our early childhood years.

1 괄호 Ⓐ안의 우리말을 영작하려고 한다. 아래 조건에 맞게 영작하시오.

> • 관계대명사 what을 활용하여 주어를 작성할 것.
> • 주격 관계대명사 that을 활용할 것
> • 아래 제시어를 반드시 사용할 것.
> 제시어 parents / their / like / mate / has / really / is / a / people / qualities / want

➜ _____

2 괄호 ⑧ 안의 우리말을 아래 제시어만을 활용하여 영작하시오. (단, 문맥에 맞게 단어의 형태를 변형할 것)

> 제시어
> face / make / what / attract

→ _____

3 위 본문의 내용으로 보아 밑줄 친 the faces가 지칭하는 대상은?

Exercise 05 다음 글을 읽고, 물음에 답하시오.

(가) (칼 마르크스의 마르크스주의 이론은 인류 역사를 형성하는 사회경제적 구조와 사회를 지탱하는 계급 투쟁의 역학관계를 알려준다.) He posited that (나) capitalism, with its private ownership of means of production and exploitation of the proletariat by the bourgeoisie, perpetuates inequality and will ultimately lead to its own downfall through a proletarian revolution. And the revolution will pave the way for a classless communist society where wealth is shared based on needs and labor is devoid of exploitation. Despite debates, Marx's ideas have profoundly influenced political and social thought, inspiring movements for workers' rights and social justice, while offering insight into the complexities of human history and the ongoing quest for a more equitable world.

---

1 괄호 (가)의 우리말을 아래 조건에 맞게 영작하시오.

> ● 조건 ●
> • [inform A of B]와 현재분사의 후치 수식인 [N v-ing ~]의 구조를 각각 문맥에 맞게 활용할 것.
> • 아래 제시된 단어만을 활용하되, 필요시 단어의 형태를 변형할 것.
> 제시어 human history / us / of / informs / theory / Karl Marx's / and / the socio-economic structures / the class struggle dynamics / underpin / shape / society / of / Marxism

→ _____

_____

2 밑줄 친 (나)의 문장을 재진술 할 때 빈칸에 들어갈 두 단어의 바른 형태를 쓰시오.

> capitalism, with its private ownership of means of production and exploitation of the proletariat by the bourgeoisie, perpetuates inequality and will ultimately lead to its own downfall through a proletarian revolution.

= capitalism, with its private ownership of means of production and exploitation of the proletariat by the bourgeoisie, perpetuates inequality, _____ _____ to its own downfall through a proletarian revolution.

3 다음은 본문의 내용을 바탕으로 Karl Max와의 인터뷰 내용이다. 괄호 안의 단어를 바르게 배열하여 본문과 일치하는 자연스러운 대화를 완성하시오.

> • Interviewer: Mr. Marx, what is Ⓐ (자본주의의 궁극적 운명) according to your theory of Marxism?
> • Karl Marx: Ⓑ (자본주의는 필연적으로 프롤레타리아 혁명을 통해 스스로 몰락할 것이다.) The growing wealth disparity and exploitation of the working class will create discontent, and Ⓒ (프롤레타리아트는 자본주의 체제를 전복하기 위해 단결할 것이다.) This will pave the way for a classless communist society based on shared wealth and labor devoid of exploitation.

Ⓐ capitalism / ultimate / fate / the / of

→ _____

Ⓑ will / inevitably / proletarian / a / Capitalism / to / own / revolution / lead / its / through / downfall

→ _____

Ⓒ the / overthrow / the / will / to / capitalist / system / unite / proletariat

→ _____

미리 Voca

▣ **lighthouse** 등대	▣ **philosopher** 철학자
▣ **harbor** 항구	▣ **advocate** 옹호자, 고취자, 주창자
▣ **preserve** 보존하다	▣ **strict** 엄격한, 엄한
▣ **from generation to generation** 시대에서 시대로, 여러 세대에 걸쳐	▣ **censorship** 검열
▣ **rolling** 굴로가는	▣ **treatise** (학술) 논문, 보고서
▣ **snowball** 눈덩이	▣ **subsequently** 그 후, 계속해서
▣ **trauma** 정신적 외상, 마음의 상처, 쇼크	▣ **imitate** 모방하다, 흉내내다, 따르다, 본받다
▣ **perpetrator** 범죄자, 가해자, 흉행자	▣ **cold war** 냉전
▣ **victim** 희생(자), 피해자	▣ **civilization** 문명, 문화
▣ **conventional** 전통적인; 인습적인, 관습적인	▣ **determine** ~에게 결심시키다, ~에게 결의하게 하다
▣ **narrative** 이야기	▣ **among** ~의 사이에(서)
▣ **potential** 잠재력; 가능성	▣ **genetic** 발생(유전, 기원)의, 발생(유전학)적인
▣ **explore** 탐구하다, 조사하다	▣ **variation** 변이(變異)
▣ **composition** 구성, 성질, 기질, 작곡	▣ **compelling** 강제적인, 강력한; 강한 흥미를 돋우는, 감탄하지 않을 수 없는
▣ **discipline** (학문의) 분야	▣ **trait** 특색, 특성, 특징, 버릇
▣ **ordinary** 보통의, 통상의, 정규의, 범상한, 평범한	▣ **prevalent** (널리) 보급된, 널리 행해지는, 우세한
▣ **inadequate** 부적당한, 부적절한, 불충분한	▣ **gradual** 점차적인
▣ **jargon** (동업자·동일 집단 내의) 특수 용어, 통어(通語); 변말, 은어	▣ **diversification** 다양함

🔑 Key Point

형태	S + V + O + To R

해석 방법	S는 O가 O·C하는 것을 V하다'로 해석한다. ① His wealth enables him to go abroad. 　　그의 부는 그가 해외로 가는 것을 가능하게 한다. ② We got her to attend at the party. 　　우리는 그녀가 파티에 참석하게 했다. ③ I wanted her to solve the problem for herself. 　　나는 그녀가 스스로 문제를 푸는 것을 원했다.

참고	• want, wish, like, tell, order, ask, teach, allow, compel, oblige, force, enable, persuade 등의 동사는 5형식에서 목적보어로 to부정사를 취한다. • ② 5형식 동사 중 help, get, cause 등은 목적보어로 to부정사를 취한다. 　(help는 원형부정사와 to부정사 둘 다 취할 수 있음)

Exercise 01 다음 우리말을 주어진 단어를 사용하여 영작하시오.

1 나는 네가 당장 와주기를 바란다.

(want / you / come / now / I / to / right)

→ _____

2 그는 그날 밤 그녀가 외출하는 것을 허락하지 않았다.

(her / that / go / allow / to / didn't / He / night / out)

→ _____

3 나는 그에게 그 차를 수리하라고 시킬 것이다.

(fix / the / him / to / car / get / will / I)

→ _____

4 그는 내가 세차하는 것을 도와주었다.

(the / me / he / wash / car / to / helped)

→ _____

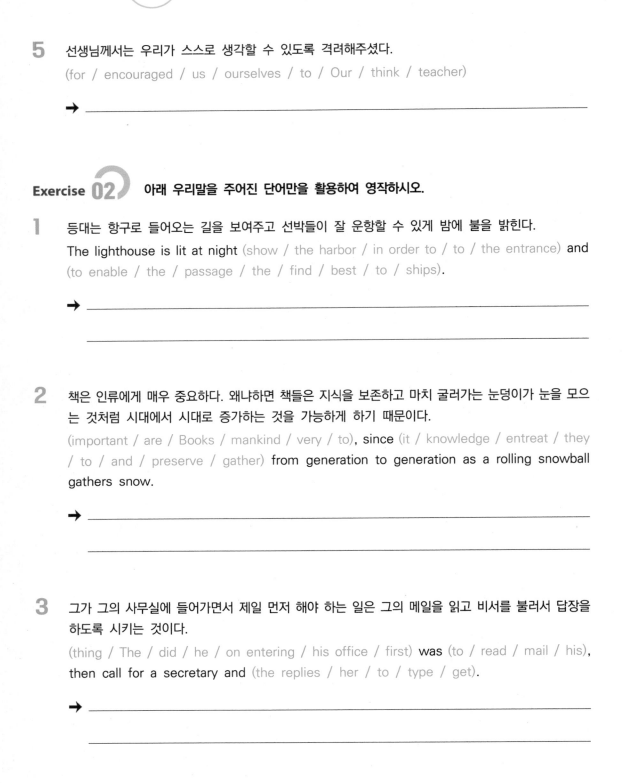

5 선생님께서는 우리가 스스로 생각할 수 있도록 격려해주셨다.

(for / encouraged / us / ourselves / to / Our / think / teacher)

→ _____

Exercise 02 아래 우리말을 주어진 단어만을 활용하여 영작하시오.

1 등대는 항구로 들어오는 길을 보여주고 선박들이 잘 운항할 수 있게 밤에 불을 밝힌다.

The lighthouse is lit at night (show / the harbor / in order to / to / the entrance) and (to enable / the / passage / the / find / best / to / ships).

→ _____

→ _____

2 책은 인류에게 매우 중요하다. 왜냐하면 책들은 지식을 보존하고 마치 굴러가는 눈덩이가 눈을 모으는 것처럼 시대에서 시대로 증가하는 것을 가능하게 하기 때문이다.

(important / are / Books / mankind / very / to), since (it / knowledge / entreat / they / to / and / preserve / gather) from generation to generation as a rolling snowball gathers snow.

→ _____

→ _____

3 그가 그의 사무실에 들어가면서 제일 먼저 해야 하는 일은 그의 메일을 읽고 비서를 불러서 답장을 하도록 시키는 것이다.

(thing / The / did / he / on entering / his office / first) was (to / read / mail / his), then call for a secretary and (the replies / her / to / type / get).

→ _____

→ _____

4 Pumla Gobodo-Madikizela는 독자들이 트라우마와 폭력이 피해자와 가해자 모두에게 미치는 심리적 영향을 이해하길 원한다.

(her readers / trauma and violence / Pumla Gobodo-Madikizela / the psychological effects / of / understand / perpetrators / victims / and / wants / on / to / both)

➔ _____

_____

5 Gilles Deleuze는 영화 제작자들이 기존의 내러티브 구조에서 벗어나 시간이 영화 구성의 중심 요소가 되는 '시간 이미지' 영화의 잠재력을 탐구할 것을 장려한다.

("time-image" cinema / Gilles Deleuze / encourages / to / free / break / conventional narrative structures / filmmakers / and / the potential / from / explore / of), **where** (becomes / film's / central / in / composition / element / time / a / the).

➔ _____

_____,

where _____.

Exercise 03 각 지문을 읽고, 물음에 답하시오.

1

Every scientific discipline tends to develop its own special language because it finds ordinary words inadequate, and Ⓐ psychology is no different. The purpose of this special jargon is not to mystify non-psychologists; rather, Ⓑ (이것은 심리학자들이 자신들이 논의하고 있는 현상을 정확하게 기술하도록 해 준다) and to communicate with each other effectively.

1 밑줄 친 Ⓐ의 문맥적 의미를 작성하려고 한다. 아래 빈칸에 들어갈 단어를 본문에서 찾아 넣으시오.
(단, 필요시 문맥에 맞게 단어의 형태를 변형할 것)

Psychology _____ _____ _____ _____ _____, too.

2 괄호 Ⓑ의 우리말을 아래 단어를 사용하여 영작하시오. (단, 추가 단어 있음)

> allows / discussing / psychologists / accurately / they are / describe / it / the
> phenomena

➜ _____

2

One of Socrates' students, the Greek philosopher Plato, became a leading advocate for censorship after his teacher's death. In his philosophical treatise The Republic, Plato advocated the strict censorship of literary materials for children, Ⓐ (argue) that Ⓑ (이른 나이에 소설에 노출되는 것은 아이가 소설에 등장하는 인물과 과도하게 동일시하는 것을 유발한다) and subsequently imitate their worst characteristics. Thus, Plato contended that Ⓒ (아이들이 보고, 듣고 또는 읽는 모든 것에 통제를 행사하는 것은 사회의 도덕적 의무였다.)

1 괄호 Ⓐ의 바른 형태는?

2 괄호 Ⓑ의 우리말을 아래 단어만을 사용하여 영작하시오.

> fiction / fictional / to / can cause / early exposure / characters / children / overly
> identify with / to

➜ _____

3 아래 조건에 맞게 괄호 ⓒ를 영작하시오.

> • it ~ that S V의 가주어 · 진주어 구문을 활용할 것.
> • 아래 제시된 단어를 활용하되, 추가 단어 있음.
>   society's moral obligation / exercise control / everything / children

→ _____

Exercise 04  다음 지문을 읽고, 물음에 답하시오.

> The post-cold war world is a very different place. Power is moving from Western countries to other areas of the world. As a result, global politics has become more complex, involving countries from many civilizations. In this new world, both differences and similarities in culture determine partners and enemies. These factors have caused political and economic differences among countries. Moreover, (이러한 차이점으로 인해 종종 지역적 분쟁이 더 큰 전쟁으로 커진다.)

1 괄호 안의 우리말을 아래 조건에 맞게 영작하시오.

> • cause A to B(v)의 5형식 문장으로 작성할 것.
> • 아래 제시된 단어만을 사용할 것.
>   제시어 grow / cause / to / into / larger / often / conflicts / wars / local

these differences _____ .

2 위 본문의 내용을 한 문장으로 요약하려고 한다. 제시된 철자로 시작하는 단어를 빈칸에 쓰시오.
(단, Ⓐ의 경우 face의 바른 형태를 작성하고, Ⓑ의 경우 본문에서 사용된 단어를 문맥에 맞게 쓸 것)

> In the post-cold war world, the most important issue Ⓐ f_____ countries is understanding Ⓑ c_____ d_____ among them.

Ⓐ f_____   Ⓑ c_____ d_____

Exercise 05 · 다음 글을 읽고, 물음에 답하시오.

Through the forces of natural selection and genetic variation, (가) (진화론은 유기체가 끊임없이 변화하는 환경에 적응하고 번성할 수 있게 해준다.) Instead of compelling specific changes, (나) (진화는 유리한 형질을 가진 개체가 생존과 번식 확률을 높일 수 있는 틀을 제공한다.) Over time, these beneficial traits become more prevalent in the population, leading to the gradual transformation and diversification of species.

1 괄호 (가)의 우리말을 아래 제시어만 사용하여 영작하시오.

제시어

their / evolution / organisms / to / thrive / adapt / ever-changing / the / environments / in / theory / enables / and / of

→ _____

_____

2 괄호 (나)의 우리말을 아래 조건에 맞게 영작하시오.

● 조건 ●
• [allow A to v]의 5형식 구문을 활용할 것.
• 아래 제시어를 활용하되, 추가 단어 있음.
제시어 advantageous traits / individuals / of / allows / survival / with / provides / a framework / and / evolution / have / a higher chance / reproduction / that

→ _____

_____

keep A from ~ing

미리 Voca

▨ **forbid** 금지하다	▨ **sterilize** 살균하다, 소독하다
▨ **dissuade** ~에게 (설득하여) 단념시키다	▨ **comb** 빗, 빗질하다
▨ **biased** 편향된, 한쪽으로 치우친	▨ **reject** 거절하다, 사절하다, 각하하다
▨ **robust** 튼튼한, 강한, 건전[확고]한《사상 따위》	▨ **intervention** 사이에 듦, 조정, 중재
▨ **implement** (약속 따위를) 이행[실행]하다	▨ **restrict** 제한하다, 한정하다
▨ **continuous** 연속[계속]적인, 끊이지 않는, 부단한	▨ **entry** 참가, 가입
▨ **ethical** 도덕상의, 윤리적인	▨ **intern** 인턴으로 근무하다
▨ **strict** 엄격한, 엄한	▨ **brilliant** 찬란하게 빛나는, 번쩍번쩍 빛나는, 훌륭한, 화려한
▨ **conform** 따르다, 순응하다《to》	▨ **achievement** 성취, 달성
▨ **neoclassical** 신고전주의(파)의	▨ **backward** 뒤에(로), 역행하여, 퇴보(악화)하여, 타락하여
▨ **convention** 관습, 전통	▨ **ancient** 옛날의, 고대의
▨ **prohibit** 금지하다, 막다	▨ **conquer** (무력으로) 정복하다, (적을) 공략하다
▨ **Romanticism** 낭만주의	▨ **guard** 지키다, 보호하다
▨ **bond** 유대, 맺음, 인연; 결속, 결합력	▨ **maintain** 유지하다
▨ **access** 접급, 접근하다	▨ **inconspicuous** 두드러지지 않는, 눈을 끌지 않는
▨ **unauthorized** 권한이 없는	▨ **triumph** 승리, 대성공, 업적
▨ **installation** 설치	▨ **unimpaired** 손상되지 않은; (가치·양 따위가) 줄지 않은
▨ **security measure** 보안 조치	▨ **undiminished** 줄지 않은, 쇠퇴[저하]되지 않은
▨ **hinder** 방해하다	▨ **fascinate** 황홀케 하다, 매혹시키다
▨ **abstract** 추상적인	▨ **ripe** 익은, 원숙한, 숙달된
▨ **concept** 개념	▨ **heredity** 유전; 형질 유전, 세습
▨ **insight** 통찰력	▨ **reverse** 거꾸로 하다, 반대로 하다, 뒤집다, 뒤엎다
▨ **grasp** 이해하다, 파악하다	▨ **element** 요소, 성분
▨ **barber** 이발사	▨ **reckless** 분별없는, 무모한

🔑 Key Point

형태	S + V + O + from N

해석 방법	*O가 N하는 것을 막다, 금지하다, 못하게 하다 ① His low salary <u>prevent</u>s him <u>from buying</u> the car. 　그의 낮은 연봉은 그가 차를 사는 것을 못하게 한다. ② What <u>kept</u> the children <u>from going</u> on a picnic? 　무엇이 아이들이 소풍을 가는 것을 못하게 하나요? ③ Can anyone <u>keep</u> these people <u>from being</u> baptized with water? 　누가 능히 물로 세례 베풂을 금하리요?

참고	• prevent, stop, keep, hinder, restrict, inhibit, ban, prohibit, dissuade 등의 동사와 from과 함께 쓰이면 from이 '제한, 억제'의 의미를 가지게 된다.

Exercise 01　제시된 단어만을 사용하여 우리말을 바르게 영작하시오.

1 폭우 때문에 우리는 외출할 수 없었다.

(the / going / out / prevented / heavy / from / us / rain)

➜ _____

2 누구든 선악을 구별할 줄 알아야 한다.

(must / one / bad / know / good / from)

➜ _____

3 어떤 회사들은 보안을 이유로 직원들이 회사에서 카메라를 사용하는 것을 막는다.

(their / work / prevent / cameras / from / at / security / employees / companies / some / using / reasons / for)

➜ _____

4 의사는 그녀가 담배를 피우지 못하게 했다.

(doctor / forbade / her / the / smoke / to)

→ _____

5 그는 그의 친구가 해병대에 입대하지 못하게 하려했지만 실패했다.

(the / joining / he / to / marines. / unsuccessfully / tried / from / dissuade / his / friend)

→ _____

🏴 도전

6 AI가 편향된 결정을 내리는 것을 방지하려면 강력한 윤리 지침과 지속적인 모니터링을 구현해야 한다.

(AI / making / to / prevent / biased / decisions / from), (be / robust / must / and / continuous / guidelines / monitoring / implemented / ethical).

→ _____

_____

✔ 고난도

7 낭만주의에서 개인의 감정과 상상력을 강조하는 것은 신고전주의 예술 관습의 엄격한 규칙을 따르지 못하게 한다.

(the strict rules / conforming / neoclassical artistic conventions / prohibits / the emphasis / on / from / individual / in / emotions and imagination / Romanticism / of / it / to)

→ _____

Exercise 02 괄호 안의 우리말에 맞게 주어진 단어를 활용하여 영작하시오. (단, 조건부가 있는 경우 해당 내용에 따라 영작할 것)

1 강한 결속의 신뢰와 열린 의사소통은 오해로 인해 관계가 손상되는 것을 방지할 수 있습니다.
A strong bond of trust and open communication (relationship / from / can / a / damaging / misunderstandings / prevent).

→ _____

_____

2 당신이 멍청한 짓을 하지 않기 위해서는 두려워할 줄 알아야 한다.
You need some fears (foolish / things / to / you / from / keep / doing).

→ _____

3 발생한 위대한 일들이 잊히지 않게 막을 수 있는 방법은 단 두 가지가 있었다.
There were only two ways (forgotten / from / could / in which / great / happenings / being / people / hinder).

→ _____

4 보안 조치를 설치하면 권한이 없는 개인이 민감한 데이터에 액세스하는 것을 방지할 수 있다.
(단, 문맥에 맞게 동사 한 개의 형태를 변형할 것)
(can / access / from / unauthorized / the installation / security measures / prevent / sensitive / individuals / of / data).

→ _____

_____

5 선종 철학의 복잡한 언어와 추상적인 개념은 초보자가 선의 깊은 의미와 통찰을 파악하는 데 방해가 될 수 있다.
(and / in / the complex / deeper / and / can hinder / abstract concepts / Seon philosophy / beginners / insights / language / from / meanings / grasping / its)

→ _____

_____

Exercise 03 각 지문을 읽고, 물음에 답하시오.

1

The Board of Barbers insists on certain rules and standards. For example, all barbers Ⓐ (require) sterilize their combs and reject any customers who look like dogs. The board's intervention may slightly bother some barbers, but they may Ⓑ (위원회로 하여금 그들에게 많은 혜택을 줄 수 있는 다른 규칙들을 채택해 달라고 설득할 수 있게 된다), especially by restricting entry. The board may Ⓒ (새로운 이발사들이 그 주에 유입되는 것을 막는다) by demanding Ⓓ <u>that</u> they intern for minimum wage for three years.

1 괄호 Ⓐ의 바른 형태는? (단, 추가단어 있음)

2 괄호 Ⓑ의 우리말에 맞게 아래의 조건에 맞게 영작하시오.

> • [persuade ~ to v]의 5형식 구문을 활용할 것.
> • 주격관계대명사 활용하되, which는 쓰지 말 것.
> • 아래 표현을 활용하고, 추가 단어 있음.
> in the end / other rules / the board / benefit / them

➡ _____

3 괄호 Ⓒ의 우리말을 아래 단어를 사용하여 영작하시오. (단, 추가 단어와 동사의 어형변화 있음)

> the state / hinder / new barbers / move

➡ _____

4 밑줄 친 ⓓ와 같은 용례는?

① Have you forgotten about that money I lent you last week?

② The people that I spoke to were very helpful.

③ Who was it that won the US Open?

④ She was so tired that she couldn't think straight.

⑤ The fact that he's older than me is not relevant.

2

It is unlikely that many of us will be famous, or even remembered. But Ⓐ no less important than the brilliant few that lead a nation or a literature to fresh achievements, are the unknown many whose patient efforts keep the world from running backward; who guard and maintain the ancient values, even if they do not conquer new; whose inconspicuous triumph it is to _____, unimpaired and undiminished, _____.

• no less A than B = as A as B

1 밑줄 친 Ⓐ 문장을 도치 이전의 원래 문장으로 쓰시오.

➡ _____

_____

2 본문 빈칸에 들어갈 내용을 아래 우리말 해석을 참고하여 제시된 단어를 사용하여 영작하시오. (추가 단어 있음)

해석: 선조들로부터 물려받은 것을 손상되지 않고 축소되지 않은 채로 후손에게 물려주다
제시어 pass on / inherit / they / their fathers / from / sons

➡ _____

아래 지문을 읽고, 물음에 답하시오.

How to live longer is a topic that has fascinated mankind for centuries. Today, scientists are beginning to Ⓐ (노화 과정과 관련된 사실과 오류를 구분하다.) Why is it that some people reach a ripe old age and others do not? Some researchers Ⓑ (누가 더 오래 살지를 결정하는 요인을 2가지 범주로 나누다.) Ⓒ (장수에 영향을 미치는 몇 가지 요소는 태어날 때 정해진다.) Gender, race and heredity can"t be reversed. For example, women live longer than men — at birth, their Ⓓ _____ _____ is about seven to eight years more. But surprisingly, many others are elements that can be changed. For instance, smoking, drinking and reckless driving could shorten people"s lives.

1 괄호 Ⓐ와 Ⓑ안의 우리말을 아래 단어를 활용하여 영작하시오. (단, 추가 단어와 동사의 어형변형 있음)

> Ⓐ the aging process / separate / the fallacies / surround / the facts
> Ⓑ the factors / divide / determine / live longer / who will / category

Ⓐ _____

Ⓑ _____

2 괄호 Ⓒ의 우리말을 아래 제시된 단어만을 사용하여 영작하시오.

제시어

birth / influencing / at / are / elements / set / Several / longevity

→ _____

3 아래 영영풀이에 해당하는 괄호 ⓓ에 들어갈 단어를 쓰시오.

〈영영풀이〉 ＿＿＿＿＿＿＿ ＿＿＿＿＿＿＿ refers to the average number of years that a person is expected to live, based on statistical data and various factors such as age, gender, health conditions, and socioeconomic factors.

4 글의 내용을 한 문장으로 요약하고자 한다. 제시된 철자로 시작되는 적절한 단어를 빈칸 Ⓐ와 Ⓑ에 쓰시오.

Some researchers suggests that Ⓐ f＿＿＿＿＿ and Ⓑ c＿＿＿＿＿ factors could influence people's life expectancy.

Ⓐ f＿＿＿＿＿

Ⓑ c＿＿＿＿＿

미리

Voca

▨ entrust 맡기다	▨ hybrid 잡종의, 혼혈의(crossbred)
▨ confer 수여하다	▨ adopt 양자(양녀)로 삼다, 채용(채택)하다
▨ bestow 수여하다	▨ unwilling 내키지 않는, 마지못해 하는, 본의가 아닌, 반항적인, 말을 듣지 않는
▨ endow 제공하다	▨ harvest 수확, 추수
▨ be sure to 반드시 ~하다	▨ consequence 결과, 결말
▨ building material 건축 자재(재료)	▨ agricultural 농업의, 경작의, 농예의, 농학의
▨ primitive 원시의	▨ seek out 찾다
▨ afford 제공하다	▨ aim for ~을 먹표로 삼다, 겨냥하다
▨ protection 보호	▨ suffer (고통·변화 따위를) 경험하다, 입다, 받다
▨ prestigious	▨ necessity 필요, 필요성
▨ award 수여하다	▨ realize (소망·계획 따위를) 실현하다, 현실화하다
▨ talented 재능 있는	▨ prevent 막다, 예방하다
▨ confer (칭호·학위 등을) 수여하다, (선물·영예 등을) 증여하다	▨ tradition 전설, 구전, 전승
▨ humble 겸손한, 겸허한	▨ archaeologist 고고학자
▨ furnish 제공하다	▨ grave 무덤, 분묘, 묘혈; 묘비
▨ profound 심오한	▨ symbol 상징, 표상, 기호
▨ insight 통찰력	▨ dice 주사위
▨ transcendentalist 초월주의자	▨ status 상태, 사정, 정세
▨ interconnectedness 상호 연락성[연결성], 상관성	

Key Point

형태	동사 + A + with + B

해석 방법	* A에게 B를 제공하다, 공급하다 ① Mr. Kim provided the orphans with a sweet home. 　(김 선생님은 고아들에게 따뜻한 집을 제공했다) ② She presented him with a watch. 　(그녀는 그에게 시계를 주었다) ③ They provided the poor with food and clothes. 　(그들은 가난한 사람들에게 음식과 옷을 제공했다)

참고	• '공급동사 A with B' 구문은 '공급동사 B to A'의 문장으로 바꿔 쓸 수 있다. • 공급동사의 종류로는 'supply, provide, present, furnish, entrust (맡기다), feed (주다), acquaint (익히다)' 등이 있다. • '~에게 ~을 주다"의 의미로 쓰일 경우, 'provide ~ for 사람'로 쓰인다. • confer와 bestow는 특히 전치사 'on'을 취한다.

Exercise 01   아래 우리말을 제시된 단어만을 사용하여 영작하시오.

1 그 프로그램은 직장인들에게 부상의 위험에 관한 정보를 제공한다.

(about / injuries / the programs / of / with / workers / would / information / provide / risk)

→ _____

2 우리는 그에게 일을 맡길 수 없다.

(we / with / cannot / entrust / him / the work)

→ _____

3 나의 직장은 나에게 매일매일 새로운 사람들을 만날 기회를 제공한다.

(opportunity / people / the / provides / meet / my job / to / with / every day / new / me)

→ _____

4 그 호수는 마을 사람들에게 하루에 50톤의 물을 제공해준다.

(tons / water / of / with / the lake / 50 / the village / supplies / a day)

➔ _____

5 왕은 그들에게 대단한 특권을 하사했다.

(conferred / them / on / large / privileges / the king)

➔ _____

6 국가는 그에게 가장 높은 훈장을 수여했다.

(highest / her / the country / bestowed / medal / him / on)

➔ _____

Exercise 02 괄호 안의 제시된 단어를 활용하여 우리말에 맞게 영작하시오.

1 그들은 근무 중 사고나 질병의 위험이 있는 노동자들을 위한 도움을 제공하도록 하는 법안을 만들도록 고용자와 정치인들에게 압력을 넣었다.

(employers / and / politicians / on / they / put / pressure) **to make a law** (who / or / ill / became / to / for workers / while / hurt / help / on job / provide).

➔ _____

_____

2 숲은 원시인에게 음식과 연료 건축 재료를 제공해 주었고 수여하였으며, 적과 나쁜 날씨에 맞서 보호를 제공하였다.

(the forest / man / with / food, fuel and building material / endowed / primitive), affording him also protection against enemies and bad weather.

➔ _____

_____

3 당신은 당신의 고객들에게 그들이 필요한 정확한 정보를 제공하는 것을 확실히 해야 한다.
You should be sure (to / the information / with / provide / your / they need / exactly / clients).

→ _____

도전

4 이 권위 있는 문학상은 재능이 뛰어나면서도 겸손한 작가에게 수여되었다.
(prestigious / author / literary / the / award / talented / on / the / yet / conferred / humble / was)

→ _____

고난도

5 에머슨의 초월주의 철학은 개인에게 자연과 자아의 상호 연결성을 들여다보는 심오한 통찰력을 제공하며, 우주에서 자신의 위치를 더 깊이 이해할 수 있도록 안내한다.
(furnishes / profound / into / self / Emerson's transcendentalist philosophy / and / with / nature / insights / individuals / the interconnectedness / of), **guiding them towards** (the / understanding / their / universe / a / in / deeper / of / place).

→ _____
_____
_____

Exercise 03 각 지문을 읽고, 물음에 답하시오.

1

Hybrid corn was adopted only slowly among many farmers. Although hybrid corn provided yields of about 20% more than traditional corn, many farmers had difficulty Ⓐ (believe) that Ⓑ (이 더 작은 씨앗이 더 많은 수확을 제공하다.) They were usually unwilling to try it because a failed harvest could have serious economic consequences, including a possible loss of the farm. Agricultural extension agents then sought out the most progressive farmers to try hybrid corn, also aiming for farmers who were most respected and most likely Ⓒ (imitate) by others.

1 괄호 ⓐ의 바른 형태는?

2 괄호 ⓑ의 우리말을 아래 단어만을 사용하여 영작하시오.

provide / them / superior / smaller / a / for / this / harvest / seed / could

→ _____

3 괄호 ⓒ의 바른 형태는? (단, 추가 단어 있음)

4 본문의 내용과 일치하도록 아래 조건에 맞게 빈칸을 채우시오.

> ● 조건 ●
> • ⓐ의 경우 r로 시작하는 총 9개의 철자로 구성된 단어임.
> • ⓑ의 경우 A로 시작하는 적절한 접속부사를 쓸 것.
> • ⓒ이 경우 h로 시작하는 ⓐ의 동의어임.
> • ⓓ의 경우 제시된 철자로 시작하는 lead to 동의어임.

Based on the passage, many farmers are ⓐ r_____ to use hybrid corn because they hardly belived that smaller seeds could provide a greater harvest. ⓑ A_____, they are ⓒ h_____ to give it a shot due to the potential economic consequences of a failed harvest, which could even ⓓ r_____ i_____ the loss of their farm.

2

All mankind suffers when children are born to parents who either do not want or cannot provide them with life's necessities. ⓐ (그들 부모의 몰인정한 환경이 많은 아이들이 정상적인 삶을 살지 못하도록 한다.) The time seems to have come ⓑ <u>when</u> we should keenly realize the fact that ⓒ (가장 심각하면서도 임박해 있는 도덕적 의무는 그러한 상황을 보다 좋은 쪽으로 변화시키기 위해 큰 노력을 기울이는 것이다.)

1 괄호 ⒜의 우리말을 아래의 단어만을 사용하여 바르게 영작하시오.

prevent / many children / from / lives / living / of / their parents / normal / unkind circumstances

→ _____

2 밑줄 친 ⒝와 같은 용례로 쓰인 것은?

① When would such a solution be possible?

② It's more about where than when.

③ 'I've got a new job.' 'Since when?'

④ Can you spare five minutes when it's convenient?

⑤ Sunday is the only day when I can relax.

3 괄호 ⒞의 우리말을 영작하려고 한다. 괄호 안의 단어를 바르게 배열하시오.

① (the most / serious / men and women / and / obligation / for / moral / immediate) is to ② (to / for the better / change / great efforts / make / such circumstances)

① _____

② _____

3

One tradition found in many ancient cultures is ⒜ (죽은 자에게 사후 세계에서 필요할 수 있는 물건을 묻어주는 것), such as food, weapons, and clothing. Archaeologists in western Norway, however, have found an unexpected item in a grave that dates back to the Early Iron Age— a board game. The board itself was missing, but the archaeologists found dice and game pieces. They believe that ⒝ (보드 게임이 나타내는 것은 죽은 사람이 부자였다는 것입니다.) This is because board games were a symbol of social status and power in ancient civilizations. ⒞ (교육을 받고 일할 필요가 없는 사람만이 게임을 하며 시간을 보낼 수 있습니다.) ⒟ (보드게임을 묻은 그럴듯한 목적은 죽은 사람에게 다음 세상에서 오락을 제공하는 것이었습니다.)

1 괄호 Ⓐ와 Ⓑ의 우리말을 아래 제시된 단어만을 사용하여 영작하시오. (단, 추가단어 또는 단어의 어형변화 없음)

Ⓐ in / afterlife / with / the / they / might / need / the / dead / burying / things

➡ _____

Ⓑ board / was / the / person / game / indicates / that / what / dead / is / wealthy / the

➡ _____

2 괄호 Ⓒ와 Ⓓ의 우리말을 아래 조건에 맞게 영작하시오.

- Ⓒ의 경우 관계대명사의 수식어구가 달린 긴 주어에 유의해서 영작할 것.
- Ⓓ의 경우 전체적으로 S is to V의 2형식 구문으로 보어자리의 to부정사에 걸리는 구조는 provide A with B를 활용할 것.
- 아래 제시된 단어만 사용하여 영작할 것.
Ⓒ need / educated / playing / could / someone / work / only / to / who / was / spend / time / didn't / them / and
Ⓓ provide / in the next world / burying / was / the likely / the dead person / with / the board game / of / entertainment / purpose / to

Ⓒ _____

_____

Ⓓ _____

_____

미리 Voca

▣ describe A as B A를 B로 묘사하다	▣ be composed of ~로 구성되다
▣ workaholic 일중독자	▣ look upon A as B A를 B로 여기다
▣ association 연상	▣ displease ~을 불쾌하게 하다; 노하게 하다
▣ refer to A as B A를 B로 간주하다	▣ be apt to~ ~하는 경향이 있는
▣ reasonable 합리적인	▣ determine 결정하다
▣ assignment 임무	▣ to a great extent 크게
▣ challenge 도전	▣ habit 습관
▣ automobile 자동차	▣ desire 욕구
▣ transportation 운송, 수송	▣ point of view 관점
▣ means (단·복수 취급) 수단, 방법	▣ modify 수정하다, 변경하다
▣ satisfactory 만족한, 더할 나위 없는	▣ conquer 정복하다
▣ constitute 구성하다, 조직하다	▣ anthropology 인류학
▣ posit 단정하다, 긍정적으로 가정하다	▣ cooperative 협동하는
▣ fundamental 근본적인	▣ masculine 남성의
▣ ancient 고대의	▣ tribe 부족
▣ atomic theory 원자이론	▣ dominant 지배적인
▣ pioneer 개척자	▣ dependent 독립적인
▣ particle 미립자, 분자, 극히 작은 조각	▣ distinction 차이, 대조, 탁월함
▣ indivisible 분할할 수 없는, 불가분의	▣ dictate 지시하다
▣ indestructible 파괴할 수 없는, 불멸의	▣ not to mention 말할 필요도 없이

🔑 Key Point

형태	동사 + A + as + B

해석방법	* A를 B로 간주하다, 생각하다, 부르다. ① What defines us as human? 　(무엇이 우리를 인간으로 정의하나?) ② Most of the population there are reckoned as uneducated. 　(대부분의 사람이 교육을 제대로 받지 못한 것으로 보인다) ③ They regarded the situation as serious. 　(그들은 그 상황을 중대시했다)

참고	• 'A를 B라고 간주하다, 여기다'로 해석되는 5형식 동사들에는 regard, describe, define, acknowledge, see, think of, look upon, refer to 등이 있다. • as 다음의 명사나 형용사를 목적격 보어로 보아 5형식 문장으로 여기는 경우도 있으며, 특정 전치사를 수반하는 완전타동사의 3형식 문장으로 보는 경우도 있다.

Exercise 01 제시된 우리말에 맞게 주어진 단어를 활용하여 영작하시오. (단, 필요시 단어를 추가하고, 동사의 시제에 유의할 것)

1 그는 그녀를 영화 스타로 평가했다.

(He / her / movie / describe / star / a)

➜ _____

2 나는 그를 일 중독자라고 생각했다.

(think / I / workaholic. / as / him)

➜ _____

🏁도전

3 연상은 창조적 생각의 기반으로 여겨져 왔다.

(association / of / creative / as / of / the basis / thinking / thought / be)

➜ _____

4 사람들은 그녀가 합리적이라고 말한다.

(People / "reasonable" / to / always / refer / her)

→ _____

5 21세기는 디지털 시대라고 불릴 수 있다.

(as / can / the digital age / referred / the 21st century / to)

→ _____

6 나는 어떠한 임무도 모두 도전이라고 생각한다.

(I / assignment / challenge. / every / regard / a)

→ _____

Exercise 02 괄호 안의 단어를 활용하여, 각 문제를 우리말에 맞게 영작하시오.

1 모든 영국학교에서 스포츠는 아주 중요한 역할을 하고 교육에 대한 스포츠의 영향은 영국적인 특성을 개발하는데 필수적인 것으로 여겨진다.

In every English school sports (important / play / part / very / a) **and** (as / regarded / essential / their influence / is / in education) to the development of the English character.

→ _____

_____

2 미국인은 자동차를 교통수단으로서의 의미를 제외하고는 아무것도 아니라고 여긴다. 그래서 달릴 수 만 있는 차라면 어떤 차든지 만족한다.

Americans look upon automobiles (as / a means / transportation / of / but / nothing), **and therefore** (is / any car / which / can / run / satisfactory).

→ _____

_____

3 오늘날 해변에서 조개껍데기를 모으는 것은 아마도 우스운 일로서 아이들에게나 딱 맞는 일로 보일 것이다.

(be / would / looked / on the seashore / on today / gathering / probably / shells) by many as an amusement fit only for children.

→ _____

_____

도전

4 초기 그리스 철학자 중 한 명으로 알려진 밀레토스의 탈레스는 물이 자연 세계를 구성하는 근본적인 요소라고 단정했다.

Thales of Miletus, (as / of / the / Greek / philosophers / one / early / known), (water / the natural world / constituting / posited / was / the fundamental / element / that).

→ _____

_____

고난도

5 고대에 많은 철학자들은 데모크리토스를 원자 이론을 제안한 선구자로 보았으며, 그를 물질이 "원자"라고 알려진 분해할 수 없고 파괴할 수 없는 입자로 구성되어 있다고 제안한 최초의 사람으로 간주했다.

In ancient times, (Democritus / the atomic theory / upon / many philosophers / as / who / looked / the pioneer / proposed), (particles / to / of / as / suggest that / regarding / is / indivisible and indestructible / known as / the first "atoms." / composed / matter / him)

→ _____

_____

_____

Exercise 03 각 지문을 읽고, 물음에 답하시오.

1

ⓐ (사람은 자기의 결점을 모르고서는 결점을 고칠 수 없다), and ⓑ (나의 잘못을 나에게 말해 주는 사람들을 항상 친구로서 여겼다), instead of ⓒ (displease) or angry, as people in general are too apt to be.

1 괄호 ⓐ의 우리말을 아래 주어진 단어만을 사용하여 영작하시오.

> cannot / without / faults / one / knowing / correct / them / one's

→ _____

2 괄호 ⓑ의 우리말을 아래 주어진 단어만을 사용하여 영작하시오.

> those / looked / as / friends / mine / told / of / I / upon / always / me / who

→ _____

3 괄호 ⓒ의 바른 형태는? (단, 추가 단어 있음)

2

Natural resources have had a great influence on history, for nature determines to a great extent where man shall live, what kind of work he shall do, what he may produce, and ⓐ (그가 어떤 길로 가서 제품을 옮겨야 할지를 결정해야 한다.) Because of its influence upon his economic life, natural environment ⓑ goes far to determine man's habits and desires, and even his social and political point of view. ⓒ (문화는 자연을 정복하는 과정으로 정의되어 왔다.) We have man modifying nature, and nature modifying man.

1 아래 조건에 맞게 괄호 Ⓐ 안의 우리말을 영작하시오.

> • [N + 전치사 + 관계대명사 S V]의 구문을 활용할 것.
> • 아래 제시어만을 활용할 것.
> 　제시어　transport / his / products / he / travel / and / over / the / must / which / routes

➔ _____

2 밑줄 친 Ⓑ를 우리말로 해석하시오.

3 괄호 Ⓒ 안의 우리말을 아래 단어를 사용하여 영작하시오. (단어 추가 및 동사의 어형변화 있음)

> a process / nature / has been / civilization / define / of / conquer

➔ _____

Exercise **04** 아래 지문을 읽고, 물음에 답하시오.

> Margaret Mead, in her pioneering anthropological study, observed three distinct tribes in New Guinea. One of them, the Arapesh, expects both women and men to be warm, cooperative, and nurturing, and generally Ⓐ (전통적으로 '여성적'이라고 묘사해온 특징을 보여준다.) By contrast, among the Mundugumor tribe, Ⓑ <u>both sexes exhibit traits.</u> Ⓒ <u>They are seen as "masculine" in our society.</u> Finally, in the Tchambuli tribe, women are dominant, controlling, and hardworking, while men are emotionally dependent and irresponsible. Mead's famous study is often cited by many anthropologists who argue against the view that biology is the cause of gender differences. If genetic distinctions dictate our behavior, they argue, then how can one explain the vast differences in the lives of the three tribes – not to mention the differences between these three cultures and our own?

1 괄호 ⓐ의 우리말을 아래 제시어를 활용하여 영작하시오. (단, 추가단어와 어형변화 있음)

제시어

traditionally / exhibits / that / describe / we / traits / as / "feminine"

➔ _____

2 밑줄 친 ⓑ와 ⓒ의 문장을 하나의 문장으로 합치려고 한다. 빈칸에 들어갈 표현을 순서대로 넣으시오.

ⓑ both sexes exhibit traits.
ⓒ They are seen as "masculine" in our society.

= both sexes exhibit traits _____ _____ _____ _____ "masculine" in our society.

= both sexes exhibit traits _____ _____ "masculine" in our society.

3 글의 내용을 한 문장으로 요약하고자 한다. 빈칸 ⓐ와 ⓑ에 들어갈 말로 가장 적절한 표현을 본문에서 찾아 쓰시오. (하나는 품사의 변형 있음)

According to an anthropologist's study, gender roles don't result from ⓐ _____ differences between the sexes, but rather ⓑ _____ probably plays a more significant role in shaping the differences.

ⓐ _____

ⓑ _____

미리 Voca

▥ **reproach** 비난하다	▥ **proposal** 신청, 제안, 제의
▥ **neglect** 방치하다	▥ **extinct** 멸종한, (화산 따위가) 활동을 그친
▥ **invaluable** 값을 헤아릴 수 없는, 평가할 수 없는, 매우 귀중한(priceless)	▥ **tide** 조수, 조류, 흥망, 성쇠
▥ **challenging times** 힘든 시기	▥ **indigenous** 토착의, 원산의, 자생의
▥ **neglect** (의무·일 따위를) 게을리하다, 해야 할 것을 안 하다	▥ **tongue** 언어
▥ **leak** 새게 하다; (비밀 등을) 누설하다, 흘리다	▥ **nomadic** 유목(생활)의; 유목민의; 방랑(생활)의
▥ **excuse** 용서하다	▥ **pronunciation** 발음
▥ **scold** 꾸짖다	▥ **restrict** 제약하다
▥ **thoughtless** 생각이 없는, 분별없는	▥ **distribution** 분배, 배분; 배포
▥ **play pranks** 장난치다	▥ **totalitarian** 전체주의
▥ **bravery** 용맹; 용감한 행위	▥ **owing to** 때문에
▥ **in advance** 미리	▥ **lyrical** 가사의
▥ **state of affairs** 국면	▥ **content** 내용
▥ **chaotic** 혼돈된; 무질서한, 혼란한	▥ **curiosity** 호기심
▥ **scapegoat** 속죄양, 남의 죄를 대신 지는 사람, 희생(자)	▥ **accuse A of B** B 때문에 A를 비난하다
▥ **rationalize** 합리화하다	▥ **apostasy** 배교, 탈당, 배반
▥ **incumbent** 현직[재직]의	▥ **execution** 사형
▥ **administration** 내각, 정부	▥ **condemnation** 비난; 유죄
▥ **exacerbate** 악화시키다, 더하게 하다	▥ **grave** (문제·사태 등이) 중대한, 예사롭지[심상치] 않은
▥ **foster** 육성[촉진, 조장]하다	▥ **entitle** 자격을 주다
▥ **entrenched** 권리·습관·생각 따위가) 확립된, 굳어버린	▥ **prohibit** 금지하다
▥ **plague** 괴롭히다, 성가시게[귀찮게] 하다	▥ **regime** 정권
▥ **systemic issue** 제도적 문제	▥ **generate** (결과·상태·행동·감정 등을) 야기[초래]하다, 가져오다
▥ **overlook** 간고하다	▥ **censor** 검열하다
▥ **bid ~** …에게 명하다	▥ **fundamentalist** 원리주의자
▥ **unwilling** 내키지 않는, 마지못해 하는	▥ **prohibit** 금지하다
▥ **consent** 동의	

🔑 Key Point

형태	S + V + A + for B

해석 방법	*S가 A를 B로 벌하다, 꾸짖다, 비난하다 ① His master punished him for being late for the work. (그의 상사는 직장에 지각한 것에 대하여 그를 벌주었다) ② She scolded her son for his bad conduct. (그녀는 그의 아들의 나쁜 행실에 대하여 훈계하였다) ③ The boy was highly praised for his bravery by his teacher. (그의 선생님은 소년의 용감한 행동에 대하여 높이 칭찬하였다)

참고	• 비난, 보상의 타동사로는 'punish, reproach, blame, praise, thank, forgive, excuse' 등이 있다.

Exercise 01 제시된 우리말을 괄호 안의 주어진 단어를 활용하여 영작하시오. (단, 추가단어 있음)

1 선생님은 주의력이 없다고 그를 비난하였다.
(of / the teacher / attention / lack / him / reproached)

→ _____

2 힘든 시기에 아낌없는 지원을 해주신 Jennifer양에게 감사하다는 말씀을 드리고 싶습니다.
(during / to / their / Jennifer / want / invaluable / thank / for / support / challenging times / my / I)

→ _____

3 그가 너를 직무태만이라고 비난 할 것이다.
(duty / you / your / will / neglecting / for / blame / he)

→ _____

4 그녀는 그 이야기를 언론에 흘린 데 대해 동료들의 비난을 들었다.
(by / for / she / leaking / reproached / the story / colleagues / to / was / the press)

→ _____

5 벤이 책임자일 거라고 당신이 생각한 것도 무리가 아니에요.

(thinking / in / be / is / excused / that / you / charge / Ben / might / for)

➡ _____

Exercise 02 제시된 단어를 활용하여 각 문제를 우리말에 맞게 영작하시오.

1 나의 어머니는 나의 이런 생각 없는 행동에 대해 꾸중하셨고 그들에게 작별인사를 하도록 시켰다.

(my thoughtlessness / my mother / scolded / me / for) **and** (say / me / goodbye / to them / bade).

➡ _____

2 솔직히 말하자면 아이들이 짓궂은 장난을 치며 노는 것을 우리가 탓할 수만은 없다.

In all honesty, (we / for / blame / playing pranks / cannot / the kids).

➡ _____

3 그의 선생님은 소년의 용감한 행동에 대하여 높이 칭찬하였다.

(praised / the boy / highly / his / was / for his bravery / by his teacher).

➡ _____

🚩 도전

4 상사는 내가 이미 프로젝트의 일부를 미리 완수했음에도 불구하고 팀이 기한을 맞추지 못한 것에 대해 나를 비난했다.

(the deadline / for / meet / blamed / failure / the team's / to / the boss / me), **even though** (well in advance / of / I / my / part / completed / project / the / already / had).

➡ _____

_____

✔ 고난도

5 혼란스러운 국면을 합리화할 희생양을 찾는 전문가와 분석가들은 현 정부가 금융위기를 악화시키고 불확실성을 조장한 탓으로 돌리면서도 오랫동안 국가를 괴롭혀 온 뿌리깊은 제도적 문제를 간과하고 있다.

Experts and analysts, (to / state of affairs / chaotic / seeking / a scapegoat / the / rationalize), (a climate of uncertainty / the incumbent administration / readily blame / and / exacerbating / fostering / for / the financial crisis), while (entrenched / have long plagued / nation / the deeply / systemic issues / that / conveniently overlooking / the).

→ _____

_____

_____

_____

_____

Exercise 03) 각 지문을 읽고, 물음에 답하시오.

1

But her husband was a man who, Ⓐ (일단 어떤 것에 결심을 했을 때), was not easily turned from his purpose; so he talked, and argued, and Ⓑ (모든 것에 대해 불쌍한 아내를 꾸짖었다), till <u>she gave an unwilling consent to his proposal.</u>

1 괄호 Ⓐ의 우리말을 아래 단어만을 사용하여 바르게 영작하시오.

> had / when once / a / resolved / he / thing / on

→ _____

2 괄호 ⓑ의 우리말을 아래 단어만을 사용하여 바르게 영작하시오.

everything / scolded / for / wife / his / poor

➜ _____

3 밑줄 친 문장을 우리말로 해석하시오.

she gave an unwilling consent to his proposal

➜ _____

2

Ⓐ Of the 7,000 or so languages spoken on Earth today, about half are expected to be extinct by the century's end. Ⓑ (세계화는 보통 그 점에 대해 비난을 받는다), but some elements of the "modern world," especially digital technology, are pushing back against Ⓒ the tide. For example, Tuvan, an indigenous tongue spoken by nomadic peoples in Siberia, is available on an iPhone application program to teach the pronunciation of words.

1 밑줄 친 Ⓐ와 같은 용례가 쓰인 문장은?

① Can't you throw out that old bike of Tommy's?

② The person that I met there was a woman of Italian descent.

③ There was a crowd of people.

④ He was the most famous of all the stars.

⑤ He is the director of the company.

2 괄호 ⑧의 우리말에 해당하는 영어를 아래 단어만을 사용하여 영작하시오.

> usually / for / is / blamed / it / globalization

➡ _____

3 밑줄 친 ⓒ가 지칭하는 내용을 15자 내외의 영어로 작성하시오.

➡ _____

4 본문의 요지를 작성하려고 한다. 빈칸에 들어갈 단어를 순서대로 쓰시오. (단, 각 빈칸에 제시된 철자로 시작하는 단어를 쓰고, 세 번째 빈칸의 경우 첫 번째와 마지막 철자가 제시된 경우임)

> A significant number of languages are expected to d_____ by the end of the century, but certain elements of the modern world, like digital technology, are working against this trend by p_____ and promoting e_____d languages.

Exercise 04 아래 지문을 읽고, 물음에 답하시오.

Governments have often tried to restrict the performance or distribution of certain works of art for political reasons. In particular, totalitarian regimes have tried to censor literature, theater, painting and other art forms. ⓐ In western democracies, radio stations have rejected songs owing to their lyrical content. However, this action often caught the curiosity of the public, actually resulting in the opposite effect. (가) As a result, the spiritual leader of Iran, Ayatollah Khomeini, accused Rushdie of apostasy and promised his execution. (나) The condemnation put the author's life in grave danger, but it also greatly boosted the sale of his book, which was not even considered to be Rushdie's best work. (다) In 1989, the famous Indian writer, Salman Rushdie, published his book entitled Satanic Verses, and the content of his book generated anger among Islamic fundamentalists. (라) A few countries prohibited the publication of the book.

* apostasy: 변절

1 밑줄 친 Ⓐ의 문장을 수동문으로 바꾸시오.

> Ⓐ In western democracies, radio stations have rejected songs owing to their lyrical content.

→ _____

2 (가) ~ (라)의 문장을 문맥에 맞게 배열하시오.

3 위 본문의 내용을 한 문장으로 요약하려고 한다. 빈칸 Ⓐ와 Ⓑ에 들어갈 단어를 쓰시오. (단, 제시된 철자로 시작하는 단어를 쓸 것)

> When a work of art is Ⓐ b_____ for political or other reasons, it may become
> Ⓑ u_____ p_____ because people become more curious about it.

Ⓐ b_____

Ⓑ u_____ p_____

look (like) +형용사 (명사)

미리

Voca

▨ **necklace** 목걸이	▨ **instead of** 대신에
▨ **dim** (빛이) 어둑한, 어스레한	▨ **friendly** 친절한, 상냥한, 붙임성 있는
▨ **rustic** 시골의, 소박한	▨ **fellow** 동무, 친구
▨ **decor** 장식, 실내 장	▨ **just plain folds** 소박[수수]한 사람들
▨ **cozy** 아늑한, 포근한, 아담한	▨ **misconception** 오해
▨ **melodious** 선율이 아름다운	▨ **odd** 이상한
▨ **captivating** 매혹적인	▨ **amusing** 즐거운, 재미있는; 기분풀이가 되는, 유쾌한
▨ **exhausted** 지쳐 빠진	▨ **develop** (의론·사색 따위를) 전개하다, 진전시키다
▨ **conquer** 정복하다	▨ **theory** 이론
▨ **constellation** 별자리	▨ **movement** 움직임
▨ **revolutionary** 혁명의; 혁명적인	▨ **describe** 서술하다
▨ **existence** 존재, 실	▨ **resonably** 합리적으로
▨ **challenging** 도전적인; 도발적인	▨ **entire** 전체
▨ **foster** 육성하다	▨ **explanation** 설명
▨ **established** 정립된, 기정(旣定)의	▨ **camouflage** 위장, 미채, 변장, 기만, 속임
▨ **norm** 기준; 규범; 모범	▨ **caterpillar** 모충, 풀쐐기
▨ **unify** 통합하다	▨ **moth** 나방
▨ **perceive** 인식하다	▨ **mimic** 흉내 내는, 모방의; 거짓의; 모의의
▨ **separate** 잘라서 떼어 놓다, 분리하다, 가르다	▨ **scare away** 위협해 쫓아버렸다
▨ **eminent** 저명한	▨ **appearance** 출현, 출두, 출연, 기색, 징조, 현상
▨ **cut off** 끊어내다	▨ **frighten** 두려워하게 하다, 흠칫 놀라게 하다
▨ **declare** 선언하다	▨ **poisonous** 유독한

🔑 Key Point

형태	S + 감각동사 + 형용사 보어 / S + 감각동사 like + 명사

해석
방법
	* S가 형용사하게 V하다.
	① Everything looks bright and beautiful in the morning sunshine.
	   (아침햇살에 모든 것이 밝고 아름답게 보인다)
	② As it looked like a nut, it soon came to be called "peanut".
	   (그것이 견과처럼 생겼기 때문에, 그것은 곧 땅콩이라고 불리게 되었다)

참고	• 감각동사에는 feel, smell, sound, taste, look 등이 있다. • 보어 자리에 부사를 쓰지 않도록 주의한다.

Exercise 01 각 문장에서 빈칸에 들어갈 단어를 박스에서 찾아 넣으시오.

good	cheaply	nicely	a whistle	nice	expensive

1 I feel _____, so I will leave school earlier than usual.

2 This necklace is beautiful. But it looks so _____.

3 Do you hear that? It sounds like _____.

4 I thought he looked _____ and friendly when I met him first.

Exercise 02 각 문제의 우리말을 제시된 단어만을 이용하여 영작하시오.

1 도시에 있는 새로운 식당은 어둡고 러스틱한 장식으로 저녁 식사를 즐길 수 있는 아늑한 장소처럼 보입니다.

(its / to / and / dim lighting / the restaurant / rustic decor / a cozy place / with / have / looks / like / new / in town / dinner)

→ _____

_____

2 가수의 목소리는 천사처럼 들리며, 그녀의 강렬하고 멜로디어스한 보컬로 관객들을 사로잡습니다.

(an / voice / sounds / the singer's / angel / like), (with / and / melodious / powerful / vocals / her / captivating / the audience).

→ _____

_____

3 긴 하루 일한 후에, 저는 기진맥진하고 그냥 소파에서 휴식을 취하고 싶습니다.

(long / a / work / after / at / day), (just want / to / I / exhausted / feel / the couch / and / relax / on).

→ _____

_____

Exercise 03 아래 우리말을 괄호 안에 제시된 단어를 활용하여 알맞게 영작하시오.

1 어떤 것이 더 좋게 들리는가: '나는 왔노라, 나는 보았노라, 나는 정복하였노라', 아니면 '나는 왔노라, 보았노라 그리고 정복하였노라'?

(better / which / sounds): 'I came, I saw, I conquered' or 'I came, saw and conquered'?

→ _____

2 거대한 S 모양으로 보이는 별자리를 찾을 수 있겠는가? 그것은 여름에 볼 수 있는 가장 큰 별자리중의 하나이다.

(a constellation / can / anyone / find) **that looks like a big S?** (that's / we / see / one of the / can / biggest / constellations) **in summer.**

→ _____

_____

3 만약 당신이 다른 사람과의 논쟁에서 승리하여 그의 주장에 많은 허점을 드러냈다면 당신은 기분이 좋을 것이다.

(triumph over / you / the other / man / If) **and** (shoot / full of / holes/ his argument), **you will feel fine.**

→ _____

도전

4 바로크 시대의 철학적 아이디어들은 혁명적으로 들렸으며, 정립된 규범에 도전하고 예술과 인간의 존재에 대한 새로운 시각을 유발했다.

(revolutionary / the Baroque period's / sounded / ideas / philosophical), (art and human existence / challenging / on / fostering / the established norms / perspective / a / new / and).

→ _____

_____

고난도

5 제슈탈트 심리학 이론에 따르면, 함께 속해 보이는 물체들은 물리적으로 분리되어 있더라도 통합된 하나로 인식되는 경향이 있다.

According to the Gestalt psychology theory, (objects / as / tend / be / that / they / together / unified / look / like / belong / a / to / perceived / whole), (physically / they / if / even / are / separate).

→ _____

_____

_____

Exercise 04 각 지문을 읽고, 물음에 답하시오.

1

I once said to a first date "Should I kiss you goodnight?" Ⓐ (그녀는 잠시 당황스런 표정을 보였다) and said "Yes". I went to kiss her on the cheek, and Ⓑ (당황스러운 순간이 있었다) about whether I was going to kiss her on her lips or the cheek, and Ⓒ (그녀는 어느 쪽으로 고개를 돌려야 할지를 몰랐다.)

1 괄호 Ⓐ의 우리말을 아래 단어를 사용하여 영작하시오. (단, 단어추가와 어형변화 있음)

> look / confuse / moment

→ _____

2 괄호 Ⓑ의 우리말을 아래 단어만을 사용하여 영작하시오.

> of / a / was / there / moment / confusion

→ _____

3 괄호 Ⓒ의 우리말을 아래 단어를 사용하여 영작하시오.

> didn't / she / head / to / way / which / know / turn / her

→ _____

2

An eminent professor used, when traveling, as he frequently used, to ⓐ (여행할 때 될 수 있으면 학자티를 내지 않으려고 애쓰다); and he declared that as a result, instead of feeling as he often did, rather cut off from ordinary people, he found himself ⓑ (treat) with easy friendliness, as a good fellow.

✔ 고난도

1 아래 조건에 맞게 괄호 ⓐ의 우리말을 아래의 단어를 사용하여 영작하시오.

● 조건 ●
• 사역동사 make를 활용하여 [make + oneself + 동사원형]의 구조를 활용할 것.
• [as little like N as S V]의 구문을 활용할 것.

he could / as / like / a learned man / make / look / little / as / himself

→ _____

2 괄호 ⓑ의 바른 형태는?

Exercise 05 아래 지문을 읽고, 물음에 답하시오.

There are many everyday misunderstandings which are classified as "folk" understandings. And not just plain folks hold these misconceptions. ⓐ Aristotle developed an entire theory of physics. ⓑ Physicists today find it odd and amusing. For example, Aristotle thought that moving objects kept moving only if something kept pushing them. Today's physicists say, "This is nonsense. A moving object continues to move unless some force is used to stop it." ⓒ Yet anyone knows that Aristotle was right. ⓓ He/She has ever pushed a heavy box along a street: If you don't keep on pushing, the movement stops. Aristotle's theory may be bad physics, but it describes reasonably well what we can see in the real world.

1 괄호 Ⓐ와 Ⓑ, Ⓒ와 Ⓓ의 문장을 관계대명사를 사용하여 각각 하나의 문장으로 만드시오.

Ⓐ Aristotle developed an entire theory of physics.

Ⓑ Physicists today find it odd and amusing.

→ _____

Ⓒ Yet anyone knows that Aristotle was right.

Ⓓ He/She has ever pushed a heavy box along a street.

→ _____

2 위 글의 내용을 한 문장으로 요약하고자 한다. 제시된 철자로 시작하는 단어를 Ⓐ와 Ⓑ에 각각 채워 넣으시오.

> "Folk" understandings, such as Aristotle's explanation about moving objects, often sound Ⓐ s_____ to many people, even though they are Ⓑ i_____.

Ⓐ s_____   Ⓑ i_____

Exercise  아래 지문을 읽고, 물음에 답하시오.

> (가) Ⓐ (구석구석에 포식자가 숨어 있기 때문에), Ⓑ (많은 동물이 야생에서 살아남는 것이 쉽지 않다.) That's why some have developed camouflage to trick their predators. The caterpillar of a moth called *Hemeroplanes triptolemus*, ㉠ (find) in many areas of Africa and South America, is one example. It mimics a snake to scare away birds, which like to eat the caterpillars but ㉡ (prey upon) by snakes. The snake caterpillar does this (나) (앞부분을 부풀려 다이아몬드 모양의 머리를 형성함으로써). When it does this, eye-shaped markings on its head get bigger, so (다) (그 애벌레는 큰 눈을 가진 뱀처럼 보인다.) (라) (the caterpillar's / a / giving / appearance / camouflage / with / it / frighten), the birds stay away. It can also move its body like a striking snake, even though it can't bite and isn't poisonous.

1 (가)의 우리말 Ⓐ와 Ⓑ, 괄호 (나), (다)의 우리말을 아래 제시된 단어를 사용하여 영작하고, (라)의
경우 문맥에 맞게 제시된 단어를 바르게 배열하시오. (단, 필요시 동사의 형태를 변형할 것)

(가) Ⓐ (hide / every / corner / around / with / predators)

→ _____

Ⓑ (animals / the / survive / not / it's / for / wild / to / many / easy / in)

→ _____

(나) (form / a / by / front / inflate / its / to / head / diamond-shaped / part)

→ _____

(다) (snake / the caterpillar / like / a / eyes / with / looks / large)

→ _____

(라) (the / caterpillar's / a / camouflage / it / with / giving / frightening / appearance)

→ _____

2 괄호 ㉠과 ㉡의 바른 형태를 써넣으시오. (단, 필요 시 단어를 추가할 것)

㉠ _____

㉡ _____

14 see (지각동사) + O + Ⓡ

미리 Voca

- **notice** 발견하다
- **through** ~을 통해
- **cry out** 비명을 지르다
- **whisper** 속삭이다
- **keyhole** 열쇠 구멍
- **terrified** 공포에 질린
- **pupil** 학생, 제자
- **inspired** 영감을 얻은
- **innovative** 혁신적인
- **approach** 접근
- **comprehensible** 이해 가능한
- **occur** 발생하다

- **current** 현재
- **acquisition** 습득
- **harsh** 냉혹한 가혹한
- **wicked** 사악한
- **expanse** 넓은 지역
- **kindle** 불을 붙이다
- **inextinguishable** 소멸할 수 없는
- **expanse** (바다·대지 등의) 광활한 공간, 넓디넓은 장소
- **resolve** 용해하다, 녹이다, 분해하다, 분석하다
- **opportunity** 기회, 호기
- **manner(s)** 예절, 예의, 법식에 맞는 예법

형태	S + 지각동사 + O + 동사원형

해석 방법	*S는 O가 C하는 것을 V하다 ① I <u>felt</u> something <u>crawl</u> up my arm. (나는 무언가가 팔을 기어오르는 것을 느꼈다) ② I <u>saw</u> him <u>crossing</u> the road. (나는 그가 길을 건너는 것을 보았다) ③ I <u>heard</u> my name <u>called</u> somewhere. (나는 내 이름이 어딘가에서 불리는 것을 들었다)

참고	• 지각, 감각과 관련된 동사 : feel, hear, listen to, see, watch, look at, notice, observe 등 • 목적어와 목적보어가 서로 능동·진행의 관계에 있는 경우 동사원형과 현재분사를 취할 수 있다. • 목적어와 목적보어가 서로 수동·완료의 관계에 있는 경우 과거분사를 취한다.

Exercise 01   각 문장의 밑줄 친 동사에 유의하여 알맞은 형태를 모두 <u>고르세요</u>.

1 I <u>saw</u> the salesman (go / to go / going / gone) into Mrs. Smith's house.

➡ _____

2 Nancy <u>felt</u> tears (run / to run / running) down her cheeks.

➡ _____

3 I <u>felt</u> her (carry / to carry / carrying / carried) out of the burning house.

➡ _____

4 She <u>saw</u> him (enter / to enter / entering / entered) the room silently.

➡ _____

5 I <u>felt</u> my hand (touch / to touch / touching / touched) by someone.

➡ _____

Exercise 02 제시된 단어를 활용하여 우리말에 맞게 영작하시오.

1 어제 저녁 그가 산책을 하고 있는 동안, 교회 근처에서 그는 누군가 도움을 요청하고 있는 것을 발견했다.

(he / a walk / last evening / taking / was / while), **near the church** (noticed / someone / he / cry out / for help).

→ _____

_____

2 5번째 되던 날 밤, 나는 열쇠 구멍을 통해 나의 이름이 속삭여지는 소리를 들었다.

On the fifth night (my name / whispered / through / the keyhole / heard / I).

→ _____

3 그분이 호수 위를 걸어오시는 것을 그들이 보았을 때에, 그들은 그것이 유령이라고 생각했다. 그들 모두는 그분을 보았고 무서웠기 때문에 소리를 질렀다.

(on the lake / him / when / they / saw / walking), **they thought he was a ghost. They cried out, because** (and / saw / they / all / him / were terrified).

→ _____

_____

🚩도전

4 교수는 그의 학생들이 종교와 자본주의의 관계를 이해하기 위한 막스 베버의 혁신적인 접근 방식에 깊은 영감을 받은 것을 보았다. (단, 문맥에 맞게 동사 한 개의 어형을 변형할 것)

(Weber's / pupils / capitalism / the professor / Max / understand / saw / between / his / the relationship / by / to / and / deeply inspired / religion / innovative approach).

→ _____

_____

✓ 고난도

5 저는 언어학 교수가 Krashen의 입력 가설에 대해 이야기하는 것을 들었는데, 이 가설은 학습자가 현재 이해 수준을 약간 넘는 이해 가능한 입력을 받을 때 언어 습득이 발생한다고 가정한다.

(Krashen's Input Hypothesis / the linguistics professor / to / I / talking / listened / about), **which posits that** (comprehensible / just slightly / learners / level of understanding / just / occurs / their current / language acquisition / when / receive / input / that / is / beyond).

→ _____

_____

_____

Exercise 03 각 지문을 읽고, 물음에 답하시오.

1

When I see an unpleasant person, I Ⓐ (그만큼 유쾌해지려고 노력한다): I try to be as gentle as I see others harsh, as honest as I see others dishonest, and Ⓑ (다른 사람들이 사악한 만큼 선하려고).

1 괄호 Ⓐ의 우리말을 아래 단어를 사용하여 영작하시오. (단, 재귀대명사의 경우 문맥에 맞게 변형하여 사용하고, 단어추가 있음)

> oneself / make / try / that pleasant

→ _____

2 괄호 Ⓑ의 우리말을 아래 단어만을 사용하여 영작하시오.

> see / as good as / wicked / I / others

→ _____

2

When I <u>cast my eye on</u> the expanse of waters, Ⓐ (나의 가슴은 석방된 죄수의 가슴처럼 뛰었다.) Ⓑ (내 마음 속에 끌 수 없는 호기심이 불타는 것을 나는 느꼈다), and resolved to take this opportunity of seeing the manners of other nations.

1 밑줄 친 cast my eye의 뜻은?

2 괄호 Ⓐ의 우리말을 아래 단어만을 사용하여 영작하시오.

bounded / my / prisoner / that / a / like / of / free / set / heart

→ _____

3 괄호 Ⓑ의 우리말을 아래 단어를 사용하여 영작하시오.

curiosity / felt / I / kindle / an inextinguishable / in my mind

→ _____

unit 15 make (사역동사) + O + ®

미리

Voca

▨ mechanic 기계공; (기계) 수리공, 정비사	▨ possessions 소지품들
▨ self-taught 독학한	▨ serve 제공하다
▨ known for ~로 유명한, 잘 알려진	▨ hinder 방해하다
▨ blend (뒤)섞다; 혼합하다	▨ interfere with ~을 방해하다
▨ vibrant 활력이 넘치는, 고동[맥동]치는	▨ take up 차지하다
▨ surreal 초현실적인, 기상천외의	▨ shoot (새로 돋아난) 싹
▨ mesmerizing 매혹적인	▨ grizzly bear 회색곰
▨ mural 벽화	▨ habitat 서식지
▨ showcase 전시[진열]하다	▨ once in a while 이따금
▨ awe-inspiring 경외케 하는, 장엄한	▨ sniff 킁킁거리다
▨ renowned 유명한, 명성이 있는	▨ no longer 더는 ~가 아닌
▨ prestigious 명성 있는; 유명한	▨ native habitat 자연 서식지
▨ art exhibition 예술 전시회	▨ sniff 코를 킁킁거리다, 냄새를
▨ above all 무엇보다도	▨ scent 냄새, 향기
▨ in number 수에 있어서	▨ free 얼다
▨ compatible 양립하는, 화합할 수 있는	▨ issue of survival 생존의 문제
▨ parenting 육아	▨ motivation 동기
▨ needless 필요 없는	

🔑 Key Point

형태	S + 사역동사 + O + 동사원형

해석 방법	*S는 O가 C하는 것을 ~하게 하다. ① She <u>let</u> us <u>use</u> the kitchen. 　(그녀는 우리가 부엌을 사용하도록 허용했다) ② This music always <u>makes</u> me <u>feel</u> relaxed. 　(이 음악은 항상 내가 편안하게 느끼도록 만든다) ③ He <u>had</u> his purse <u>stolen</u>. 　(그는 지갑을 도난당했다)

참고	• 사역(~하게 하다)의 의미를 지닌 동사 : let, make, have • 목적어와 목적보어가 서로 능동적인 관계에 있는 경우 동사원형을 취한다. • 목적어와 목적보어가 서로 수동적인 관계에 있는 경우 과거분사를 취한다. • 사역동사 let은 목적어와 보어가 수동의 관계에서 'be + p.p'를 사용한다는 점에 유의한다.

Exercise 01　각 문장의 밑줄 친 동사에 유의하여 괄호 안에 알맞은 형태를 고르세요.

1　I will <u>make</u> him (check / to check / checking / checked) the package.

　→ _____

2　I <u>had</u> my suitcase (carry / to carry / carrying / carried) to my room by the bellboy.

　→ _____

3　I will not <u>let</u> the gold (touch / to touch / touching / be touched).

　→ _____

4　I <u>had</u> the mechanic (repair / to repair / repairing / repaired) my bike.

　→ _____

5 They won't <u>let</u> him (leave / to leave / left) the country.

→ _____

Exercise 02 제시된 우리말에 맞게 괄호 안의 단어를 바르게 배열하시오.

1 우리들은 이 옛사람들이 어떻게 살았는지, 어디서 살았는지, 무얼 먹었는지, 언제 그들 자신의 손이나 발 그리고 자연적인 힘을 제외하고 다른 것들이 자신들을 도우도록 만들 생각을 처음에 했는지 모른다.
We do not know (these / early people / how / lived), where they lived, what they ate, or when they first thought of (serve / them / other / making / things), besides (and / natural / own hands and feet / their / strength).

→ _____

_____

_____

2 만약 당신의 악센트가 잘못되었다면, 당신은 잘못 이해될 수 있다(상대방이 잘 못 이해할 수 있다.)
If your accent is wrong, (you / yourself / be / to / may / make / understood / able / not).

→ _____

3 몇몇 사람들은 동물들이 동물원에 있는 것이 좋지 않다고 생각한다. 그 이유는 동물들에게 낯선 기후 속에 살게 하기 때문이다.
(in a zoo / are / that / some people / think / animals / unhappy), because (which / are made / in a climate / they / to them / is / to live / strange).

→ _____

_____

🚩 도전

4 배우의 유일한 직무는 우리와 다른 사람들의 삶에 들어가서, 당신에게 그것이 어떤 느낌인지 느끼게 하는 것이다.

(us / and / different / to / the lives / people / enter / is / An actor's job / of), and (you / let / that / like / feels / feel / what).

→ _____

_____

✔ 고난도

5 생동감 넘치는 색상과 초현실적 이미지를 혼합한 매혹적인 벽화로 유명한 독학 예술가인 부에노스아이레스 출신의 마틴 론(Martin Ron)은 최근 런던의 유명한 예술 지구에서 열린 권위있는 예술 전시회에서 경외감을 불러일으키는 그의 작품을 선보였다.

Buenos Aires native Martin Ron, (a / artist / imagery / known for / vibrant colors / self-taught / surreal / that / blend with), **showcased** (art exhibition / renowned / his mesmerizing murals / recently held / prestigious / in / art district / in / London's / a)

→ _____

_____

_____

Exercise 03 각 지문을 읽고, 물음에 답하시오.

1

Above all, Ⓐ <u>people will choose to have fewer children when they are sure that their children are more likely to survive.</u> For people in rich economies, Ⓑ (일과 육아를 더 잘 병행하게 하는 선택) has clearly resulted in Ⓒ (더 나은 교육에 의해 지원을 받으면서 더 적은 수의 자녀를 낳겠다는 결정). Ⓓ <u>Career opportunities for women which are increasing in number and improving in quality affects the decision.</u>

1 밑줄 친 Ⓐ의 내용에서 추론할 수 있는 내용을 작성하려고 한다. 밑줄 친 동격 that의 용례에 유의하여, 아래 빈칸에 알맞은 내용을 영어로 쓰시오.

> People tend to have more children when they are sure that there's a low possibility
> that _____.

→ _____

2 괄호 Ⓑ의 우리말을 아래 단어만을 사용하여 영작하시오. (단, make는 5형식 사역동사로 쓰임)

> choice / make / to / parenting / the / and / work / more compatible

→ _____

3 괄호 Ⓒ의 우리말을 아래 단어를 사용하여 영작하시오. (동사어형 변화 있음)

> a decision / aid / fewer children / to / by / have / better education

→ _____

4 밑줄 친 Ⓓ의 문장에서 문법적으로 틀린 곳을 찾아 바르게 고치시오.

   틀린 표현   바른 표현

   _____   →   _____

2

Often people carry so much unnecessary dead wood around with them in the form of certain needless possessions that actively serves to hinder their personal progress. Just like the rose or the tree, Ⓐ <u>when they are full of dead wood, it interferes with the growth of the new</u>. Cut out Ⓑ <u>the dead wood</u> and feel the freedom which results from taking up the courage to do so. Then let your life breathe again, put out new shoots of greater promise, send down deeper roots, and spread your growth in new directions.

1 밑줄 친 복문 Ⓐ를 박스 안에 주어진 단어만을 활용하여 동일한 의미를 전달하는 <u>5형식 문장</u>으로 전환하시오.

the / having / lots of / from / new / dead wood / them / growing / prevents

→ _____

2 본문에서 밑줄 친 Ⓑ인 the dead wood는 어떤 대상의 비유인가? 두 단어로 된 표현을 본문에서 찾아 쓰시오.

3

On a two-week trip in the Rocky Mountains, I saw a grizzly bear in its native habitat. At first, (가) <u>I felt joy as I watched the bear walk across the land</u>. He stopped every once in a while to turn his head about, sniffing deeply. He was following the scent of something, and slowly I began to realize that this giant animal was smelling me! I froze. This was no longer a wonderful experience; it was now an (나) <u>issue</u> of survival. The bear's motivation was to find meat to eat, and (다) <u>I was clearly on his menu</u>.

1 밑줄 친 (가)의 문장을 아래 조건에 맞게 영작하시오.

> ● 조건 ●
> • Watching으로 시작하는 문장을 작성할 것.
> • 동사는 make를 문맥에 맞게 사용할 것.
> • 각 빈칸에는 한 단어만 넣을 것.

At first, I felt joy as I watched the bear walk across the land.

= At first, watching ____ ____ ____ ____ ____ ____ ____ ____ ____ ____.

2 밑줄 친 (나)의 문맥적 동의어를 작성하려고 한다. 아래 제시된 철자로 시작하는 단어를 쓰시오. (단, m으로 시작하고 총 6개의 철자로 구성된 단어임)

m _____

✔ 고난도

3 밑줄 친 (다)의 문맥적 의미가 되도록 아래 조건에 맞게 영작하시오.

> ● 조건 ●
> • 아래 제시어를 한 번씩만 사용할 것.
>   제시어 see / prey / the bear
> • be + p.p의 수동태 표현을 활용할 것.
> • 추가단어 있고, 필요시 단어의 형태를 변형할 것.

I _____

미리 Voca

☑ review 검토하다	☑ foretell 예언하다(prophesy); 예고하다
☑ on the regular basis 정기적으로	☑ admit 인정하다
☑ turn off 끄다	☑ personal growth 개인개발
☑ ripen 익다	☑ fanatic 광신자(= buff)
☑ from A to B A에서 B까지	☑ pay 값을 지불하다
☑ speak 강연하다, 이야기하다	☑ improve 발전시키다
☑ gather 모으다	☑ target 목표로 하다
☑ carry 나르다	☑ meditate 명상하다
☑ bid 말하다, ~에게 명하다	☑ transcendental 초월적인
☑ return 돌아오다	☑ meditation 명상
☑ beside 옆에	☑ entail 수반하다
☑ foretell 예언하다	☑ pay attention to 주의를 기울이다
☑ before long 오래지 않아	☑ acute 민감한, 격심한
☑ quantum mechanics 양자 역학	☑ phrase 구절
☑ stubborn 완강한, 불굴의	☑ wander 오락가락하다
☑ gallop 고) 갤럽[전속력]으로 달리다, 질주하다	☑ ignore 무시하다
☑ gracefully 우아하게	☑ anxious 불안한
☑ muddy 진흙의; 진흙투성이의	☑ muscle 근육
☑ terrain 지대, 지형	☑ design 고안하다

형태	S + help, get, cause + <u>O</u> + to R

해석 방법	* S는 O가 C하게 하다 ① He <u>help</u>ed me <u>(to) wash</u> the car. 　　(그는 내가 세차하는 것을 도와주었다) ② I will <u>get</u> him <u>to fix</u> the car. 　　(나는 그에게 그 차를 수리하라고 시켰다) ③ I <u>got</u> the room <u>cleaned</u>. 　　(나는 방이 청소되어지게 했다 - 방을 청소했다)

참고	• 준사역동사 help는 목적보어로 to부정사와 원형부정사 둘 다 취할 수 있다. • get, cause 등의 동사는 목적보어로 to부정사를 취한다. • 목적어와 목적보어가 서로 수동적인 관계에 있는 경우 목적보어로 과거분사를 취한다.

Exercise 01 각 문장에서 5형식 동사의 쓰임에 따른 목적보어의 형태에 유의하여 알맞은 단어를 고르거나 영작하세요. (단, 고르는 문제의 경우 답이 한 개 이상인 경우도 있음)

1 He got students (to review / review) what they learned on the regular basis.

➜ _____

2 영작 (got / I / done / my hair / yesterday).

➜ _____

3 Be sure to get AC (turning / turned) off while you are away home.

➜ _____

4 I helped my son (do / to do / doing / done) his homework.

➜ _____

5 She will help you (cook / to cook / cooking / cooked).

➜ _____

Exercise 02 괄호 안의 단어를 우리말을 맞게 바르게 배열하시오.

1   딸기가 열리는 이른 봄에 모든 사람들은 이곳저곳으로 가서 농부들이 딸기 모으는 것을 도와주었다.
Early in the spring (ripen / the strawberries / when / began / to), everybody went
(helping / from place / the farmers / to place / to gather them).

→ _____

_____

2   교회에서 그는 일요일에 신에 대해 사람들에게 강연하고 그들이 행복한 삶을 살 수 있게 도왔다.
In church on Sundays (he / God / to the people / about / spoke), and tried (good /
live / to / help / them / lives).

→ _____

_____

3   만일 어떤 것이 혼자 옮기기에 너무 무거울 때, 그것은 다른 개미에게 도움을 요청한다.
(is / to carry / too big / for one ant / anything / when), it bids other ants (to) help
it.

→ _____

도전

4   John을 단 하루 만에 양자 역학을 이해하게 하는 것은 불가능한 작업임이 입증된다.
(one / in / to / proved / impossible / understand / be / John / just / day / quantum
mechanics / to / getting / an / task)

→ _____

_____

5 나는 완고한 말을 진흙탕 지형에서 우아하게 질주하게 하는 데 정말 힘들었다. (단, 한 개 동사의 어형을 문맥에 맞게 고칠 것)

(stubborn / an / horse / get / gallop gracefully / time / extremely / had / hard / through / the muddy terrain / to / the / I)

→ _____

_____

Exercise 03 각 지문을 읽고, 물음에 답하시오.

1

He told me not to return by the road I took in going, for the evenings closed in early; besides Ⓐ <u>which</u>, old Adam foretold a fall of snow before long.

1 밑줄 친 Ⓐ which가 지칭하는 것 또는 내용을 적으시오.

Ⓐ which: _____

2

I have to admit that I'm a personal growth fanatic. (a) (나는 새로운 것을 배우는 것보다 더 즐거운 일은 거의 없습니다.) (b) (내가 어렸을 때 아버지가 나를 시작하게 만들어 주었다.) He actually paid me to read books that would help me learn and grow. Now I'm in my late fifties, and I still love it (c) (내가 성장을 목표로 해왔던 분야에서 발전하고 있는 자신의 모습을 볼 때).

1 괄호 (a)의 우리말을 아래 조건에 맞게 영작하시오.

> ● 조건 ●
> • There구문을 활용할 것.
> • 아래 제시된 단어만을 사용하되, 적절한 관계대명사를 추가해서 작성할 것.
>
> 제시어　I / things / are / than / there / learning / new / few / something / more / enjoy

→ _____

✔ 고난도
2 괄호 (b)의 우리말을 아래 단어만을 사용하여 영작하시오.

> was / got / me / my father / kid / when / I / started / a

→ _____

3 괄호 (c)의 우리말을 아래 단어만을 사용하여 영작하시오.

> myself / in an area / for / can see / improving / I / growth / I've targeted / when

→ _____

Exercise 04 아래 지문을 읽고, 물음에 답하시오.

There is more than one way to meditate. One form—called as transcendental meditation— entails sitting quietly while paying attention to your breathing, and focusing on a single sound or phrase. If your mind wanders, you ignore any thoughts and come back to the sound or phrase. (a) (이런 유형의 명상은 호흡을 가라앉히고, 근육의 긴장을 풀게 하며, 염려스런 생각들을 멀리하게끔 하는데 도움이 되도록 고안된 것이다.)
Another type of meditation, called mindfulness, does (b) the opposite. Although this can make stress more acute at first, ultimately you become calmer, "By noticing your thoughts, you often have greater ability to see (c) the effects of your mind on your body, to understand what you're thinking and even change the way you think." she says.

1 괄호 (a) 안의 말을 아래 단어만을 사용하여 영작하시오.

> calm / your / anxious thoughts / is / this type of / muscles, / away / you /
> meditation / designed to / keep / relax / breathing / help

_____ ,

_____ , and _____ .

2 밑줄 친 (b)의 문맥적 의미를 작성하려고 한다. 아래 빈칸에 들어갈 단어를 본문에서 찾아 쓰시오.
(단, 문맥에 맞게 형태를 변형할 것)

(b) the opposite

= You accept rather than ignore your mind's _____

3 밑줄 친 (c)의 표현을 아래 조건에 맞게 재진술하시오.

┌─● 조건 ●───
│ • how S V의 구조를 활용할 것.
│ • 밑줄 친 표현을 활용하여 영작할 것.
│ • 제시된 각 빈칸에 한 단어만 넣을 것.
└──

➔ _____

S + V + it (가목적어) + O.C + to Ⓡ

미리 Voca

▣ practice 연습하다	▣ arise 일어나다, 나타나다; 발생하다
▣ at least 적어도	▣ foundational 기본적인
▣ lest ~하지 않도록	▣ framework 틀
▣ the times 시대	▣ a sense of duty 의무감
▣ fall behind 뒤처지다	▣ render ~하도록 만들다
▣ overeating 과식	▣ courage 용기
▣ plain 분명한	▣ displeasing 불쾌한, 마땅찮은, 화나는
▣ invent 발명	▣ decade 10년
▣ advance 발전하다	▣ ordinary 보통의, 평범한
▣ printing press 인쇄기	▣ psychologically 심리학적으로
▣ at the same moment 동시에	▣ face 직면하다
▣ printing press 인쇄기	▣ abrupt 갑작스러운
▣ staunch 신조에 철두철미한, 완고한, 충실한	▣ collision 충돌
▣ advocate 옹호자, 고취자; 주창자	▣ keep up with 견디다
▣ interpretation 해석	▣ characterize 특징짓다
▣ adhere to ~을 고수하다	▣ incessant 끊임없는
▣ fixed 고정돈	▣ prosperity 번영, 번창, 융성; 성공; 행운, 부유
▣ absolute 절대적인	▣ emerge (물 속·어둠 속 따위에서) 나오다, 나타나다
▣ ambiguity 모호성	▣ emphasizing 강조하다
▣ diverse 다양한	▣ discipline 훈련, 훈육; 단련, 수양
▣ fragmented 단편적인	▣ thriftiness 검소함
▣ philosophical perspective 철학적 관점	▣ Puritan 청교도의
▣ celebrate 찬양하다	▣ virtue 미덕, 덕, 덕행, 선
▣ embrace 포용하다	▣ pursuit 추적; 추격; 추구
▣ nature 본성	▣ agriculture 농업
▣ urge 촉구하다	▣ engage (in) ~종사하다, 관계하다
▣ intriguing 모를 꾸미는; 흥미를[호기심을] 자아내는	▣ craftsmanship 장인정신

🔑 Key Point

Exercise 01 다음 각 우리말을 제시된 단어를 활용하여 영작하시오.

1 나는 스스로 그 일을 하는 것이 어렵다고 생각했다.

(the work / do / difficult / by / to / thought / myself / I / it)

➡ _____

2 나는 깊은 눈길을 걷는 것이 어렵다는 것을 알았다.

(in / snow / deep / the / hard / walk / I / it / to / found)

➡ _____

3 나는 그 문제를 푸는 것이 쉽다고 생각한다.

(to / I / easy / it / think / solve / the / problem)

➡ _____

4 적어도 일주일에 한번 연습하는 것이 필요하다고 믿는다.

(at least / believe / a / practice / to / necessary / it / once / week / I)

➡ _____

5 나는 시대에 뒤떨어지지 않도록 매일 신문을 읽기로 했다.

(every day / lest / read / behind the times / a rule / fall / to / make / I / I should / a newspaper / it)

➜ _____

6 나는 그 일을 끝내는 것이 내 의무라고 믿는다.

(to / work / my / it / duty / I / finish / the / believe)

➜ _____

7 과식이 몸에 나쁘기 때문에 난 너무 많이 먹지 않는 것을 규칙으로 정했다.

(not / much / rule / eat / to / too / it / I / a / make), **for** (that / overeating / plain / for / is / the / is / health / it / bad).

➜ _____

_____

Exercise 02 각 문제를 우리말에 맞게 영작하시오.

1 과학은 무에서는 아무것도 창조해낼 수 없지만, 과학의 발달은 우리가 꿈꿔보지 못했던 것을 가능하게 해 준다.

Science can create nothing out of nothing; but (its / discover / it / to / possible / us / for / advance / makes) **and invent** (of / what / have never dreamed / we).

➜ _____

_____

2 당신의 영어지식은 당신이 쉽게 다른 유럽어를 배울 수 있게 해 줄 것이다.

(to / it / will make / any other / your knowledge / of English / for you / European language / easy / learn).

➜ _____

3 인쇄기는 수백만의 사람들이 같은 교과서를 동시에 읽을 수 있게 했다.

(to read / it / of people / for millions / possible / has made / the same text / The printing press) at the same moment.

→ _____

_____

📢 도전

4 포스트모더니즘의 확고한 옹호자로서 예술에 대한 고정적이고 절대적인 해석을 고수하는 것은 불가능하다고 생각하는데, 이는 이 철학적 관점은 우리에게 모호함을 포용하고, 인간 경험의 다양하고 단편적인 본성을 찬양하도록 촉구하기 때문이다.

As a staunch advocate of Postmodernism, (impossible / to / interpretations / adhere / fixed / it / think / I / art / absolute / of / and / to), as (ambiguity / to / diverse and fragmented / of / this philosophical perspective / celebrate / human experiences / the / nature / embrace / urges / us / and).

→ _____

_____

_____

✔ 고난도

5 그들은 자원과 권력에 대한 경쟁에서 발생하는 갈등이 어떻게 사회 변화와 불평등에 중대한 영향을 미칠 수 있는지 이해하기 위한 기본적인 틀로 갈등 이론을 고려하는 것을 흥미롭게 여겼다.

They (Conflict Theory / found / resources and power / intriguing / can significantly influence / consider / to / it / for / conflicts arising from competition / a foundational framework / societal changes and inequalities / for / understanding / as / and / how).

→ _____

_____

_____

Exercise 03 각 지문을 읽고, 물음에 답하시오.

1

A sense of duty may at times Ⓐ (당신이 당신의 친구에게 어쩔 수 없이 불쾌한 것을 하도록 만들 수 있다), but Ⓑ (당신은 그것을 할 용기를 가져야 한다.)

✅ 고난도

1   괄호 Ⓐ의 우리말에 맞게 아래 단어를 바르게 배열하시오. ([render it ~ to v] 구문을 활용할 것)

to / to / what / for / your friends / render / displeasing / do / necessary / is / you
/ it

→ _____

2   괄호 Ⓑ의 우리말을 제시된 단어를 반드시 활용하여 영작하시오. (단, 각 빈칸에 한 단어만 넣을 것)

제시어
courage, do, have, the

Ⓑ _____ _____ _____ _____ _____ _____

2

In the three short decades between now and the twenty-first century, millions of ordinary, psychologically normal people will face an abrupt collision with the future. Many of them will Ⓐ (painful / find / to / increasingly / it) keep up with Ⓑ (우리시대를 특징짓고 있는 변화에 대한 끊임없는 요구).

1   괄호 Ⓐ의 단어를 문맥에 맞게 바르게 배열하시오.

→ _____

2 괄호 ⑧의 우리말을 아래 단어를 사용하여 바르게 배열하시오. ([N that v]의 구조를 활용할 것)

> that / change / our / now characterizes / time / the / demand / for / incessant

→ _____

3

(가) (청교도들은 엄격한 종교적 원칙에 기초한 사회를 건설하는 것이 옳다고 생각했다), and they believed that economic prosperity was a sign of God's favor. The concept of the "Protestant work ethic" emerged from Puritan beliefs, emphasizing hard work, discipline, and thriftiness as moral virtues. In their pursuit of economic success, Puritans engaged in activities such as agriculture, trade, and craftsmanship. (나) (근면에 대한 그들의 헌신은 초기 미국 식민지에서 자본주의의 성장에 기여했다.)

1 괄호 (가)의 우리말을 아래 조건에 맞게 영작하시오.

● 조건 ●
· 가목적어 it과 진목적어 to v구문을 활용할 것.
· 아래 제시된 단어만을 사용하여 영작할 것.
  제시어 based / it / their / a society / the Puritans / build / strict / religious / on / thought / to / right / principles

→ _____

🚩도전

2 괄호 (나)의 우리말을 아래 조건에 맞게 영작하시오.

● 조건 ●
· 글 전체의 시제에 주의할 것.
· 아래 제시어를 한 번씩 모두 사용하되, 추가단어와 동사의 어형 변화 있음.
  제시어 the / the growth / colonies / their commitment / early / American / contribute / in / to / capitalism / of / work / hard

→ _____

미리 Voca

■ take ~ for granted ~을 당연하게 여기다	■ probable 사실일 것 같은
■ honest 정직한	■ be supposed to ~하기로 되어있다
■ feed 먹이를 주다	■ carnival 축제
■ out of work 실직한	■ horde 떼, 군중
■ speak ill of ~을 험담하다	■ sweaty 땀을 흘리는
■ seldom 좀처럼 ~하지 않다	■ scantily 가까스로
■ raw 날것의	■ clad ~이 덮인
■ invention 발명	■ intimidating 위협적인
■ patent 특허	■ inviting 매력적인
■ essence 본질, 진수, 정	■ reputation 명성
■ capture 잡다, 포착하다	■ violence 폭력
■ enduring 지속하는, 영속적인	■ jump in 뛰어들다
■ countless 셀 수 없는, 셀 수 없을 정도로 많은	■ guidance 안내
■ mystical 신비적인	■ scholar 학자
■ position 위치	■ theorist (학)설을 세우는 사람; 이론가; 공론가
■ pity 애석해 하다	■ renown 명성, 영명
■ befall 닥치다	■ psychoanalyst 정신 분석가(학자), 정신 분석 전문의
■ except 제외하고	■ unconscious 무의식의, 부지중의, 모르는
■ danger 위험	■ desire 바라다, 원하다, 희망하다
■ moral 도덕의, 도덕적인	■ realm (학문의) 부문, 영역, 왕국
■ maxim 격언	

형태	S + V + 가목적어 it + O.C + that S,V

해석 방법	＊S는 that절(진목적어)이 O.C 하는 것을 V하다. (가목적어 it은 해석하지 않음) ① I <u>thought</u> <u>it</u> difficult <u>that</u> they solve the problem. 　　(나는 그들이 그 문제를 푸는 것이 어렵다고 생각했다) ② I <u>found</u> <u>it</u> difficult <u>that</u> we must study for a long time. 　　(나는 우리가 영어를 오랫동안 공부해야 하는 것이 힘든 일이라는 것을 알게 되었다)

참고	• 가목적어 it을 취하는 5형식 동사 : think, make, find, believe, take 등 • 5형식 문장에서 목적어 역할을 하는 명사절 접속사 that절은 가목적어 it으로 대체되고 뒤로 보낸다.

Exercise 01 각 우리말을 제시된 단어만 사용하여 영작하시오.

1 그들은 그런 멋진 희망이 있다는 것이 가능하다는걸 믿지 않았다.

(such / possible / there / hope / they / was / didn't / believe / great / it / that)

➜ _____

2 우리는 우리가 최선을 다해야 한다는 것을 당연하게 여긴다.

(that / try / for / it / granted / take / we / we / our / should / best)

➜ _____

3 나는 사람들이 정직하다는 것이 당연하다고 생각한다.

(take / honest / for / I / granted / that / are / people / it)

➜ _____

4 나는 그가 온다는 것이 당연하다고 생각했다.
(would / he / for / come / I / granted / it / took / that)

➔ _____

🚩도전
5 퇴근 후 남편에게 상을 차려야 한다는 것은 당연하다고 여겨졌다.
(for / it / taken / feed / work. / was / out / granted / to / of / men)

➔ _____

Exercise 02 우리말에 맞게 괄호 안의 단어를 활용하여 영작하시오.

1 너는 그의 뒤에서 그를 험담한 적이 없다는 것을 분명히 하는 것이 낫다.
You had better (behind / ill / of him / it / you / have never spoken / clear / make / his back / that).

➔ _____

2 대합조개는 미국인들이 날 것으로 먹는 몇 안 되는 음식들 중 하나지만, 일본인은 날 것으로 절대 먹지 않는다는 것을 발견하곤 재미있었다.
(I / clams / it / seldom eat / raw / that / funny / the Japanese / found), although they are one of the few sea foods Americans eat raw.

➔ _____

_____

3 대부분의 사람들은 발명을 뭔가 새로운 것이라고 간주하지만 실제적으로 완전히 새로운 아이디어가 근래 10년 내에 특허를 받은 것은 하나도 없다.

Most people ("new" / an invention / something / is / that / it / for granted / take), but actually (not / new idea / is / a completely / patented) once in ten years.

→ _____

_____

🚩 도전

4 그들은 "사랑"의 본질을 완전히 포착하는 것이 거의 불가능하다고 생각했지만, 그것이 인간의 경험에 수많은 방식으로 깊은 영향을 미치는 지속적이고 심오한 감정이라는 것을 인식했다.

Though (the / thought / of / they / it / impossible / almost / to / love / essence / fully capture), they recognized that (in / enduring / it / that / an / influences / ways / the human experience / emotion / is / countless / profoundly).

→ _____

_____

_____

✔ 고난도

5 많은 수비학 애호가들은 이 고대 관행이 숫자의 신비로운 의미와 삶의 다양한 측면에 미치는 영향에 대한 심오한 통찰력을 가지고 있다고 당연하게 받아들인다.

Many enthusiasts of numerology (this / holds / profound / their influence / ancient / for / life / it / and / various aspects / granted / take / that / on / into / numbers / of / practice / significance / the mystical / of / insights).

• numerology: 1은 남자, 2는 여자를 뜻하고, 따라서 1과 2를 더한 3은 결혼을 뜻한다는 식으로 수에 의미를 부여하였다. 이런 식의 사고방식을 수비학(數祕學)이라 한다.

→ _____

_____

_____

Exercise 03 각 지문을 읽고, 물음에 답하시오.

1

Generally, we pity when we are in a position to remember that similar things have befallen ourselves or our friends, or to expect that they may. In other words, we pity when the danger is near ourselves. And we pity those like us in age, in character, in moral state, in rank, in birth; for Ⓐ (이 모든 예들이 그 사건이 우리들의 것이 될 수도 있다는 것을 더욱 가능하게 만든다.) In conclusion, Ⓑ <u>we must take it as a general maxim that we pity when all things which we fear happen to others.</u>

1 아래 조건에 따라 괄호 Ⓐ의 우리말을 영작하시오.

━ 조건 ━

• [가목적어 it · 진목적어 that S V]구문 사용.
• 아래 제시어만 사용할 것.
  제시어 may become / all these / make / it / that / our own / more probable / examples / the case

➜ _____

2 밑줄 친 Ⓑ의 문장 구조를 분석하시오.

Ⓑ we must take it as a general maxim that we pity when all things which we fear happen to others.

2

Everyone knows Rio de Janeiro's carnival is supposed to be the greatest party on earth, but to many, the hordes of sweaty, scantily clad bodies on display Ⓐ (이들이 유혹적인 만큼 위협적일 수도 있다.) The city's reputation for violence and the difficulties that arise from not speaking Portuguese Ⓑ (관광객들이 카니발에 어떻게 뛰어들지에 대해 약간의 안내를 받는 것이 더욱 중요하다.)

1 괄호 Ⓐ의 우리말을 제시된 두 단어를 활용하여 as ~ as구문으로 영작하시오.

제시어

intimidating, inviting

→ _____

2 괄호 Ⓑ의 우리말을 아래 단어를 사용하여 영작하시오. (가목적어it · 진목적어that 활용)

how to / make / get / even more important / jump in / that / about / some guidance / it / tourists

→ _____

3

Many film scholars and theorists (가) (프로이트의 정신 분석 이론이 영화의 복잡성과 영화가 인간 정신에 미치는 영향을 이해하는 데 귀중한 통찰력을 제공할 수 있다는 것을 유용하다고 믿는다.) Sigmund Freud, the renowned psychoanalyst, introduced revolutionary ideas about the unconscious mind, dreams, and the human psyche's hidden desires and fears. When applied to the realm of film, (나) (프로이트의 이론은 등장인물의 행동 뒤에 숨겨진 동기를 탐구할 수 있는 렌즈를 제공한다.)

1 괄호 (가)의 우리말을 아래 조건에 맞게 영작하시오.

- 조건 -
- [가목적어 it · 진목적어 that S V]구문을 사용할 것.
- 아래 제시어만 사용할 것.
  제시어 offer / cinema / insights / into / that / and / it / can / its impact / on / valuable / the human psyche / the complexities / Freud's / psychoanalytic theory / understanding / of / useful / believe

Many film scholars and theorists _____

_____

_____

_____

2 괄호 (나)의 우리말을 아래 조건에 맞게 영작하시오.

- 조건 -
- [전치사 + 관계대명사 S V]의 구문을 활용할 것.
- 아래 제시어만 사용할 것.
  제시어 a lens / which / actions / motivations / characters' / behind / through / can explore / we / hidden / provide / the / Freud's theories

When applied to the realm of film, _____

_____

_____

unit

19 be + to Ⓡ 구문

미리
Voca

▨ hand in 제출하다	▨ injure 해를 끼치다
▨ go abroad 해외로 가다	▨ dislike 싫어[미워]
▨ gain 얻다	▨ uncivil 예의 없는
▨ association 협회	▨ harm 피해
▨ comprehensive 포괄적인, 광범위한, 이해(력)의, 이해력이 있는	▨ impolite 예의 없는
▨ impactful 강렬한 인상을 주는	▨ Christianity 기독교 신앙, 기독교적 정신
▨ contribution 공헌, 기부	▨ lord 지배자, 군주, 영주
▨ homeland 고국	▨ perceive (오관으로) 지각하다, 감지하다
▨ supper 저녁 식사	▨ bind 묶다, 포박하다
▨ gain 얻다	▨ especially 특히, 특별히
▨ athletic 육상(경기)의	▨ subjugate 정복하다, 복종(예속)시키다; (격정 따위를) 가라앉히다
▨ warning 경고	▨ fabrication 제작, 구성; 위조; 조립, 꾸밈, 날조
▨ competition 경기	▨ docile 가르치기 쉬운《학생》; 유순한, 다루기 쉬운
▨ downtown 시내	▨ obedient 순종하는, 유순한, 고분고분한, 말 잘 듣는
▨ be going to ~할 예정이다	▨ assume 당연한 것으로 여기다, 당연하다고 생각하다, (태도를) 취하다
▨ taboo 금기	▨ further 진전시키다, 조장[촉진]하다
▨ blunt 무딘, 날 없는	▨ intention 의향, 의도, 의지
▨ restrict 제약하다	▨ dictate 구술하다, (말하여) 받아쓰게 하다
▨ sharply 엄격하게	▨ enlargement 확대
▨ differ from ~와 다르다	▨ instrument 기계, 기구, 도구

🔑 Key Point

형태	S + be V + to R

해석 방법	* ~할 예정이다 / ~해야 한다 / ~을 원하다 / ~할 수 있다 / ~할 운명이다 ① Her greatest pleasure <u>is to see</u> cartoons on television. 　　(그녀의 가장 큰 기쁨은 텔레비전에서 만화를 보는 것이다 - 주격 보어 역할을 하는 서술 기능의 형용사 　　역할) ② You <u>are to pay</u> your debt as soon as possible. 　　(당신은 가능한 빨리 채무를 지불해야 한다 - ~해야 한다) ③ If you <u>are to succeed</u>, you must work hard. 　　(성공하려면 열심히 일해야 한다 - ~하려면)

참고	• to부정사의 형용사 용법에서 불완전 자동사 다음에 쓰여 주격 보어 역할을 하는 서술 기능의 형용사 　역할이 있다. • be동사와 함께 쓰여 서술 역할을 하는 to부정사의 해석법은 아주 다양하지만 크게 '예정, 의무, 운명, 　가능, 의지' 등의 의미로 해석할 수 있다.

Exercise 01　각 우리말을 제시된 단어만을 사용하여 영작하시오.

1 그들은 다음 주에 결혼할 예정이야.

(are / married / get / week / to / they / next)

➡ _____

2 우리는 내일까지 과제를 제출해야 해.

(the / report / tomorrow / in / are / hand / to / by / we)

➡ _____

3 네가 해외로 가길 원하면, 넌 외국어를 배워야 해.

(go / are / are / language / learn / you / you / abroad / if / to / foreign / to)

➡ _____

4 어떠한 소리도 들을 수 없었어.

(was / to / be / sound / Not / heard / a).

→ _____

5 그들은 다시는 조국을 보지 못할 운명이었다.

(to / were / again / never / homeland / their / they / see).

→ _____

6 너는 TV를 보기 전에 저녁을 다 먹어야 한다.

(TV / are / you / your / to / watch / supper / you / before / all / eat).

→ _____

Exercise 02 괄호 안의 단어를 활용하여, 우리말을 영작하시오.

1 삶의 가장 큰 기쁨은 아름다운 것들을 사랑함으로써 얻을 수 있다. 그리고 우리가 살아가는 이 세상에 관해 할 수 있는 한 모든 걸 배움으로써 얻게 된다.

The greatest joy of life (things / to be gained / is / beautiful / by loving), and (about / by learning / the world / all that / we can / live / we / in which).

→ _____

_____

2 우리가 그 경기에서 승리하려면 훈련을 더욱 강하게 해야 한다고 말하면서, 체육 협회 지도자가 우리에게 엄중한 경고를 했다.

(athletic / the leader / has given / us / our / association / of / warning / a serious), saying that (if / are / to win / we / the competition), we must train harder.

→ _____

_____

3 그는 시내에서 새로운 일을 시작할 예정이었기 때문에 그날 아침 일찍 집을 나섰지만, 그는 그의 가족을 다시는 보지 못할 운명이었다.

He left home early that day (he / in downtown / because / a new job / start / was going to), but (again / to see / never / was / he / his family).

→ _____

_____

도전

4 Thomas Paine의 이론은 정치적 사상과 혁명에 대한 그의 영향력 있는 공헌을 포괄적으로 이해하기 위해 주의 깊게 연구되어야 한다.

Thomas Paine's theories (a comprehensive understanding / to / gain / are / thought and revolution / political / be / his impactful contributions / carefully studied / of / to / to).

→ _____

_____

고난도

5 따라서 칼의 사용에 대한 금기 사항이 점점 더 많아졌습니다. 칼은 뭉툭한 손잡이가 제시된 채로 잡아야 하고, 얼굴 근처에 두지 말아야 하며, 무엇보다도 칼의 용도가 엄격하게 제한된다.

Thus taboos were increasingly placed upon the use of the knife: (the point / to / held / with / was / by / it / presented / the blunt handle / be); (the face / was / be / not / near / anywhere / placed / to / it); and most important, the uses to which it was put were sharply restricted.

→ _____

_____

_____

1

What you have to learn if you are to be a good citizen of the world is that though you will certainly dislike many of your neighbors, and differ from some of them so strong that you could not possibly live in the same house with them, that does not give you the smallest right to injure them or even to be uncivil to them.

1 위 지문에서 문법적으로 옳지 <u>않은</u> 곳을 찾아 바르게 고치시오.

틀린 표현   바른 표현

_____ ➜ _____

2 본문의 내용과 일치하도록 빈칸에 알맞은 표현을 <u>본문에서</u> 찾아 넣으시오.

The _____ toward some of the world neighbors and the _____ between them do not guarantee any right to do harm to or be impolite to them.

2

(가) <u>Through Christianity we are to see the eye of the lord looking down upon us.</u> Such forms of knowledge project an image of reality, at the expense of reality itself. They talk figures and icons and signs, but fail to perceive forces and flows. They bind us to other realities, and especially (나) <u>the reality of power as it subjugates us.</u> Their function is to Ⓐ t_____, and the result is the fabrication of docile and obedient subjects."

1 밑줄 친 (가)의 문장을 재진술하려고 한다. 빈칸에 들어갈 단어를 써 넣으시오. (단, 제시된 철자로 시작하는 단어를 쓸 것)

(가) Through Christianity we are to see the eye of the lord looking down upon us.

= Christianity e_____ us to perceive the eye of the lord looking down on us.

2 밑줄 친 (나)의 내용으로 보아 빈칸 Ⓐ에 들어갈 단어를 채우시오. (단, t로 시작하는 총 네 개의 철자로 구성된 단어임)

t_____

3

In calling upon governments to assume larger and more positive tasks for furthering "the greatest happiness of the greatest number" we have no intention of allowing governments to become so much our (가) m_____ as to dictate to us (나) (behave / how / we / to / are) or (다) (to / are / what / believe / we). Our governments belong to us, not we to them; and our purpose is to use them for the enlargement of our personal freedom, not to be used by them as instruments.

---

1 문맥 상 빈칸 (가)에 들어갈 단어를 쓰시오. (단, m으로 시작하는 단어이며, 문맥에 맞게 단복수형태에 주의할 것)

---

2 괄호 (나)와 (다)에 주어진 단어만을 사용하여 글의 흐름이 자연스럽도록 영작하시오.

(나): _____

(다): _____

---

3 아래 영영풀이에 해당하는 단어를 본문에서 찾고, 아래 우리말을 조건에 맞게 영작하시오.

〈영영풀이〉 to take on or undertake a particular role, responsibility, or job

● 조건 ●
• 아래 우리말을 제시어와 함께 위 영영풀이에 해당하는 단어를 반드시 포함하여 영작할 것.
제시어 decided / to / the / in / she / project / the / role / leadership

"그녀는 프로젝트에서 리더십 역할을 맡기로 결정했습니다."

→ _____

unit 20 의문사 + to ⓇR (의문사구=명사구)

미리 Voca

▦ at a loss 어쩔줄 모는	▦ diverse 다양한, 가지각색의
▦ suddenly 갑자기	▦ blur 희미하게[흐리게] 하다
▦ occur 떠오르다	▦ challenge ~에 도전하다, ~에 이의를 제기하다
▦ pond 연못	▦ representation 재현, 표현
▦ hill 언덕	▦ roadside 길가
▦ intellignece 지성	▦ be crowded with ~로 가득차다
▦ behave 행동하다	▦ local 주민
▦ pond 연못	▦ arrogant 거만한
▦ intelligence 지성	▦ embarrased 어색한 당황스러운
▦ reproductive 생식의	▦ hypotheses 가설
▦ natural selection 자연도태	▦ entertain 즐겁게하다
▦ species 종(種)	▦ enlighten 이해시키다
▦ impact 영향, 충격	▦ invent 발명하다
▦ liberate	▦ reject 거절하다
▦ fixed 고정된	▦ plenty 풍부한
▦ question 질문하다	▦ harbor 품다
▦ multiplicity 다수, 중복; 다양성 a (the) multiplicity of 다수의, 가지각색의	▦ chloroplast 엽록체
▦ territory 영토, 영역, 분야	▦ organelle 세포기관
▦ traverse 가로지르다, 횡단[통과, 관통]하다	▦ figure out 알아내다

Key Point

형태	의문사 (how, what, where, when, whom, which) + to R

해석 방법	* 무엇을 / 어디에 / 어떻게 / 언제 / 누구와 ~ 해야 할지 ① The problem is <u>where to go</u>, not <u>when to go</u>. 　(문제는 언제 가야할 지가 아니라 어디로 가야할 지이다) ② She didn't know <u>what to do</u> at the moment. 　(그녀는 그 순간 무엇을 해야 할지 알지 못했다) ③ He discovered <u>how to open</u> the safe. 　(그는 그 금고를 어떻게 열어야 할지 발견했다)

참고	• '의문사 + to부정사'는 문장에서 주어, 목적어, 보어 등으로 사용되는데 특히 목적어 역할을 주로 한다. • '의문사 + to부정사'는 '의문사 + S + should/can + R'의 문장으로 바꿔 쓸 수 있다.

Exercise 01 각 문장의 우리말을 제시된 단어만을 사용하여 영작하시오. (2, 3, 6번의 경우 의문사 절을 포함한 문장으로 완성할 것).

1 그들이 너를 체포할 때, 무엇을 말해야 할지 또는 어떻게 말해야 할지는 걱정하지 않아도 됩니다.
(you / they / when / arrest), (how / do / to / or / about / what / worry / not / say / it / say / to).

→ _____

2 Please tell me which bus to take to get to the station.

= Please tell me which _____.

3 Let me know what time to start.

= Let me know what _____.

4 어떤 케이크를 먹어야 할지 내게 말해줘.

(me / tell / cake / to / which / eat).

→ _____

5 그들이 언제 시작해야 할지 알기를 원해.

(to / they / when / start / want / to / know).

→ _____

6 Tell me how to use this machine.

= Tell me how _____.

Exercise 02   각 문제를 우리말에 맞게 영작하시오.

1 나는 뭘 해야 할지 갈피를 잡지 못했다. 바로 그때 갑자기 그에게 가서 도움을 받아야겠다는 생각이 내게 떠올랐다.

(at a loss / do / was / I / what / to), when the idea of going to him for advice (suddenly / to / me / occurred).

→ _____

_____

2 '연못을 지나 언덕으로 내려가라'고 그 꼬마가 말했다 '네가 만나는 아무에게나 물어라. 그러면 그가 너에게 다음 길을 말해 줄 것이다'.

"(past / go / the pond / the hill / down)," said the small boy. "Then ask anybody you'll see, and (next / you / tell / which way / to go / he'll)."

→ _____

_____

3 참된 지성은 해야 할 일을 얼마나 많이 아느냐가 아니라, 해야 할 일을 알지 못할 때 어떻게 처신하느냐이다.

The true of intelligence is not (we / how much / how / know / to do), but how we behave (know / we / to do / when / what / do not).

➡ _____

_____

🚩도전

4 이 비디오에서 우리는 자연 선택이 어떻게 작용하는지, 그리고 그것이 여러 세대에 걸쳐 여러 종의 생존과 번식 성공에 미치는 영향을 관찰하는 방법을 탐구할 것이다.

In this video, we will explore (works / natural / how / selection) and (the survival and reproductive / to / species / over generations / its impact / success / on / different / of / how / observe).

➡ _____

_____

_____

✅고난도

5 질 들뢰즈 철학의 본질을 이해하는 방법은 어떻게 고정된 정체성으로부터 사유를 해방시키고, 어떻게 생성의 다양성을 수용하며, 다양한 영역을 가로지르는 새로운 개념을 창조하고, 경계를 모호하게 하며, 지식과 재현의 전통적인 형식에 도전하는가에 대한 질문에 있다.

(essence / the / philosophy / Gilles Deleuze's / understand / of / how / to) lies in (from / liberate / how / to / identities / questioning / thought / fixed), (multiplicity / embrace / of / how / becoming / to / the), and (concepts / create / territories / novel / how / that / to / traverse / diverse), blurring boundaries and challenging traditional forms of knowledge and representation.

➡ _____

_____

_____

_____

각 지문을 읽고, 물음에 답하시오.

> **1**
>
> The roadside is crowded with locals, and ⓐ (그들의 두뇌는 지역의 지식으로 가득 차 있다.) but ⓑ <u>we are too arrogant and embarrassed to ask the way.</u> So we drive around in circles, ⓒ (   ) and ⓓ (   ) successive hypotheses ⓔ (그림 같은 전망을 어디서 찾아야 하는지에 관하여) that would entertain and enlighten the tourists.

1   괄호 ⓐ의 우리말을 아래 단어를 사용하여 영작하시오.

> are / with / brains / their / knowledge / local / crowded

→ _____

2   밑줄 친 ⓑ의 문장을 알맞게 해석을 하고, 해당 문장을 재진술할 때 괄호 안에 들어갈 단어를 쓰시오.

→ _____

> We are (   ) arrogant and embarrassed (   ) (   ) (   ) ask the way.

3   〈보기〉의 동사를 활용하여 위글의 ⓒ와 ⓓ에 들어가는 알맞은 동사의 형태를 쓰시오.

> ┤보기├
>
> invent / reject

ⓒ _____   ⓓ _____

4 위 글의 괄호 ⓔ에 해당하는 우리말을 참고하여, 괄호안의 단어를 알맞게 배열하시오.

> the scenic / vistas / find / where / about / to

→ _____

2

What really are the differences between animals and plants? There are plenty. The cells of plants, unlike animal cells, (ⓐ), harbor chloroplasts, which are (가) (빛의 에너지를 당으로 변화시킬 수 있는 작은 녹색 기관). This difference, (ⓑ), doesn't seem to matter to any of us (나) (무엇을 먹어야할지 알아내려고 할 때). The differences that do seem to matter are things like (다) (식물들은 신경세포나 뇌가 없다는 사실).

＊ chloroplast: 엽록체

---

1 문맥상, 빈칸 ⓐ, ⓑ에 들어갈 알맞은 연결어를 쓰시오.

ⓐ _____   ⓑ _____

---

2 괄호 (가)의 우리말을 아래 조건에 맞게 영작하시오.

┌─ ● 조건 ● ─────────────────────────────────
· 주격관계대명사 that을 활용할 것.
· 아래 제시어만 사용할 것.
  제시어 tiny green / energy / into / sugar / the / organelles / of / that / light / can
  turn
└───

→ _____

3 괄호 (나)의 우리말을 제시어만을 사용하여 영작하시오.

제시어

to / out / trying / when / what / eat / to / figure

→ _____

4 괄호 (다)의 우리말을 아래 조건에 맞게 영작하시오.

• 조건 •

• 동격이 that 구문을 활용할 것: N that S V

• 아래 제시어만 사용할 것.

제시어 (plants / the fact / or / nerves / that / have / brains / don't)

→ _____

unit 21 전치사 + 관계대명사 + to Ⓡ

미리 Voca

▣ care for 돌보다, 좋아하다	▣ flight 항공편
▣ listen to 귀를 기울이다	▣ tragic 비극
▣ depend on ~에 달려있다	▣ induce 유발하다
▣ foundation 기초	▣ survive 살아남다
▣ many-sided 다방면의	▣ outcome 결과
▣ implement 시행하다	▣ furthermore 더욱이
▣ fiscal measure 재정정책	▣ nonetheless 그럴더라도
▣ promise 약속하다, 준다는 약속을 하다	▣ in the mean time 동시에
▣ innate 타고난, 생득의, 천부의	▣ all along 내내
▣ highlight 강조하다, 눈에 띄게 하다, 강렬한 빛을 비추다	▣ book 예약하다
▣ extensive 광범위한, 광범위하게 미치는	▣ objective 목적
▣ indispensable 필수의	▣ import 수입
▣ instrument 도구	▣ domestic 내수의
▣ function 기능하다	▣ protect 보호하다
▣ coummunity 공동체	▣ national defense 국방
▣ indeed 실로	▣ weaken 약하게 하다
▣ essential 필수의	▣ competition 경쟁
▣ maintain 유지하다	▣ crisis 위기
▣ organization 조직	▣ supply 공급
▣ tend to ~하는 경향이 있다	▣ security 보안
▣ fate 운명	▣ vital 필수의
▣ crash 충돌	

형태	전치사 + 관계대명사 + to R

해석 방법	* '전치사 + 관계대명사'는 해석하지 않고 'to부정사'만 선행사인 명사를 꾸며주며 해석한다. I have no house which I can live in. ↓ I have no house which live in. (관계사절의 주어가 주절의 주어와 같으니 생략) ↓ I have no house which to live in. (한 문장에 동사를 두 개 쓸 수 없으니 ↓ 　　　　　　　　　　　　　　　관계사절의 동사를 to부정사를 바꾼 것) ① I have no house in which to live. 　(영어는 전치사로 끝나는 것을 좋아하지 않아서 전치사를 관계사 앞으로 옮겨 놓음) ② I have no house to live in. (목적격 관계사 생략 가능) 　최종적으로 위 ①, ②의 두 문장이 완성됨.

참고	• 자동사와 함께 쓰는 전치사가 있다면 반드시 to부정사와 함께 써야한다. • 관계사절도 선행사인 명사를 수식하는 형용사절이며, to부정사 역시 앞의 명사를 수식하는 형용사의 　역할이다.

Exercise 01　각 우리말을 제시된 단어를 사용하여 영작하시오. (단, 각 문장마다 추가단어 한 개씩 있음)

1 수잔은 정말로 이야기 할 친구가 필요하다.

(friend / with / a / really / talk / Susan / needs).

➡ _____

2 그는 돌볼 고아가 있다.

(orphan / he / to / has / care / an)

➡ _____

3 나에게 들을만한 음악을 소개해 줘. (단, to me는 문장 중간 적절한 위치에 둘 것)

(music / to me / some / introduce / listen / to).

➡ _____

4 우리는 같이 있을 누군가를 찾아야만 한다.
(to / stay / to / for / look / someone / we / have)

→ _____

5 나는 의지할 누군가가 필요하다.
(need / someone / to / I / depend)

→ _____

Exercise 02 각 문제를 우리말에 맞게 영작하시오.

1 작가는 표현할 생각들 뿐 아니라 그것들을 표현해내는 단어도 갖고 있어야 한다.
A writer should have (only / to express / ideas / not), but (them / with which / to express / words).

→ _____

_____

2 "너의 금붕어에게 말하렴", 그녀가 다음날 말했다. "나는 살 궁전을 원한다고"
"Tell your golden fish," she said the next day, "that (I / in which / a palace / want / to live)."

→ _____

3 시민의 자유는 풍부하며 다방면의 문화를 건설하는 기반이다.
The freedom of citizens is the foundation (to build / many-sided / culture / on which / and / a rich).

→ _____

4 정부가 예의주시해 온 경제성장률이 재정정책 시행 이후 회복세를 보이고 있다.

The economic growth, (of / monitoring / been / has / closely / the government / which), is showing (recovery / implementing / of / fiscal measures / after / the new / signs / promising).

➡ _____

_____

5 타고난 언어 구조의 중요성을 강조한 촘스키의 모국어 습득 이론은 전 세계 언어 학자들의 광범위한 연구와 논쟁의 주제였다.

Chomsky's theory of first language acquisition, (in / innate linguistic structures / which / highlights / the / importance / he / of), (the globe / study and debate / extensive / of / the subject / has been / linguists / across / by).

➡ _____

_____

_____

Exercise 03) 각 지문을 읽고, 물음에 답하시오.

1

ⓐ <u>Language is an indispensable instrument of human society</u>. It is the means ⓑ (사람들이 서로를 이해하고) and to function together as a community. Indeed, it is unlikely that ⓒ (어떠한 인간 조직이든 언어 없이는 형성될 수도 오랫동안 유지될 수 있다) without language.

1 밑줄 친 ⓐ를 재진술하려고 한다. 아래 조건에 맞게 영작하시오.

> ● 조건 ●
> • 주격 관계대명사 that을 활용할 것.
> • "~ 없이 지내다"의 do without을 문맥에 맞게 활용할 것.
> • 아래 제시어를 반드시 사용할 것.
> 제시어 essential, can, tool

➡ _____

2 괄호 ⓑ의 우리말을 아래 단어만을 사용하여 영작하시오.

> by / which / for / to / each / understand / people / other

➡ _____

3 괄호 ⓒ의 우리말을 아래 단어를 사용하여 영작하시오. (단, 추가 단어 하나 있음)

> long / either / any / maintained / be / organization / formed / human / could

➡ _____

2

People tend to react more strongly to those events ⓐ (다른 결과가 일어나는 것을 상상하기 쉬운). (ⓑ), the fate of someone who dies in an airplane crash after switching flights (ⓒ) more tragic than that of ⓓ (처음부터 그 비행편을 예약했던 동료 여행자). The former induces a stronger reaction because it is so easy to imagine the person surviving "if only" he or she had not switched flights.

1 괄호 ⓐ의 우리말을 아래 조건에 맞게 영작하시오.

> • 조건 •
> • [전치사 + 관계대명사 to v]의 구문 활용할 것.
> • imagine N v-ing의 구문 활용할 것.
> • 아래 제시어만을 사용할 것.
>
> 제시어 easily / outcome / occurring / to / a different / imagine / for / which

➡ _____

2 문맥상, 괄호 ⓑ안에 들어갈 연결사를 고르시오.

① Furthermore   ② Similarly   ③ Nonetheless

④ For example   ⑤ In the meantime

3 괄호 ⓒ에 들어갈 seem의 바른 형태는?

ⓒ _____

4 괄호 ⓓ의 우리말을 아래 단어만을 사용하여 영작하시오.

> the / all along / a fellow traveler / who / flight / was booked / on

➡ _____

Exercise 04 아래 영문지문을 읽고, 물음에 답하시오.

The objective of some taxes on foreign imports is to protect Ⓐ (국가의 방어에 필수적인 상품을 생산하는 산업). The domestic oil, natural gas, or steel industry, for example, may require protection Ⓑ <u>because of its importance to national defense</u>. Without protection, such industries might be weakened by foreign competition. Then, in an international crisis, the nation might find itself in short supply of products essential to national security.

1 괄호 Ⓐ의 우리말을 아래 제시어만을 사용하여 영작하시오.

제시어

that / a / goods / produces / nation's / industry / defense / vital / to / an

➔ _____

2 밑줄 친 Ⓑ의 구를 절로 바꾸시오.

Ⓑ because of its importance to national defense

= Ⓑ because _____ _____ _____ _____ _____ _____.

3 아래는 위 본문의 내용을 요약한 문장이다. 빈칸에 들어갈 표현은? (단, Ⓐ에 들어갈 표현은 d로 시작하는 단어이고, Ⓑ는 본문에서 찾아 쓰시오)

Excessive Ⓐ_____ on foreign imports may weaken a nation's capability to Ⓑ_____ itself in a crisis.

Ⓐ _____   Ⓑ _____

미리 Voca

▨ intend to ~하는 것을 의도하다	▨ cough 기침하다
▨ disgrace 불명예	▨ severely 심하게
▨ despair 절망	▨ cow bird 찌르레기
▨ tens of thousands of 수만의	▨ warbler 휘파람새
▨ hardship 고난	▨ outsmart ~보다 앞서다
▨ complaint 불평	▨ unfamiliar 익숙하지 않은
▨ delve into ~을 탐구하다	▨ nest 둥지
▨ allegorical 우의(寓意)의, 우화(寓話)적(인)	▨ depart 떠나다
▨ representation 표현	▨ gain 얻다
▨ transformative 변혁적인, 변형의	▨ immediate 즉각적인
▨ profound 심오한	▨ benefit 혜택
▨ ignorance 무지	▨ absence 부재
▨ enlightenment 계몽	▨ be capable of ~할 수 있다
▨ conspire 공모하다, 작당하다; 음모를 꾸미다	▨ rely on ~에 달려있다
▨ drive out 추방하다	▨ solely 오로지
▨ conflict 갈등	▨ feed on ~을 먹고 살다
▨ bring 야기하다	▨ warm-blooded 온혈의
▨ flatter 아첨하다	▨ cold-blooded 냉혈의
▨ trick 속이다	▨ mammal 포유동물
▨ immune system 면역체계	▨ reptile 파충류
▨ arrange 배열하다, 정리하다, 준비하다(for), 조정하다	

🔑 Key Point

형태	S + V + O + to (into, out of) N

해석 방법	타동사와 목적어만으로 의미전달이 불완전하기에 전치사구를 함께 취하는 형태이다. He <u>threw</u> [the letter] <u>into</u> [the fire]. 　그는 편지를 불 속에 넣었다. He <u>talked</u> [me] <u>into</u> [taking the job]. 　그는 내가 그 일을 하도록 (말로) 설득했다.

참고	• throw A into B, talk A into B와 같이 하나의 덩어리로 암기하는 것이 핵심이다.

Exercise 01 아래 샘플 문장을 참고하여 주어진 우리말을 제시어만 사용하여 영작하시오.

> The scene [drove] him [to despair].
> 그 장면은 [몰았다] 그를 [절망으로]

1 너는 [설득할 수 없다] 나를 [네가 말하는 것을 / 믿도록]

(me / not / what / you / say / argue / can / into / you / believing).

→ _____

2 나는 [강하게 설득했다] 그가 [술을 많이 마시지 않도록]

(strongly / a / argued / drinking / out / him / of / lot / I).

→ _____

3 이것은 불명예이며, 우리는 의도한 [이끌도록] 그것을 [종국으로]

(disgrace / to / an / a / it / intend / that / to / and / is / end / we / bring).

→ _____

4 수만 명의 사람들이 [이끌렸다] [절망과 고난으로]

(have / thousands of / despair / tens of / and / hardship / been / driven / to / people).

→ _____

5 그의 불평은 [이끈다] 나를 [정신 밖으로].

(drive / his / me / out / of / complaints / my / mind).

→ _____

Exercise 02 괄호 안의 단어를 바르게 배열하여 아래 우리말을 영작하시오.

1 그들은 그를 국외로 추방하려고 공모했다.

They conspired to (of / drive / the / country / him / out).

→ _____

2 장시간의 갈등은 끝나가고 있다.

Long running conflicts (an / being / to / are / end / brought).

→ _____

3 내가 이것을 즐길 것이라고 착각하지마.

Don't (yourself / thinking / flatter / into) I'm going to enjoy this.

→ _____

4 면역체계를 속여서 암을 문제로 간주하게 하려는 것이 어려운 것이다. (동사의 어형변화 있음)

Trying to (the / trick / into / see / system / immune) the cancer as a problem is what's difficult.

→ _____

도전

5 나는 내 친구에게 플라톤의 동굴의 비유가 인간의 인식에 대한 심오한 우화적 표현과 무지에서 계몽으로의 변혁적 여정을 강조함으로써 동굴의 비유를 탐구하도록 말로 설득할 수 있었다.

(into / delving / to / Allegory of the Cave / my / talk / Plato's / I / friend / managed / into) **by** (allegorical representation / the transformative journey / human perception / its profound / emphasizing / from ignorance / of / to enlightenment / and).

➜ _____

_____

_____

Exercise 03 괄호 안에 제시된 단어를 활용하여 우리말에 맞게 빈칸을 채우시오. (단, 추가단어 있음)

1 이 사이트는 사용자의 금융 정보나 개인 정보를 입력하도록 속일 수 있다.

We believe this site may be trying to ____ ____ ____ ____ your financial or personal information. (trick / enter)

2 나는 정해진 시간에 파티를 끝내는 것이 좋다고 생각한다.

I think it is a good thing to ____ __ ___ __ __ ____ of the time arranged. (bring / end / to)

3 그는 30년 이상 담배를 피어왔다. 최근, 나는 그가 기침을 심하게 하는 것을 듣는다. 나는 그가 담배를 끊도록 설득해야 한다.

He ____ ____ _____(smoke) for more than thirty years. Recently I hear him cough severely. I ____ __ ____ ___ ___ __ _____. (argue / smoking / out of / have)

각 지문을 읽고 물음에 답하시오.

1

Several kinds of birds Ⓐ (다른 종의 새가 자신의 새끼를 기르도록 속인다.) Ⓑ <u>One is the common American cowbird. And it lives in the eastern United States.</u> But some kinds of birds, such as the yellow warbler, have learned to outsmart the cowbird. When a cowbird Ⓒ (자신의 알을 둥지에 놓다) of a yellow warbler, the warbler can <u>tell</u> that an unfamiliar egg is there.

1 괄호 Ⓐ안의 우리말을 아래 단어만을 사용하여 영작하시오.

species / young / birds / into / trick / other / of / their / raising

➜ _____

2 밑줄 친 Ⓑ의 두 문장을 관계대명사를 사용하여 하나의 문장으로 만드시오.

One is the common American cowbird.
And it lives in the eastern United States.

➜ _____

3 괄호 Ⓒ안의 우리말을 아래 단어만을 사용하여 영작하시오.

its / egg / the / places / nest / in

➜ _____

4 밑줄 친 단어 tell과 같은 의미로 쓰인 문장은?

① I kept <u>telling</u> myself that everything was OK.

② The sound of his breathing <u>told</u> her he was asleep.

③ The kittens look exactly alike—how can you <u>tell</u> which is which?

④ There was a sign <u>telling</u> motorists to slow down.

2

Ⓐ If all human beings suddenly departed from a large area, mosquitoes will gain immediate benefits from our absence. Although our worldview may Ⓑ (우리가 생각하도록 아첨하다) that human blood is essential ____ their survival, in fact they are capable of feeding ____ the veins of most warm-blooded mammals, cold-blooded reptiles, and even birds.

1 밑줄 친 문장 Ⓐ에서 문법적으로 틀린 부분을 찾아 고치시오.

틀린 표현   바른 표현

_____ ➔ _____

2 Ⓑ의 괄호 안의 우리말을 flatter A into B를 활용하여 영작하시오. (대명사의 격 주의)

Ⓑ _____ _____ _____ _____

3 본문의 빈칸에 들어갈 전치사를 순서대로 쓰시오.

4 본문에서 언급되는 모기와 관련된 인간의 착각을 작성하려고 한다. 괄호 안에 제시된 단어만을 사용하여 영작하시오.

rely / blood / solely / survival / on / human / mosquitoes / for

➔ _____

미리

Voca

- novel 소설
- discussion 논의
- pound 치다, 두드리다
- draw a long breath 긴 숨을 쉬다
- crouch 웅크리다
- suck 빨아 먹다
- mangle 훼손하다
- bruise 멍들게 하다, 멍
- bleed 피흘리다
- spill 떨어짐
- articulate 분명한, 분명히 표현하다
- article 물품
- in cash 현금으로
- (pet) handler 조련사
- disability 장애
- perplexing 난처하게[당혹케] 하는; 복잡한, 까다로운
- take great pains to ~하기 위해 애를 쓰다, 수고를 아끼지 않다
- witness 목격하다
- wary 경계하는
- self-evident 자명한
- obvious 자명한
- childhood 어린 시절
- scale 저울
- truism 자명한 이치
- scales 저울
- weigh 무게를 재다
- carefully 조심하는, 세심한
- simultaneously 동시에
- modify 수정하다

- adapt 조정하다, 적응하다
- manner 방식, 태도
- favorable 호의적인
- deviation 편차
- preservation 보존
- recording 녹음
- essential 필수적인
- nearly 거의
- composer 작곡가
- vast 방대한
- match 맞추다, 부응하다
- gradually 점진적으로
- sophisticated 정교한, 세련된
- abstract 추상적인
- simply 단순히
- ultimately 결국
- content 내용
- enormous 막대한, 거대한
- compared to ~와 비교하여
- counterfeit money 위조지폐
- circulation 유통
- probably 아마도
- spread 퍼지다, 펼치다
- aside from ~ 이외에도
- victimize 희생시키다
- finance ~에 자금을 공급[융통]하다
- anti-counterfeiting 위조를 못하게 하는
- feature 기능

🔑 Key Point

| 형태 | 현재분사 V-ing, 과거분사 V-ed |

해석방법

① 현재분사
I saw a <u>sleeping</u> baby. 나는 잠자는 아이를 보았다.
I saw a baby <u>sleeping in the crib</u>. 나는 침대에서 자고 있는 아기를 보았다.
② 과거분사
There is a <u>broken</u> widow. 깨진 창문이 있다.
There is a window <u>broken into pieces</u>. 조각난 창문이 있다.

참고

• ①과 ②에서 알 수 있듯이, 현재분사와 과거분사가 독립적인 한 단어로 쓰일 때는 명사 앞에 위치하고, 구를 형성하면 뒤에서 수식한다.
• 현재분사는 때로 부사와 같은 형태를 취하면서 V + V-ing와 같이 쓰인다.
Angelo works <u>considering</u> all angles. Angelo는 모든 각을 <u>고려하면서</u> 일한다.

Exercise 01 괄호 안의 우리말에 해당하는 표현을 빈칸에 써 넣으시오.

1 The boy _____ _____ out of the room. (읽으면서 나왔다)

2 Have you ever seen a _____ _____ before? (비행접시)
• saucer 접시

3 Take a look at a cat _____ _____ _____ _____. (그 집 주위를 배회하는)
• wander 배회하다

4 The _____ _____ was found in the _____ _____ of the used car dealer.
(도난당한 자동차 / 주차장)

1   Have you ever read a novel (write) Hemingway?

2   The (bore) man went to sleep during the discussion.

3   The (bore) man put other people to sleep during the discussion.

4   She taught (pound) the grammar into their heads!

5   The (cry) baby drew a long breath and sucked in a spider (crouch) in the corner of the crib.

* crib 아기침대

6   The (mangle) pair of sunglasses, (bruise) face, (break) arm, and (bleed) knees meant Genette had taken another spill on her mountain bike.

Exercise 03 괄호 안의 우리말에 맞게 주어진 단어를 바르게 배열하시오.

1 Man is a talking animal. More precisely, man is the only talking animal. Among all the creatures of the earth (의사소통을 위해서 명확한 언어를 사용하는 다른 어떤 동물도 없다.)
(speech / that / animal / no / communication / articulate / uses / is / for / other / there)

→ _____

2 Ⓐ (이런 방식으로 구입된 제품의 가격은) is always higher than Ⓑ (현금으로 구입되었을 때의 가격).

> Ⓐ an / article / way / price / in / this / the / of / bought
> Ⓑ be / cash / paid / that / the / would / price / in

Ⓐ _____

Ⓑ _____

3 치료 동물은 일반적으로 조련사의 개인 애완 동물이며, 사람들이 동물과 접촉할 수 있는 기회를 제공하는 데 사용되며, 장애가 있는 개인과 함께 일하는 데 사용될 수 있다. (단, [for N to V]의 to부정사의 의미상의 주어 구문을 활용할 것)
Therapy animals are usually the personal pets of their handlers, (to / in / with / are / provide / to be / used / for people / contact / animals / opportunities), **and** (with / individuals / with / disabilities / to / used / be / may / work).

→ _____

_____

_____

✔ 고난도

4 미디어 폭력에 대한 선도적인 전문가인 Gentile은 "자녀가 가정과 이웃에서 폭력을 목격하지 못하도록 무지 애를 쓰는 부모가 종종 텔레비전, 영화 및 비디오에서 폭력을 많이 보지 않도록 조치를 거의 취하지 않는 것을 당황스럽게 여긴다.

Gentile, a leading expert on media violence (that / it / finds / perplexing) (parents / take great pains / witnessing / to / violence / who / children / keep / from) in the home and neighborhood often do little to (viewing / large / from / quantities / keep / of / them / violence) on television, in movies, and in video games.

→ _____

_____

_____

_____

Exercise 04 지문을 읽고, 물음에 답하시오.

1

One has to be especially wary of the ideas which seem the most self-evident and the most obvious. We Ⓐ (자명의 이치로서 받아들여지는 것을 들어 왔다) from our childhood. Yet <u>it is these ideas which must be first put upon the scales to</u> Ⓑ (carefully / most / weigh).

1 괄호 Ⓐ의 우리말을 아래 조건에 맞게 영작하시오.

• 조건 •
1. S + V + O + O.C 구문을 활용할 것.
2. 아래 제시어를 사용하되, 단어의 추가 및 어형변화 있음
   제시어 hear / them / accept / truisms

→ _____

2 ⓑ를 문맥에 맞게 바르게 정렬하시오. (단, 추가 단어와 어형변화 있음)

➔ _____

3 본문에서 밑줄 친 표현은 강조용법이다. 강조용법의 종류를 밝히고, 강조 이전의 문장을 쓰시오.

➔ _____

2

Thus I can understand how a flower and a bee might slowly become, either simultaneously or one after the other, Ⓐ (modify) and ⓑ (adapt) in the most perfect manner to each other, by ⓒ (구조상 공통되거나 약간 유리한 차이를 보이는 개체의 지속적인 보존).

---

1 Ⓐ와 ⓑ의 바른 형태는?

Ⓐ _____   ⓑ _____

2 괄호 ⓒ의 우리말을 아래 단어를 이용하여 바르게 영작하시오.

mutual / and slightly favorable / of / individuals / deviations / of structure / presenting / the continued / preservation

➔ _____

Exercise 05 › 아래 지문을 읽고, 물음에 답하시오.

1

Because classical music today has largely become something we listen to in concert or on recordings, it is easy to forget Ⓐ the essential role it once played as a part of daily life. (바로크 시대에 쓰여 진 엄청난 양의 음악은 춤을 지원하기 위해 쓰였다.) Supplying music for dancing was an essential task for nearly every composer until the twentieth century. Vast quantities of dance music were written in the Baroque period because people danced all the time, and composers had to supply music to match the demand. Ⓑ As time passed, however, dance music gradually became more abstract and sophisticated and eventually left its original real-world function behind. Put simply, the minuet, which was originally designed to be danced to, ultimately became something to listen to, and the switch transformed both content and form.

---

1 괄호 안의 우리말을 아래 조건에 맞게 영작하시오.

  ● 조건 ●
  1. [S be p.p to V]의 구문을 활용할 것.
  2. 아래 제시어를 사용하되, 단어의 추가 및 어형변화 있음.
  제시어 dancing / design / write / support / in the Baroque / music / an enormous amount / support / of the music / to / dancing

→ _____

_____

2 위 글의 내용을 한 문장으로 요약하려고 한다. 본문의 밑줄 친 Ⓐ와 Ⓑ의 문장을 참고하여 빈칸에 들어갈 표현을 쓰시오. (단, 각 제시된 철자로 시작하는 단어를 쓸 것)

  Classical music today grows (가) d_____ from the real world, compared to its (나) p_____ function in the Baroque period.

2

A lot of counterfeit money is estimated to get into circulation each year — some probably go undetected — as it spreads from person to person. Ⓐ (무고한 사람이 위조 지폐로 피해를 입을 수 있다는 명백한 문제 외에도), there is the added fact that counterfeit money is used to finance violent crimes. How much counterfeit money is out there? The government estimates that almost $50 million in counterfeit bills are made each year. It's hoped that the new high-tech anti-counterfeiting features (추가되고 있는) to U.S. money will begin to reduce that figure.

1 괄호 Ⓐ의 우리말을 아래 조건에 맞게 영작하시오.

> • 조건 •
> 1. [전치사 + N + v-ed]의 구조를 활용할 것.
> 2. 아래 **제시어만**을 사용하되, 단어의 **어형변화** 있음.
>   **제시어** with / fake / possibly being / obvious / of / an / aside from / victimize / problem / the / innocent / person / bills

➔ _____

_____

2 괄호 안의 우리말을 영작하시오. (단, add를 사용하되, 어형변형과 추가 단어 있음)

➔ _____

3 위 본문의 내용에 비추어 아래 빈칸에 들어갈 표현을 본문에서 찾아 쓰시오. (단, 품사의 변화와 어형변화 있을 수 있음)

> Not only does counterfeit money Ⓐ _____ ordinary people with faked bills but it can also be used for the wrong purpose of providing Ⓑ _____ support for Ⓒ _____ crimes

Ⓐ _____   Ⓑ _____   Ⓒ _____

미리 Voca

in a hurry 서둘러	**endow** 기부하다
plenty of 많은	**faculty** 능력, 기능, 재능
cross 건너다	**patience** 인내
in haste 급하게	**industry** 근면
drive 이끌다, 유도하다	**constantly** 변함없이, 항상, 끊임없이, 빈번히
need 필요	**carefree** 근심 없는, 속 편한
news coverage 뉴스 보도	**immediate** 직접의, 즉석의
disillusion ~에게 환멸을 느끼게 하다	**mature** 성숙한, 어른스러운
sensationalize 감동적[선정적]으로 하다	**salary** 급여
biased 편향된	**advancement** 승진, 출세
foster 조장하다	**leak** 새다
distort 왜곡하다	**wealth** 부유함
glance 흘끗보다	**past** 과거
row 열	**seldom** 좀처럼~않다
accumulated 축적된	**look forward to** ~을 기대하다
riches 부	

Key Point

형태	현재분사 V + ing, 과거분사 p.p

해석 방법	[Patting me on the shoulder], he thanked me for helping him. 내 어깨를 두드리며, 그는 나에게 그를 도와줘서 고맙다고 말했다.

참고	· 분사구문을 만드는 방법은, 부사절의 접속사를 생략하고, 종속절의 주어와 주절의 주어가 같을 경우, 종속절의 주어를 지운다. 그리고 종속절의 동사와 주절의 동사의 시제를 비교하여, 같으면 V-ing, 다르면, 완료형 Having + p.p를 써 준다. 이 때, 종속절의 주어와 주절의 주어가 다르면, 종속절의 주어는 남겨둔다. As he was born in a poor, he could not go to college. ⇒ Being born in a poor, he could not go to college. ⇒ (Being) born in a poor, he could not go to college. 의미 없는 Being이나 Having been은 생략가능하다.

Exercise 01 분사를 이용하여 부사절을 분사구문으로 바꾸시오.

1 As it was made in a hurry, the book had plenty of error.

   → _____

2 While she were crossing the street, she met one of her friends yesterday.

   → _____

3 When it is seen from a spaceship, the earth is blue.

   → _____

4 Because they were written in haste, those books on the desk have a lot of errors.

   → _____

5 As the bus was not on time, we had to walk to school this morning.

   → _____

Exercise 02 아래 조건을 참고하여 우리말을 영작하시오.

> • 현재분사 V-ing, 과거분사p.p를 활용할 것.
> • 주절의 시제와 종속절의 시제가 같으면 V-ing, 시제가 다르면 Having p.p를 쓸 것.
> • 분사구문의 부정은 문장 맨 앞에 Not이나 Never를 쓸 것.
> • 제시된 단어만을 활용할 것

1 남자는 항상 돌아다니는 것을 좋아해왔고, 그런 것처럼 보인다. 좀 더 나은 땅이나 위치에 대한 필요에 이끌려, 그는 어릴 때부터 여행자가 되어왔다.

Man has always liked to move around, it seems. (better / the / for / driven / by / need) lands or locations, (been / has / a / he / traveler) from his earliest times.

→ _____

_____

2 여러 해 동안, 알래스카에서 살았었던 Dr. Jackson은 영토의 문제점들과 필요성을 이해했다.

Dr. Jackson, (years / having / for / lived / in / many / Alaska), understood the territory's problems and needs.

→ _____

_____

3 무엇을 해야 할지 몰랐기 때문에, 나는 키가 높은 나무 꼭대기까지 올라갔다. 그리고 거기에서 나는 나에게 희망을 줄 수 있었던 어떤 것이라도 발견할 수 있는지 알아보기 위해 주변을 둘러보았다.

(to / what / not / knowing / do) I climbed up to the top of a tall tree, (to / looked / around / from / see / I / which) if I could discover anything that could give me hope.

→ _____

_____

4 뉴스를 보면서 현실을 왜곡하고 잘못된 정보를 조장하는 선정적인 기사와 편향된 보도에 환멸을 느끼지 않을 수 없었다.

Watching the news coverage, (help / disillusioned / couldn't / feel / but / I), the sensationalized stories and biased reporting (and / reality / sense / the / fostering / viewers / a / among / of / misinformation / distorting).

➡ _____

_____

_____

Exercise 03 각 지문을 읽고, 물음에 답하시오.

1

ⓐ Sitting here in my room, I glance over my right shoulder at the little row of books, red and green and blue, which stand waiting for my hand, (　ⓑ　) their accumulated riches. I think of ⓒ (나에게 남아 있는 세월), and of all the pages I may turn.

1 밑줄 친 ⓐ를 문맥에 맞는 적절한 접속사를 이용하여 부사절로 고치시오.

➡ _____

2 〈보기〉의 동사를 이용하여 위 글의 ⓑ에 들어갈 알맞은 형태를 쓰시오.

보기
offer

ⓑ: _____

3 위 글의 괄호 ⓒ에 해당하는 우리말을 박스 안의 단어만을 사용하여 영작하시오.

> the years / me / store / for / in / that / may / be

➡ _____

2

Man, ⓐ <u>having been endowed with the faculty of thinking or reasoning about what he does</u>, is enabled by patience and industry to correct ⓑ (그가 처음에 빠진 실수들), and (ⓒ) on constantly (ⓓ).

---

1 밑줄 친 ⓐ를 문맥에 맞는 적절한 접속사를 이용하여 부사절로 고치시오.

➡ _____

---

2 위 글의 괄호 ⓑ에 해당하는 우리말을 박스 안의 단어만을 사용하여 영작하시오.

> into / he / falls / the mistakes / at / first / which

➡ _____

---

3 〈보기〉의 동사를 이용하여 ⓒ, ⓓ에 들어갈 알맞은 형태를 쓰시오.

> ┤보기├
> go / improve

ⓒ: _____ _____   ⓓ: _____

Exercise 04 아래 지문을 읽고, 물음에 답하시오.

The adult forgets the troubles of his youth. Ⓐ <u>He compares the remembered carefree past</u> <u>with his immediate problems, and the mature man thinks that troubles belong only to the</u> <u>present</u>. The twelve-year-old, the adult thinks, does not worry about salary or professional advancement. When the roof leaks, only the parent worries about Ⓑ (어느 하청업자를 고용할 지) or about Ⓒ (어떻게 그가 그것을 스스로 고칠지). To the adult, then, childhood is a time of freedom. The child, however, wishes always to be a man. He finds freedom in the future. To him, adulthood is a time of wealth, and his father or mother never needs to worry about saving to buy a bicycle.

1 밑줄 친 Ⓐ의 문장을 접속사 as를 사용하여 한 문장으로 만든 후 분사구문으로 전환하려고 한다. 빈칸을 채우시오.

> He compares the remembered carefree past with his immediate problems, and the mature man thinks that troubles belong only to the present.

= As he _____.

= _____.

2 괄호 Ⓑ, Ⓒ의 우리말을 아래 제시된 단어만을 사용하여 바르게 영작하시오.

> Ⓑ contractor / employ / to / what
> Ⓒ will / how / he / it / repair / himself

Ⓑ _____

Ⓒ _____

3 위 본문의 내용을 한 문장으로 요약한 내용이다. 밑줄 친 부분의 해석에 유의해 빈칸에 들어갈 한 단어를 쓰시오.

Happiness is too seldom found in the _____; it is forgotten as a thing of the past or looked forward to as a part of the future.

미리

Voca

▨ flash 휙 지나치다, 스치듯 지나가다	▨ weave 짜다, 뜨다
▨ principally 주로	▨ skim (수면 따위를) 스치듯 날리다
▨ extravagant 터무니없는, 지나친, 사치스러운	▨ flat 편평한, 납작한; 평탄한
▨ establish A as B A를 B로 인정시키다	▨ basically 기본적[근본적]으로; 원래
▨ independent 독립한, 자주의	▨ accomplish 이루다, 성취하다
▨ discipline 학문	▨ responsive 대답하는, 응하는
▨ theory 학설, 이론, 원리, 규칙	▨ efficiency 능률, 능력, 유능
▨ argument 논의, 논쟁, 의론, 요지, 개략, 줄거리	▨ organization 조직(화), 기구, 체제
▨ route 길, 수단, 방법	▨ establish 설립하다, 창립하다
▨ of one's own accord 자발적으로, 자진하여; 저절로, 자연히	▨ assume 가정하다
▨ shortage 부족, 결핍	▨ sustain 유지하다
▨ a range of 다양한, 범위가 ~정도 되는	▨ cope with ~에 대처하다
▨ eventually 최후에(는), 드디어, 결국(은), 언젠가는	▨ in terms of ~라는 관점에서
▨ lucrative 수지가 맞는, 돈이 벌리는	▨ in line with ~에 따라, ~의 방침에 의거
▨ interference 방해, 훼방, 저촉, 충돌, 간섭, 참견	▨ necessitate ~을 필요로 하다, 요하다
▨ surplus 과잉, 나머지	▨ renewed 회복된
▨ need 필요, 소용; 욕구	▨ vitality 생명력, 활력, 체력, 생활력

🔑 Key Point

형태	V-ing + N or N + V-ing (명사수식) / S + V-ing~ (접속사 생략하고, 주어 남겨주기)
해석 방법	[The man / talking with my father] is my uncle. 　나의 아버지와 이야기하는 그 남자는 나의 삼촌이다. [It being a fine day yesterday], we went out for a walk. 　어제 날씨가 좋았으므로, 우리는 산책을 나갔다.
참고	• 주격관계대명사 + be동사를 생략하여 남아있는 분사와 그 분사가 수식하는 명사의 관계가 능동이면, 현재분사 수동이면, 과거분사를 써 준다. I know a girl. + She is swimming well in the pool. I know a girl (who is) swimming well in the pool. 현재분사(능동)는『~하는』으로 해석하며 앞에 또는 뒤의 명사를 수식한다. • 독립분사구문은 접속사를 지우고 주절의 주어를 남기며, 동사는 시제를 판단하여 같으면 V-ing, 시제가 다르면 Having been의 형태로 써 준다. As the last bus had gone, we had to walk home. ⇒ The last bus having gone, we had to walk home.

Exercise 01 다음 각 문장을 분사구문, 분사, 또는 접속사를 포함하는 문장으로 바꾸시오.

1 As it was sunny yesterday, we went to picnic.

= _____, we went to picnic.

2 The storm passing, she wrote dramatically the horror of it

= _____, she wrote dramatically the horror of it.

3 The man is my uncle. + He is talking with my father. (한 문장으로)

= _____.

4 The man is a famous painter. + He is smoking a cigarette there. (한 문장으로)

= _____.

5 She looked up at a cloud. + It was floating in the sky. (한 문장으로)

= _____ .

Exercise 02 우리말에 맞게 괄호 안의 단어를 바르게 배열하시오.

1 반려동물을 치료 동물로 사용하는 것은 서기 9세기 벨기에에서 장애인을 돌보는 데 동물을 사용했던 수세기 전의 치료 프로그램으로 거슬러 올라간다.

The use of pets as therapy animals is (program / back / dating / to / a / the / 9th century AD / centuries-old / treatment) in Belgium, when (disabilities / used / animals / with / in / were / individuals / for / caring).

→ _____

_____

_____

2 바람이 우리를 엄청나게 도와주었다. 우리들은 새처럼 날아갔다. 해변은 휙 스쳐 지나가고 멋진 광경은 매 순간 변했다.

The wind helped us very much. We flew before it like a bird, (coast / flashing / by / the), and (changing / every / minute / the / view).

→ _____

_____

✔ 고난도

3 사치스러운 시계를 구매하는 주요 동기는 소비자가 "해냈다"는 신호를 다른 사람들에게 알리는 것이며, 이는 광고주에게 잊혀지지 않는 점이다. (참고. 두 번째 괄호 앞의 코마는 명사적 용법의 동격임)

A major motivation for buying an extravagant watch is (to / it / made / the consumer / that / signal to others / has), (lost / point / not / advertisers / a / on).

→ _____

_____

각 지문을 읽고, 물음에 답하시오.

1

Smith 's Wealth of Nations is important principally for establishing economics as an independent discipline. From it developed both classical and modern economic theory. Smith's main argument is that free trade is the route to economic success on the grounds that a free market, of its own accord, will tend to produce a healthy range of goods Ⓐ (적절한 수준의 생산을 확보하면서). Any shortage will boost demand, Ⓑ <u>and it will eventually lead</u> to an increase in prices. This will, in turn, increase production as producers take advantage of lucrative profit margins. On the other hand, any surplus will naturally lead to a decrease in price, thereby reducing the producers' interest in marketing the product. So, although the players Ⓒ (involve) are self-interested, a capitalist system will tend to Ⓓ <u>keep prices low</u> and ensure that there is an incentive for meeting a range of human needs, and so it should serve the interests of all without the need for state interference.

1 괄호 Ⓐ안의 우리말을 아래 제시된 단어를 사용하여 영작하시오. (단, 동사의 어형변화 있음)

> of / production / correct / levels / the / secure

➔ _____

2 밑줄 친 Ⓑ를 두 단어로 표현하시오.

➔ _____ _____

3 괄호 Ⓒ의 바른 표현을 쓰시오.

➔ _____

4 본문에서 언급된 자본주의 체계에서의 시장의 순기능을 요약하려고 한다. 아래 조건에 맞게 작성하시오.

> ● 조건 ●
> • ㉠의 경우 괄호 안의 단어의 바른 형태를 쓸 것.
> • ㉡의 경우 본문의 밑줄 친 ⓑ의 의미를 가진 r로 시작하는 총 8개의 철자로 구성된 단어로 쓸 것.
> • ㉢의 경우 m으로 시작하는 단어로 본문에 언급된 단어를 문맥에 맞게 작성할 것.

> A capitalist system, ㉠ (drive) by free trade, market forces, self-interest, and competition, can effectively ㉡ r_____ prices, ㉢ m_____ human needs, and achieve economic success without the need for government intervention.

Ⓐ _____   Ⓑ _____   Ⓒ _____

2

The boy picked up stones and (ⓐ) throwing them into the river, ⓑ <u>weaving web after web on its calm surface</u>. Accordingly he skimmed the water with flat stones, ⓒ <u>그것들의 일부는 수면 위를 탁탁 튀면서 날아가 건너편에서 멈췄다.</u> on the other side.

---

1 〈보기〉의 단어를 이용하여 괄호 ⓐ에 들어갈 알맞은 동사의 형태를 쓰시오.

> ┤ 보기 ├
> begin

➜ _____

---

2 밑줄 친 ⓑ를 재진술하려고 한다. 빈칸에 들어갈 단어를 쓰시오.

ⓑ weaving web after web on its calm surface

➜ creating a series of r_____ on its serene surface

3 위 글의 밑줄 친 ⓒ의 우리말을 아래 조건에 맞게 영작하시오.

• 조건 •
• [S V ~, N V-ing]에서 밑줄 친 독립분사구문의 형태를 활용할 것.
• 아래 제시된 단어를 활용하되, 문맥에 맞게 동사의 형태를 변형할 것.
제시어 them / and / come / jump / to / the surface / rest / some / of

 _____

Exercise 아래 지문을 읽고, 물음에 답하시오.

Leaders and managers are basically different types of people. Every organization structures itself to accomplish its goal in a way that is in tune with or responsive to its environment. Once the efficiency of the organization is established, people go about simply maintaining the system, assuming that the environment will stay the same. Managers, then, take the leading role in sustaining the business. But the environment for any organization is always changing, thus the organization becomes less able to cope with the situation, creating more management problems. Times like this require organizations to think more in terms of leadership. Leaders seek to bring their organization more in line with the realities of their environment, which often necessitates changing the very structure, resources, and relationships of their organization. As they do, leaders can bring renewed vitality to their people.

1 밑줄 친 문장을 분사구문으로 전환하시오.

Once the efficiency of the organization is established, people go about simply maintaining the system, assuming that the environment will stay the same.

→ _____

_____

2 아래 세 문장의 빈칸에 공통으로 들어갈 표현을 본문에서 찾아 넣으시오.

> • The company's results are _____ stock market expectations.
> • We're seeking a pay rise that's _____ inflation.
> • The salaries of temporary employees ought to be brought _____
>   those of permanent staff.

3 위 본문의 내용을 한 문장으로 요약하려고 한다. 빈칸에 들어갈 표현을 순서대로 쓰시오. (단, 괄호 안에 우리말에 해당하는 단어의 첫 글자가 제시된 경우 반드시 그 글자로 시작하는 단어를 쓸 것)

> When the environment of their organization changes and causes problems, leaders
> are expected to take more a_____(적응을 돕는) measures to resolve them
> compared to managers who are usually involved in m_____(유지하다) the e_____
> _____(기존의) system

미리 Voca

▨ sleigh 썰매	▨ collar 칼라, 깃, 접어 젖힌 깃
▨ sermon 설교	▨ stumble upon 우연히 만나다
▨ disciple 제자	▨ gutter (처마의) 낙수홈통(물받이), (길가의) 하수도, 시궁, 수로
▨ dull 어두운, 칙칙한	▨ hymn 찬송가, 성가
▨ granite gray 화강암 회색의	▨ sinner 죄인
▨ lumpy 덩어리(투성이)의, 땅딸막하고 굼뜬	▨ weep 눈물을 흘리다, 울다, 비탄(슬퍼)하다
▨ boulder 둥근 돌	▨ wash out 씻어내다
▨ perch (새를) 횃대에 앉게 하다; [보통 수동태] (불안정한[높은, 좁은] 곳에) 놓다	▨ cliff 낭떠러지, 벼랑, 절벽
▨ British Commonwealth 영연방(자치 국가들의 연합)	▨ contemplate 고민하다
▨ association 연합	▨ breathtaking 숨을 앗아갈 정도로 (아름다운)
▨ in fits and starts 발작적으로, 이따금 생각난 듯이	▨ vast 광대한, 거대한
▨ anti-imperialist 반제국주(자)의	▨ merge with ~와 융합되다
▨ sentiment 감정, 정서	▨ seamlessly 흠 없이, 틈 없이
▨ imperialist 제국주의(자)의	▨ horizon 수평선, 지평선
▨ occupy (마음을) 사로잡다; (주의를) 끌다	▨ tug 당기다, 잡아 당기다《at》
▨ homeward 귀로의, 집(모국)으로 향하는	▨ distant (거리적으로) 먼, 떨어진
▨ in the darkness 어둠 속에서	

Key Point

형태	with + 명사 + 분사/형용사/부사 → 부대상황이나 이유를 나타낸다.
해석 방법	She listened to the music / with her eyes closed. 　그녀는 음악을 들었다 / 눈을 감은 채
참고	• with + 명사 + 분사(현재분사, 과거분사)의 어순에서, 전치사의 목적어〈명사〉와 목적격 보어의 관계가 능동이면 현재분사 V-ing, 수동이면 과거분사 V-ed(p.p)를 써 주고, 목적어의 보충어로 목적격 보어 자리에 나오는 품사는 부사가 아니라 형용사임을 알아둔다. He sat silent, with his arms <u>folded</u>. It was calm night, with little wind <u>blowing</u>.

Exercise 01　　우리말을 괄호 안에 제시된 단어를 활용하여 영작하시오.

1　우리는 썰매에 달린 벨이 소리를 내며 길 아래쪽으로 내려왔다.

We drove down the street, (the / sleigh / with / bells / jingling).

→ _____

2　그녀는 얼굴에 눈물이 흘러내린 채 혼자 기도하고 있었다.

She was praying alone, (tears / with / down / face / her / streaming).

→ _____

3　밤이 되었기 때문에, 우리는 집으로 떠났다.

(night / with / on / coming), we started home.

→ _____

4　그는 팔짱을 낀 채로 조용히 앉아 있다.

He sat silent, (folded / arms / his / with).

→ _____

5 입속에 가득 넣은 채로 말하지 마라.

Don't speak (with / full / your / mouth).

➡ _____

6 그들은 신발을 신은 채로 방으로 들어간다.

They enter their rooms (shoes / their / on / with).

➡ _____

Exercise 02 다음 문장의 괄호 안에 있는 단어를 해석에 맞게 배열하시오.

1 예수는 조그마한 언덕위에 앉아 그의 훈육서들을 모아놓고, 수천 명의 사람들을 주변에 퍼뜨려 놓고, 그의 가장 유명한 연설을 했다.

Jesus gave his most famous sermon sitting on a little hill (gathered / his / near / him / with / disciples) and (thousands / of / others / around / spread / with).

➡ _____

_____

2 그는 독서등을 꺼 놓은 채 그의 자리에 앉아서, 지나갔던 세월들에 대해 명상을 했다.

He sat in his chair (off / his / turned / light / reading / with), and gave himself to the thoughts of the years that had passed.

➡ _____

_____

3 여행은 그것이 유익한 여행으로 이루어져 눈이 떠지고, 마음이 작용한다면 훌륭한 교육자이다.

Travel is a wonderful educator if it is intelligent travel done (with / at / eyes / and / mind / work / open).

➡ _____

_____

도전

4 키가 12피트, 피부는 칙칙하고 화강암 회색이었고, 바위처럼 크고 울퉁불퉁한 몸체에 코코넛처럼 작은 대머리가 얹혀 있었다.

Twelve feet tall, its skin was a dull, granite gray, its great lumpy body like a boulder
(with / bald / small / head / coconut / on / like / its / top / perched / a).

→ _____

_____

도전

5 대영제국은 제국주의와 반제국주의 정서가 정면으로 충돌하면서 영연방으로 발전하면서 20세기 전반에 걸쳐 우여곡절을 겪었다.

The British Empire developed into the Commonwealth (meeting / imperialist / sentiments / anti-imperialist / with / and / head-on), (and / twists / turns / causing) throughout the first half of the 20th century.

→ _____

_____

_____

Exercise 03 각 지문을 읽고, 물음에 답하시오.

1

ⓐ Making my way homeward in the darkness, ⓑ (두 주먹을 주머니에 깊숙이 집어넣고) and ⓒ my collar turned up about my ears, I stumbled upon him (ⓓ) half frozen in the icy gutter, ⓔ (그의 어머니가 그를 낳던 그 날처럼 맨몸으로).

1 밑줄 친 ⓐ의 분사구문을 의미에 맞는 접속사를 이용하여 부사절로 알맞게 고치시오.

→ _____

2 괄호 ⓑ의 우리말을 아래 단어를 사용하여 영작하시오. (단, 문맥에 맞게 동사의 형태를 변형할 것)

in / cram / my / deep / my / fists / pockets / with

➡ _____

3 밑줄 친 ⓒ를 바르게 해석하시오.

with my collar turned up about my ears

➡ _____

4 보기의 단어를 이용하여 괄호 ⓓ안에 들어갈 알맞은 형태를 쓰시오.

┤ 보기 ├
lie

5 괄호 ⓔ의 우리말을 아래 제시된 단어만을 사용하여 영작하시오. (단, 문맥에 맞게 동사의 형태를 변형할 것)

the day / his / him / mother / as / as / bear / naked

➡ _____

2

He could go to the Baptist church on Sunday and ⓐ sang hymns that his mother and his father sang before he was born, ⓑ weeping a little because he ⓒ was a sinner all week. He could leave the church with ⓓ all the sin washed out of him, ⓔ felt clean.

1   밑줄 친 ⓐ ~ ⓔ 중에서 틀린 표현을 세 개 찾아 알맞게 고치시오.

번호   틀린 표현   바른 표현

_____   : _____   ➡   _____

_____   : _____   ➡   _____

_____   : _____   ➡   _____

3

ⓐ (그녀의 손이 떨리고 심장이 두근거리며), she stood on the edge of the cliff, contemplating the breathtaking view before her. (가) <u>The vast expanse of the ocean stretched out, merging seamlessly with the horizon,</u> ⓑ (짙푸른 색조가 맑은 하늘과 조화를 이루는). The salty breeze tugged at her hair, whispering secrets of distant lands carried by the waves below.

1   괄호 ⓐ와 ⓑ을 아래 조건에 맞게 영작하시오.

ⓐ (trembling / her / and / with / her / heart / racing / hands)

: _____

ⓑ (blending / above / its deep blue hues / with / the clear sky)

: _____

2   밑줄 친 (가)의 문장과 같은 의미의 문장이 <u>아닌</u> 것은?

① The sea seemed to stretch endlessly, its boundary dissolving into the horizon.

② The ocean extended far and wide, the line separating it from the horizon observable.

③ The sea appeared boundless, the water and sky melding together.

④ The immense ocean spread out, the water and sky blending into one.

⑤ The ocean stretched out endlessly, its edges blurring with the horizon.

미리 Voca

▨ **current** 흐름; 해류; 조류	▨ **typically** 일반적으로, 전형적으로
▨ **anxiety-provoking** 걱정을 일으키는	▨ **recall** 생각해 내다, 상기하다
▨ **thrilling** 오싹하게 하는, 머리끝이 곤두서는	▨ **identify** 식별하다
▨ **weep** 눈물을 흘리다, 울다, 비탄[슬퍼]하다	▨ **individual** 개인
▨ **preservation** 보존	▨ **protective** 보호하는, (~을) 보호하고 싶어하는
▨ **worthy of** ~의 가치가 있는	▨ **occasionally** 가끔
▨ **gradual** 점진적인	▨ **enthusiastic** 열심인, 열렬한
▨ **build up** 증강시키다	▨ **approach** ~에 가까이 가다, ~에 접근하다
▨ **taste** 취향	▨ **excel** 뛰어나다, 출중하다, 탁월하다
▨ **multiplication tabel** 구구단표	▨ **put pressure on** ~에게 압박을 가하다
▨ **staffing** 직원 배치	▨ **extremely** 극단적으로, 극도로
▨ **seek after** 찾다, 구하다	▨ **respect** 존경, 경의, 안부를 전함
▨ **patron** 후원자, 단골손님	▨ **see if S V** ~인지 아닌지 알아보다
▨ **dependence** 의지함, 의존	

Key Point

형태	the girl <u>who</u> met him yesterday (명사를 수식하는 절)

해석 방법	• 한정적 용법 I know <u>a boy</u> who can speak English. (관계사를 포함하는 절이 선행사를 수식) • 계속적 용법 This is <u>the road</u>, which leads to the library. (문장 처음부터 끝까지 쭉 해석함)

참고	• 문장전환 I know a boy. + He can speak English. ⇒ I know <u>a boy</u> who can speak English. I like the boy. + He is honest and diligent. ⇒ I like <u>the boy</u> who is honest and diligent. She is the woman. + She respects me most. ⇒ She is <u>the woman</u> who respects me most.

Exercise 01 주어진 단어를 활용하여 우리말을 영작하시오.

1 그는 언덕 위에 있는 호텔에 머무를 것이다.

(stay / to / on / he / stands / at / which / the hotel / going / the hill / is).

→ _____

2 방금 들어왔던 그 키가 큰 남자의 이름은 무엇입니까?

(the man / of / tall / just / in / the name / who / came / what / is)?

→ _____

3 벌레를 먹는 새들은 멀리서 그것들(곤충들)을 볼 수 있다.

(away / can / from / the / see / far / them / birds / eat / that / insects).

→ _____

4 실종되었던 개가 발견되었다.

(been / found / lost / has / which / the / dog / was).

→ _____

5 매우 빠른 파도는 강을 위험하게 한다.

The current, (very / which / is / rapid), (dangerous / river / the / makes).

→ _____

Exercise 02 각 문제를 우리말에 맞게, 괄호 안의 단어를 알맞게 배열하시오.

1 학교에 입학하는 것은 흥미롭고, 스릴은 있지만, 스트레스 받고, 걱정을 일으키는 경험이 된다.

Entrance into school is an experience (anxiety-provoking / is / thrilling, / exciting, / stressful, / which / and).

→ _____

2 사람은 웃고 울 수 있는 유일한 동물이고 그냥 두어야할 것과 해야 할 것 사이의 차이점을 알고 있는 유일한 동물이다.

Man is the only animal that laughs and weeps; for he is the only animal (the / with / is / struck / difference / that) **between** (to / things / what / be / and / what / ought / they / are).

→ _____

_____

3   모든 사람들은 담배연기가 자신의 건강에 해롭다는 것을 안다. 그러나 부모인 흡연자들은 또한 그들의 자녀들에게 나쁘다는 것을 잘 모른다. 담배연기는 흡연자에게 해로운 영향을 끼칠 뿐만 아니라 흡연자와 함께 사는 사람에게도 영향을 끼친다.

Everybody knows that cigarette smoking is harmful to one's health. However, (smokers / who / parents / are / many) may not be aware that it is also bad for their children. Cigarette smoking can have harmful effects not just on the smoker, but also on (with / smoker / people / who / the / live).

➜ _____

_____

_____

_____

🚩**도전**

4   보존할 만한 가치가 있는 책들에 대한 취향을 증강시키는 것은 점진적인 것이다.

(preservation / of / is / worthy of / which / gradual / the building up / those books / a taste / for / are).

➜ _____

✔**고난도**

5   사람들은 구구단 표를 모든 교육의 특징으로 간주한다. – 일단 한번 배우면 평생동안 자신과 함께 머무르는 그런 것. (단, 주격관계대명사와 동사 사이에 "일단 한 번 익히면"의 내용이 삽입된 형태임)

People regard the multiplication table as characteristic of all education – (which / through / once learned / you / stays / life / with / something).

➜ _____

_____

1

Foreign-owned businesses in the U.S., such as hamburger chains and hotels, ⓐ generates jobs and new growth because ⓑ 그들은 완전히 그 지역 주민에 전적으로 의존한다 for staffing and customers. Americans are the ones who must be sought after ⓒ (become) workers, renters, and patrons.

1 밑줄 친 ⓐ의 알맞은 형태를 쓰시오.

2 밑줄 친 ⓑ의 우리말을 아래 제시된 단어를 사용하여 영작하시오. (단, 필요 시 문맥에 맞게 단어를 변형할 것)

> they / population / totally / dependence / on / are / the local

→ _____

3 괄호 ⓒ become의 바른 형태를 쓰시오. (단, 추가단어 있음)

2

Similarly, when ⓐ being remembered people, we will typically recall their faces and ⓑ (상대적으로 지속되는 눈에 띄는 특징들) and are, therefore, most useful in identifying them, ⓒ (may / rather than / items / which / change), such as individuals' clothing.

1 밑줄 친 ⓐ를 문맥에 맞게 올바르게 고치시오.

2 괄호 ⓑ의 우리말을 <u>관계대명사 that</u>과 아래 제시된 단어만을 사용하여 영작하시오. (단, 문맥에 맞게 단어를 변형할 것.)

> features / remain / constantly / relatively / other / distinguishing

→ _____

3 2번 문장의 내용을 참고하여, 괄호 ⓒ의 단어들을 문맥에 맞게 바르게 배열하시오.

→ _____

Exercise 04 아래 지문을 읽고, 물음에 답하시오.

> ⓐ <u>People think of the children first.</u> ⓑ <u>They run sports camps.</u> They do their best to create enjoyable and protective environments ⓒ <u>in which the children feel comfortable and safe.</u> Unfortunately, ⓓ <u>some sports coaches in the camps occasionally become over-enthusiastic in their desire to help the children excel. As a result, they put pressure on them to perform at high levels, win at all costs, and keep playing, even when they get hurt.</u> This 'no pain, no gain' approach is extremely stressful, and leads to unnecessary injuries. Parents should therefore take care when they send their children to a sports camp, and should talk with the sports coaches to see if they will respect the children's wishes.

1 문장 Ⓐ와 Ⓑ를 관계대명사를 사용하여 한 문장으로 만드시오.

> Ⓐ People think of the children first.
> Ⓑ They run sports camps.

= _____ .

2 밑줄 친 ⓒ를 아래 조건에 맞게 재진술하시오.

> ● 조건 ●
> • 주격 관계대명사 which를 활용할 것.
> • 5형식 동사 make를 반드시 사용할 것.
> • 각 빈칸엔 한 단어만 넣을 것.

They do their best to create enjoyable and protective environments <u>in which the children feel comfortable and safe</u>.

= They do their best to create enjoyable and protective environments _____ _____ _____ _____ _____ _____ _____ .

3 위 글의 요지문을 작성하고자 한다. 본문의 밑줄 친 Ⓓ에서 언급하는 문제점의 내용으로 보아 스포츠 지도자가 갖추어야 할 자질에 해당하는 단어를 본문에서 찾아 빈칸에 쓰시오. (단, 문맥에 맞게 단어의 형태를 변형할 것)

> In choosing the most suitable sports camp for their children, parents should make sure that the coaches have _____ attitudes to children.

목적격 관계대명사 구문

미리
Voca

- **approve** 승인하다
- **entangle** [종종 수동태로] 엉클어지게 하다, 얽히게 하다 《in》
- **lawsuit** 소송
- **nephew** 조카
- **burden** 부담
- **humanism** 인본주의
- **individual potential** 개인의 잠재력
- **emphasize** 강조하다
- **promote** 촉진하다
- **discipline** 학문분야
- **empower** ~에게 능력[자격]을 주다
- **holistic** 전체론적인
- **paradigm** 패러다임《특정 영역·시대의 지배적인 과학적 대상 파악 방법》
- **shift** 전환
- **replace** 대체하다
- **fitting** 적합한, 적절한
- **make sense of** 이해하다
- **exist** 존재하다, 실재하다, 현존하다
- **vacuum** 진공, 공허, 공백
- **influence** 영향(력)
- **involve** 말아 넣다, 싸다, 감싸다, 연좌(연루) 시키다
- **various** 가지가지의, 여러 가지의, 가지각색의
- **socially-derived** 사회적으로 유도된

- **attitude** 태도, 마음가짐
- **morality** 도덕성
- **myth** 신화, (근거가 희박한) 사회적[신화적] 통념
- **assumption** 가정
- **prejudice** 편견, 선입관; 치우친 생각, 편애
- **at stake** 위태로운
- **sustainable** (자원 이용이) 환경이 파괴되지 않고 계속될 수 있는
- **willing** 기꺼이 ~하는 〈-〉 unwilling 내키지 않는
- **examine** 조사[심사]하다(inspect, investigate); 고찰[검토, 음미]하다
- **foundational** 토대가 되는, 기본적인
- **agricultural** 농업의, 경작의
- **devastating** 황폐시키는, 파괴적인
- **mundane** 보통의, 현세의, 세속적인
- **triviality** 하찮음, 평범
- **demonstrate** 밖으로 나타내다, 드러내다, 증명해 보이다
- **consistent** (~와) 일치(양립)하는; 조화된
- **trait** 특색, 특성
- **entire** 전체(전부)의, 완전한
- **random** 되는 대로의, 임의의
- **generality** 일반적임, 일반성, 보편
- **be subject to** ~에 영향을 받기 쉽다, ~에 걸리기 쉽다
- **whim** 일시적인 생각, 변덕
- **circumstance** 상황, 환경

🔑 Key Point

형태	명사 (whom / which or that) 주어 + 동사의 어순.
해석 방법	This is the person whom I spoke of. 　이 분이 사람이다 / 내가 말했었던. = This is the person of whom I spoke. 　(이 때, 전치사 of는 목적격 관계대명사 whom과 함께 쓸 수 있다.)
참고	• 목적격 관계대명사(whom, which)는 관계대명사 that으로 바꿔 쓸 수 있으며, 생략가능하다. 목적격 　관계대명사 that은 전치사와 함께 쓸 수 없다. 　This is the novel which / that he wrote 　This is the house in that she lived.(x) (이 때, 전치사 in 뒤에 목적격 관계대명사를 쓰는 것이 　맞으나, that은 전치사와 함께 쓸 수 없기 때문에 in which로 써 준다.) • 관계대명사가 선행사인 주어를 수식해 줄 때, 관계사 안에 있는 동사를 v1, 그 다음에 있는 동사를 　V2(본동사)이라고 했을 때, V2앞부분까지 주부이므로 관계대명사가 포함된 문장을 첫 번째로 해석하 　면서 선행사를 꾸며주며 해석한다. 　All that glitters / is not gold. (빛이 난다고 해서 모두 금은 아니다.) 　　　　　v1　　　 v2

Exercise 01　제시된 단어만을 사용하여 우리말을 영작하시오.

1 John이 나에게 주었던 그 책은 매우 흥미로웠다.

(interesting / book / the / to / was / John / gave / me / very / which)

→ _____

2 당신이 어제 밤 만났던 그 여자는 컴퓨터 프로그래머이다.

(that / computer programmer / woman / night / is / a / you / the / last / met)

→ _____

3 아이들은 그의 엄마가 허락하지 않는 무언가를 하고자 한다.

(wants / of / to / do / doesn't / approve / something / his mother / that / a child)

→ _____

4 내가 상담했던 변호사는 나에게 약간의 유용한 조언을 해 주었다.

(gave / consulted / some / useful / I / me / lawyer / the / advice)

➡ _____

5 이것은 요전 날, 내가 말했었던 책이다.

(is / day / other / the / spoke / this / of / I / the / book)

➡ _____

Exercise 02 다음 문장의 괄호 안에 있는 단어를 해석에 맞게 배열하시오.

1 새들은 완전히 더럽혀 놓은 새장 바닥의 종이를 당신이 지속적으로 바꿔줘야만 하기 때문에 유쾌하지 못하다.

Birds are unpleasant because you must constantly change the paper on the bottom of (over / which / the / cage / they / all / foul).

➡ _____

_____

2 그의 문제는 계속해서 생겨났고, 그는 그의 가장 친한 친구들과 그를 떨어뜨려 놓는 소송 사건들로 꼼짝 못했다. 그의 보호하에 남겨졌던 그리고 그가 사랑했던 조카가 부담감으로 느껴졌다.

His troubles came one after another, and he became entangled in (from / friends / best / separated / him / his / which / lawsuits). (left / nephew / A / who / was) under his care and (he / whom / loved) proved a burden.

➡ _____

_____

_____

3 긴장이란 사람들이 다른 의사들에게 가져다주는 가장 널리 퍼져있는 불평거리다. 그것은 사람들에게 두통, 요통, 고혈의 고통을 준다.

Tension is the most widespread complaint (physicians / that / bring / other / to / people). It gives them headaches, backaches, high blood pressure.

➔ _____

_____

도전

4 르네상스 시대에 휴머니즘은 개인의 잠재력과 성취의 가치를 강조하는 문화 운동으로 등장하여 개인이 다양한 분야를 탐구하고 사회 형성에 적용할 수 있는 기술을 개발할 수 있는 권한을 부여하는 전체론적 교육을 촉진했다.

During the Renaissance, humanism emerged as (and / that / a cultural movement / individual potential / achievement / of / emphasized / the value), promoting (various disciplines / empowered / that / explore / a holistic education / individuals / to) and develop (could / skills / shaping / they / apply / in / which / society).

➔ _____

_____

_____

_____

고난도

5 Kuhn의 과학 혁명 이론에서 과학자들은 기존 이론에 도전하고 세상을 이해하는데 더 적합하다고 생각하는 새로운 이론으로 대체하는 패러다임 전환 상태에 있는 자신을 종종 발견한다.

In Kuhn's theory of scientific revolutions, scientists (find / often / themselves / a / of / paradigm / shift / state / in), where (find / they / replace / with / the existing theories / more fitting / them / new ones / and / challenge / that / they) in making sense of the world.

➔ _____

_____

_____

Exercise 03 각 지문의 물음에 답하시오.

1

A writer never exists in a vacuum. ⓐ <u>Whatever private influences are involved, he is also</u> <u>the product of his age and place</u>. To understand his book, we must also understand the various socially-derived attitudes — the morality, the myths, the assumptions, the prejudices — ⓑ (writer / to / which / brought / it / the).

1 아래는 본문의 밑줄 친 "A writer never exists in a vacuum."의 문맥적 의미를 작성한 것이다. 자연스러운 문맥에 되도록 괄호 ㉠과 ㉡에 단어를 바르게 배열하시오.

> The phrase means that a writer's work is not created in isolation or ㉠ (of / external / influences / independent). It implies that writers ㉡ (shaped / are / by / surroundings / their), including the cultural, social, and historical contexts in which they live.

㉠ _____

㉡ _____

2 밑줄 친 ⓐ의 문장을 복합관계사 whatever의 쓰임에 유의하여 알맞게 해석하시오.

해석: _____

3 괄호 ⓑ안에 있는 목적격 관계대명사 which에 유의하여 자연스러운 문맥에 되도록 배열하시오.

→ _____

2

ⓐ (농업은 또한 다른 생물체들을 파괴시켜오고 있다) ⓑ (우리가 지구를 함께 공유하고 있는), and ultimately to the life support systems of the planet itself. ⓒ <u>What is at stake is everything.</u> ⓓ <u>If we want a sustainable world, we have to be unwilling to examine the power relations behind the foundational myth of our agricultural culture.</u>

1 괄호 ⓐ의 우리말을 아래 제시어만을 사용하여 영작하시오. (단, 밑줄 친 우리말의 시제에 주의할 것)

제시어

devastating / the other / creatures / also / to / agriculture / been / has

→ _____

2 괄호 ⓑ의 우리말을 아래 제시어만을 사용하여 영작하시오.

제시어

the / share / with / whom / we / earth

→ _____

3 밑줄 친 ⓒ를 알맞게 해석하시오.

해석: _____

4 밑줄 친 마지막 문장 ⓓ에서 문맥상 어색한 단어를 한 개 찾고, 바르게 고치시오.

틀린 표현   바른 표현

_____ → _____

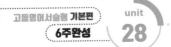

Exercise 04 아래 지문을 읽고, 물음에 답하시오.

> If I could give ① any piece of advice ② that ③ would make a difference ④ in people's lives, it would be to ask yourself, ⑤ "Does this really matter?" Before wasting time, effort, and energy on mundane trivialities, try to spend some time each day asking yourself, "What really matters most to me and will transform who I am and who I want to be?" Great people have demonstrated one consistent trait. That is the ability to focus all their energy and their entire being on the elements of their life _____ _____ _____ _____ (그들이 생각하기에 중요한). When we do this, we can live our lives "on purpose" instead of as a random generality that is subject to every whim of people and circumstances.

1 밑줄 친 문장에서 I feel를 넣으려고 한다. 적절한 자리를 찾고, 해당 표현을 넣은 전체 표현을 쓰시오.

2 본문에서 언급된 위대한 사람들이 일관성 있게 보이는 특징을 작성한 것이다. 빈칸에 공통을 들어갈 단어를 본문에서 찾아 쓰시오.

> Great people often look consistent because they have a strong sense of _____.
> By asking themselves what really matters and aligning their actions with their core values and goals, they are able to establish a clear sense of _____ in their lives.

3 괄호 안의 우리말에 맞는 영어표현을 빈칸에 넣으시오. (관계대명사 that과 consider를 반드시 활용할 것)

> That is the ability to focus all their energy and their entire being on the elements of their life _____ _____ _____ _____.

unit 29 계속적 용법의 관계대명사 구문

미리 Voca

▨ peculiar 독특한, 고유의, 달리 없는	▨ earning 소득
▨ secretarial 서기[비서]의	▨ retirement saving 퇴직적금
▨ lack 부족하다	▨ registered 등록된
▨ confidence 자신감	▨ lose touch with ~와 와 접촉[연락]이 끊기다, [시세 따위]에 뒤지다
▨ deal with 다루다	▨ profession 직업, (특히) 지적 직업
▨ receptionist (회사 · 호텔 따위의) 응접계[접수계]원	▨ set up 건립하다, 설립[수립]하다; 준비하다
▨ communicate 전달하다, 송신하다	▨ malnutrition 영양실조[장애, 부족
▨ cognitive 인지의	▨ rural 시골의, 지방의, 시골풍의, 전원의
▨ certainly 확실히	▨ conduct 실시하다
▨ particularly 특히, 각별히	▨ scope 범위
▨ embryo 배아, 태아	▨ curious 호기심 있는
▨ stem cell 줄기세포	▨ handful 소량, 소수
▨ fertilized egg 수정란	▨ despite ~에도 불구하고
▨ organ 기관	▨ deviant (표준에서) 벗어난, 정상이 아닌
▨ adapt 적응시키다	▨ shell 껍질, 조가비
▨ tennis-ball-sized 테니스공 크기의	▨ crab 게
▨ tissue 세포조직	▨ shrimp 작은 새우
▨ surrounding 주변의	▨ greens 푸른 잎(가지)
▨ shrink (천 등이) 오그라들다, (수량 · 가치 등이) 줄다, 움츠리다	▨ ingredient (혼합물의) 성분, 합성분; 원료; (요리의) 재료
▨ distance 거리, 간격	▨ available 이용할 수 있는, 쓸모 있는
▨ association 연합, 교제, 친밀(한 관계)	▨ inappropriate 부적당한, 온당치 않은
▨ employment 고용	▨ exclude 못 들어오게 하다, 배척하다, 제외(배제)하다

🔑 Key Point

형태	관계대명사 앞에 ,(comma)가 위치한다.

해석 방법	문장 맨 앞에서부터 쭉 해석해 나간다. I like the boy, <u>who</u> is honest. 　나는 그 소년을 좋아한다. 그는 착하기 때문이다.

참고	• 계속적 용법은 ,(comma)와 함께 who, which가 사용되고, that은 계속적 용법으로 쓰일 수 없음을 인지한다. 또한, 계속적 용법은 접속사 + 대명사를 나타내며, 4가지의 의미(and, but, for, though)로 해석이 가능하다. ① I know the man, <u>who</u> is a doctor. 　= I know the man <u>and he</u> is a doctor. ② I went to the bookstore, <u>which</u> didn't have the book which I wanted. 　= I went to the bookstore, <u>but it</u> didn't have the book which I wanted. ③ I know the girl, <u>who</u> is the most beautiful in my town. 　= I know the girl, <u>for she</u> is the most beautiful in my town.(이유) ④ I love him, <u>who</u> is poor. 　= I love him, <u>though he</u> is poor. (양보)

Exercise 01 〈보기〉와 같이 의미에 맞게 문장 속 관계대명사를 [접속사 and 또는 but + 대명사]로
바꾸고, 해석하시오.

I know the man, <u>who</u> is a doctor.
= I know the man <u>and he</u> is a doctor.

1 He sent her a letter, which she sent him back at once.

→ _____

[해석] _____

2 He said he was ill, which turned out to be a lie.

→ _____

[해석] _____

3 I wanted to marry his daughter, which was impossible.

→ _____

[해석] _____

4 They invited him, which filled him with gratitude.

→ _____

[해석] _____

Exercise 02 다음 문장의 괄호 안에 있는 단어를 해석 맞게 배열하시오.

1 매일 당신은 동물에게 줄 식량을 사야 하지만, 요즘 그들을 키우는 것이 매우 비싸다. 모든 종류의 동물들은 자신만의 특이한 냄새를 가지고 있고, 잠시 후 그 냄새는 집안을 가득 채우기 시작한다.
Every day you have to buy food for the animals, but these days it is very expensive to keep them. Every sort of animal has its own peculiar smell, (to / while / the / begins / a / house / which / fill / after).

→ _____

_____

_____

2 당신의 비서로서의 기술은 비록 월등하나, 나는 당신이 사람들을 다루는데 자신감이 부족한 것처럼 느껴진다. 그리고 이것은 당신이 접수 직원으로서 일을 한다면, 확실히 핸디캡이 될 것이다.
Although your secretarial skill are excellent, I felt you appeared to lack confidence in dealing with people, (certainly / a / handicap / would / which / be) if you were to work as a receptionist.

→ _____

_____

3 뉴런이 통신하는 데 사용하는 시냅스는 인지 기능의 복잡한 과정에서 중요한 역할을 합니다.

The synapses, (communicate / neurons / use / which / to), (play / complex / function / crucial / the / cognitive / a / role / process / of / in).

➔ _____

_____

도전

4 배아 발달의 초기 단계에서 수정란은 줄기세포로 분열되며, 줄기세포는 신체의 수백 가지 세포 유형으로 특화될 가능성이 있다.

During the early stages of embryo development, (divides / into / stem cells / the fertilized egg), which (the potential / into / specialized / become / to / the hundreds of / in a body / cell types / have).

➔ _____

_____

고난도

5 물고기들은 테니스 공 크기의 눈 옆 근육에 특별히 적응된 가열 기관을 가지고 있어 주변 조직의 온도를 물고기가 헤엄치는 물의 그것(온도)보다 약 10-15℃ 더 높일 수 있다.

The fish have (their / heating organ / a / in the muscle / next to / adapted / tennis-ball-sized / eyes / specially), which (temperatures / in / the / can / tissue / surrounding / raise) some 10-15℃ above (the fish / is / swimming / of / in / the water / which / that).

➔ _____

_____

_____

Exercise 03   각 지문을 읽고 물음에 답하시오.

1

Certainly the learning of foreign languages is an important skill, <u>particularly in the modern age of shrinking distances</u>, ⓐ (brings / more / more / and / which / together / us) in closer and closer association.

1   본문의 괄호 안의 내용은 밑줄 친 표현에 대한 부연정의이다. 관계대명사 which의 계속적 용법을 활용하여 괄호 ⓐ 안의 단어를 문맥에 맞게 바르게 배열하시오.

→ _____

2

When you don't have any employment earnings, you can't make registered retirement savings in your own name. (ⓑ   ), you're likely to lose touch with development in your industry or profession quickly, which ⓒ <u>당신이 직장으로 돌아가는 것이 어렵게 만든다</u> again.

1   문맥상, 괄호 ⓑ에 들어갈 알맞은 연결어를 고르시오.

① However   ② Therefore
③ Contarary   ④ On the other hand
⑤ Simultaneously

2   밑줄 친 ⓒ의 우리말을 아래 조건에 맞게 영작하시오.

┌─ 조건 ●─────────────────────────────────────┐
• [가목적어it + 진목적어to] 구문을 활용할 것.
• to부정사의 의미상의 주어를 포함할 것.
• 아래 제시된 단어만을 사용할 것.
  제시어 difficult / go / back / to / it / you / work / for / to / make
└──┘

→ _____

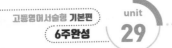

Exercise 04 아래 지문을 읽고, 각 물음에 답하시오.

In 1990, researchers moved to Vietnam to set up a programme to fight child malnutrition in poor rural villages. While conducting surveys to understand the scope of the issue, they grew curious about the handful of children who, despite coming from families as poor as all the others, were perfectly healthy, which was Ⓐ the positive deviants. What were these families doing differently? They found that all the parents of the positive deviants for some reason collected tiny pieces of shell from crabs and shrimp from rice fields and added them to their children's diet, along with the greens from sweet potato tops. None of the other families did. Both these ingredients, though free and available to anyone for the taking, were commonly considered to be inappropriate, if not dangerous for children, and so were generally excluded from their diets.

1 밑줄 친 Ⓐ가 가리키는 문맥적 의미를 작성하려고 한다. 아래 〈조건〉에 맞게 빈칸에 들어갈 알맞은 표현을 쓰시오.

> ● 조건 ●
> • ㉠이 경우 I로 시작하는 총 12개의 철자로 구성된 단어임.
> • ㉡의 경우 본문에 나온 단어를 문맥에 맞게 변형해서 쓸 것.

> In the given passage, the underlined phrase refers to a small group of children who, despite living in the same ㉠ i_____ conditions as others, were healthy and well-nourished. These children stood out as positive deviants because their health status deviated ㉡ p_____ from the norm or expected outcome given their circumstances.

㉠ _____

㉡ _____

2 본문의 조사에서 발견한 내용을 정리한 것이다. 빈칸에 들어갈 표현을 쓰시오. (단, 제시된 철자로 시작하는 단어를 쓸 것)

> Researchers found that some of the poor families in rural Vietnam managed to raise
> Ⓐ h_____ children by adding shells from rice-field crabs and shrimp Ⓑ a_____
> w_____ a_____ sweet potato leaves to their diet, which was not regarded as
> Ⓒ a _____ in the local diet practices.

Ⓐ h_____

Ⓑ a_____ w_____ a_____

Ⓒ a_____

미리
Voca

▨ **ridiculously** 터무니없이

▨ **encourage** 조장하다

▨ **passivity** 수동성

▨ **consumption** 소비

▨ **execute** (계획 따위를) 실행하다, 실시하다;
(목적·직무 따위를) 수행(달성, 완수)하다

▨ **impression** 인상, 감명, 감상

▨ **vivid** 생생한, 생기(활기)에 찬, 활발한, 발랄한,
원기 왕성한

▨ **faithful** 충실한, 성실한, 믿을 수 있는

▨ **enlarge** 크게 하다, 확대(증대)하다;
(건물 등을) 넓히다, (책을) 증보하다

▨ **on a big scale** 대짜배기로

▨ **emphasize** 강조하다, 역설하다

▨ **rational** 합리적인

▨ **analysis** 분석

▨ **orientation** 방향(성), 성향

▨ **attribute** 속성, 특질, 특성

▨ **value** 존중하다, 소중히 하다

▨ **contemporary** 현대의

▨ **admire** 칭찬하다 ~에 감탄하다

▨ **context** (글의) 전후 관계, 문맥

▨ **circumstance** 상황, 환경, 주위의 사정

▨ **note** ~에 주의하다, ~을 알아차리다

▨ **feature** 특징, 특색

▨ **vital** 지극히 중요한

▨ **wilderness** 야생, 황야, 황무지

▨ **face** 직면하다

▨ **hardship** 고난

▨ **consequently** 따라서

▨ **reflect on** 곰곰이 생각하여 보다, 회고하다

🔑 Key Point

형태	He is not the man (that) he was

해석 방법	관계대명사가 생략이 되어도 관계사절이 선행사를 꾸며주며 해석한다.

참고	• 목적격 관계대명사: 항상 생략 가능하며, 전치사의 목적어인 경우, 전치사 후치. This is the book. + I spoke of it the other day. ⇒ This is the book (which) I spoke of the other day. ⇒ This is the book of (which) I spoke the other day. (x) ⇒ This is the book I spoke of the other day. • 관계대명사 + be 동사 – 항상 생략 가능하다. This is a novel (which was) written by Hemingway.

Exercise 01 관계대명사가 생략된 곳을 찾아 넣고, 해석하시오.

1 The man you spoke to yesterday is Mr. Kim.

생략된 관계대명사: _____

해석: _____

2 All you have to do is follow his advice.

생략된 관계대명사: _____

해석: _____

3 The girl in charge of this class is my sweetie.

생략된 관계대명사: _____

해석: _____

4   Look at the boy singing on the stage.

생략된 관계대명사: _____

해석: _____

5   I bought a book written by Jessy.

생략된 관계대명사: _____

해석: _____

Exercise 02   우리말에 맞게 괄호 안에 있는 단어를 알맞게 배열하시오.

1   매력이 있는 여성은 남자를 따분하게 하지 않는다. 정말로, 그녀의 존재로 인해, 그는 전혀 다른 사람이 될 뿐만 아니라, 그가 가장 되기를 원하는 사람이 된다.

A woman with charm (make / man / doesn't / a / dull); indeed, in her presence he becomes not only a different person but (most wants / to / be / the / person / he).

→ _____

_____

2   아래에 교회가 있었다. 우리는 미사가 있었던 주일마다 거기에 가곤 했었다. 우리가 단지 해야 하는 일은 그들의 노래를 부르는 것이었다.

There was a church downstairs. We used to go in there on Sundays, when they had services. (we / All / to / do / had) was sing their songs.

→ _____

_____

3 우리의 언어는 쓰기에 쉬운 것은 아니고, 우리의 문법은 터무니없이 어렵다. 우리 중에 아무도 실수를 결코 하지 않는 것을 기대하지 않는다. 우리가 바라는 최선은 실수를 많이 하지 않는 것이다.

Our language is not an easy one to write and our grammar is ridiculously difficult. (mistakes / make / none of us / can expect / never to). (best / hope / The / can / we) is that we will not make many.

→ _____

_____

🚩도전

4 이에 따른 문제점은 가정에서는 아이들에게 성장과 책임감을 장려하면서 양육하는 반면, 쇼핑몰에서는 아이들의 수동성과 소비성을 조장하여, 결국 아이들이 성인이 되는 것에 대해 배우는 것이란 어떻게 행동하고 어떻게 소비하는지가 전부이다.

The problem with this is that while families nurture children by encouraging growth and responsibility, the shopping mall encourages passivity and consumption; therefore, (consume / to / how / adults / learn / to / how / is / they / act / and / about / becoming / all).

→ _____

_____

_____

Exercise 03 각 지문을 읽고, 물음에 답하시오.

1

ⓐ (나의 시선이 머문 첫 물체는 그림이었다.); it was exceedingly well executed, ⓑ at least the scene it represented made a very vivid impression on me, which would hardly have been the case ⓒ if the artist had not been faithful to nature.

1 위 글의 괄호 ⓐ의 우리말을 아래 조건에 맞게 영작하시오.

> ● 조건 ●
> • [N S V]의 생략된 관계대명사 구문을 활용할 것.
> • 아래 제시어만을 사용할 것.
>
> 제시어 a picture / my eyes / object / rested on / was / the first

➔ _____

2 ⓑ의 문장의 생략된 목적격 관계대명사를 넣고, 전체 내용을 다시 작성하시오.

> At least, the scene it represented made a very vivid impression on me.

➔ _____

3 밑줄 친 ⓑ에서 it이 지칭하는 대상 또는 내용은?

➔ _____

4 본문의 밑줄 친 ⓒ의 문맥적 의미를 제시어만을 사용하여 작성하시오. (단, 빈칸 하나에 한 단어만 넣을 것)

> 제시어
>
> in reality / it / the scene / would / accurately / represented / appear

➔ The artist _____ _____ _____ _____ as _____ _____ _____ _____ _____

2

Dear boys and girls, life is going to enlarge you into men, and ⓐ (장래 어른이 되었을 때의 사람됨은) will be ⓑ <u>just the boy you now are, only with everything on a bigger scale, both good and bad</u>.

1 아래 제시어만을 사용하여 괄호 ⓐ의 우리말을 영작하시오.

> 제시어
>
> are / to / you / going / that / be / the / man

→ _____

2 다음은 본문의 밑줄 친 ⓑ 내용의 문맥적 의미를 추론한 것이다. 빈칸에 들어갈 단어를 적으시오. (단, l로 시작하는 총 6개의 철자로 된 단어임)

> The core identity and essence of the boys will remain i_____.

Exercise 04 아래 지문을 읽고, 물음에 답하시오.

The information processing model emphasizes rational analysis for solving problems, with an emphasis on techniques for quickly arriving at a solution. Culturally, Ⓐ this orientation fits well with the kinds of mental attributes. Ⓑ And they are normally valued by contemporary Western societies. For example, Westerners tend to admire someone who is independent and quick-thinking. But these characteristics are not universally valued. Agricultural African societies, for example, valued looking at the problem in the context of the whole society, noting its impact on various features of life. In most situations, speed in arriving at a solution was not a vital issue. This is also found with the Cree and Ojibway in Canada. These groups historically lived in wilderness areas and faced many hardships; in these circumstances, they would rarely get a second chance at solving problems. Consequently, these Native people value taking time to reflect on a problem and mentally walk through possible solutions before any action is taken.

1 Ⓐ와 Ⓑ의 문장을 관계대명사를 활용하여 하나의 문장으로 연결하려고 한다. 빈칸에 알맞은 단어를 넣으시오.

Ⓐ this orientation fits well with the kinds of mental attributes. Ⓑ And they are normally valued by contemporary Western societies.

= this orientation fits well with the kinds of mental attributes _____ _____ _____ _____ ____ contemporary Western societies.

= this orientation fits well with the kinds of mental attributes _____ _____ ____ contemporary Western societies.

2 본문의 내용을 바탕으로 작성한 내용이다. 빈칸에 들어갈 내용을 적으시오. (단, 본문의 내용을 있는 그대로 작성하지 말고, 15-20자 내외로 작성할 것)

> Native people like the Cree and Ojibway in Canada, would take time to reflect on a problem and mentally walk through possible solutions before any action is taken because _____.

➔ _____

3 다음은 본문의 내용을 한 문장으로 요약한 것이다. 빈칸에 적절한 단어를 채워 넣으시오. (단, 제시된 철자로 시작하는 단어를 쓸 것)

> In modern Western societies, Ⓐ s_____ is highly valued in problem-solving, whereas it is viewed differently in some non-Western societies due to their Ⓑ c____ _____ b_____.

Ⓐ s_____

Ⓑ c_____ b_____.

미리

Voca

▣ **picturesque** 그림과 같은, 아름다운	▣ **tolerant** 관대한, 아량 있는
▣ **shameful** 부끄러운, 치욕의, 창피스러운	▣ **deserve** ~할 만하다, 받을 가치가 있다
▣ **unprogressive** 진보적이 아닌, 후퇴적인	▣ **admiration** 감탄, 칭찬
▣ **astronomy** 천문학	▣ **secluded** 격리된; 은퇴한, 한적한
▣ **dominate** 지배[통치]하다, 위압하다, 억제하다	▣ **remote** 먼, 인가에서 멀리 떨어진
▣ **harsh** 거친, 억센	▣ **civilization** 문명, 문화
▣ **tendency** 성향	▣ **collect** 쌓다
▣ **repress** 억누르다; 저지[제지]하다; (반란 등을) 진압하다	▣ **labor** 노동, 근로
▣ **gratification** 만족, 희열	▣ **variety** 변화, 다양(성)
▣ **coin** (신어·신표현을) 만들어 내다	▣ **praise** 칭찬, 찬양
▣ **term** 용어	▣ **encouragement** 격려
▣ **conspicuous** 눈에 띄는, 똑똑히 보이는	▣ **depend on** ~에 달려 있다
▣ **standing** 입장, 지위, 평판	▣ **postivie reinforcement** 긍적 강화
▣ **good(s)** 물건	▣ **compare** 비교하다, 견주다, 대조하다
▣ **intrinsic** 본질적인, 본래 갖추어진, 고유의(inherent)	▣ **unfavourably** 불리하게
▣ **remote** 먼, 먼 곳의	▣ **worthless** 가치가 없는
▣ **profound** 깊은, 밑바닥이 깊은	▣ **throughout** ~을 통하여, ~동안 죽

🔑 Key Point

형태	선행사를 포함한다. What = the thing that~; the man that~

해석 방법	What I want / is money 　내가 원하는 것은 돈이다. (~하는 것)

참고	• 관계대명사 what은 문장에서 주어(~하는 것은), 목적어(~하는 것을), 보어 (~하는 것이다.)의 역할을 한다. 또한, what은 선행사에 따라 선행사가 사물이면 the thing which, 사람이나 그 외의 것이면 the thing that으로 변경가능하다. 관계대명사 what이 주어역할을 위해 문두에 위치할 경우 단수취급 하여 단수동사를 써 준다. 　<u>What</u> he wanted to say is I love you. (주어역할) 　⇒ <u>The thing that</u> he wanted to say is I love you. 　I gave him <u>what</u> little money I had. (목적어역할) 　⇒ I gave him <u>the thing which</u> little money I had. 　He is <u>what</u> is called a book-worm. (보어역할) 　⇒ He is <u>thing that</u> is called a book-worm.

Exercise 01 　괄호 안의 단어만을 사용하여 우리말을 영작하시오.

1 이 문제에 대해 당신이 생각하는 것을 나에게 정확히 말해라.

(you / about / this / tell / what / me / exactly / problem / think)

➜ _____

2 좋은 매너가 사람과 동물의 차이를 만든다.

(animals. / manners / men / from / different / what / makes / good / are)

➜ _____

3 Tom은 선생님께 John이 어제 행동한 것을 보고했다.

(what / reported / to / yesterday / did / teacher / Tom / Jone)

➜ _____

4 아름다운 것은 항상 좋은 것만은 아니다.

(good / what / always / is / not / is / beautiful)

→ _____

5 나는 그녀에게 신세진 것에 대해 그녀에게 선물 하나를 줄 것이다.

(give / her / her / I've owed / present / I'm going to / what / a / for)

→ _____

Exercise 02 괄호 안의 단어를 사용하여 우리말을 영작하시오.

1 당신이 배우는 데 있어 가장 중요한 것은 당신이 지금까지 공부하고 연구해 온 다른 것들과 연결시킴으로써 당신의 지식으로 무엇을 할 수 있는지 아는 것이다.

(counts / you / what / in / learn / what) is to know (what / with / knowledge / your / you / can / do), by linking it up with (things / other / you / have / or / studied / observed).

→ _____

_____

_____

2 관광객이 그림처럼 아름다운 나라라고 생각하는 것을 현지 주민들은 부끄럽고 진보적이지 않다고 생각하는 경우가 많다는 사실을 알고 계셨나요?

Has it ever struck you that (considers / what / the tourist / picturesque) about (shameful / unprogressive / the / thinks / country / the / local / resident / and / often)?

→ _____

_____

3 식물학에서 다윈이 쌓은 업적이 이제는 천문학에서도 이루어졌다. 그것은 지금의 우주가 어떻게 탄생했는가에 대한 것을 밝히는 과학이다.

(for / Darwin / did / biology / what) has now been done for astronomy, which has become a science of (be / came / to / how / the universe / what / it / is).

→ _____

_____

🚩도전

4 지금까지 인간 역사를 지배해 온 것은 노동에 대한 필요성이다. 그리고 프로이드에게 있어서 그 가혹한 필요성은 우리가 즐거움과 만족을 얻으려는 성향을 억압해야 한다는 것을 의미한다.

(date / to / dominated / what / has / history / human) is the need to labor; and for Freud that harsh necessity means that (tendencies / our / repress / pleasure / of / we / must / to / gratification / and / some).

→ _____

_____

✔고난도

5 토르스타인 베브렌이 '과시적 소비(현시적 소비)'라는 용어를 새로 만들기 훨씬 전에 아담 스미스에서 칼 막스에 이르는 경제학자들은 사람들이 그들이 물건을 구매하면서 얻는 어떤 본질적인 즐거움 때문이 아니라 그러한 상품들이 사회 내에서의 그들의 지위를 드러내기 때문에 몇몇 상품들을 사게 된다고 주장했다.

Long before Thorstein Veblen coined the term "conspicuous consumption," economists from Adam Smith to Karl Marx had argued that (reveal / their standing / those goods / in / some goods / to / buy / society / people / because / of / what / about / choose), not because of (intrinsic / enjoyment / the purchase / any / they / from / get).

→ _____

_____

_____

_____

Exercise 03 각 지문을 읽고, 물음에 답하시오.

1

ⓐ (he / was / what / knew) ⓑ <u>다만 그가 알고 싶어 하는 것의 시작에 불과했다</u>.; and, as he wanted to know to the end, <u>his knowledge was wide in fields remote from his own</u>, and his judgements were <u>profound</u> and tolerant. ⓒ <u>Luther Burbank deserves the admiration of mankind not only for what he achieved, but for what he was.</u>

1 괄호 ⓐ의 단어를 문맥에 맞게 알맞게 배열하시오.

→ _____

2 ⓑ의 우리말을 아래 제시어만을 사용하여 영작하시오.

제시어
only the beginning / know / to / of / he / wanted / what

→ _____

3 상관접속사 not only 구문에 유의하여 ⓒ를 알맞게 해석하고, 동일한 표현이 되도록 빈칸을 채우시오. (단, 각 빈칸에 한 단어만 넣을 것)

Luther Burbank deserves the admiration of mankind <u>not only for what he achieved,</u> <u>but for what he was.</u>

[해석] _____

= Luther Burbank deserves to _____ _____ _____ mankind _____
_____ _____ _____ as well as _____ _____ _____ _____ .

2

Ⓐ (당신이 추구하게 될 종류의 경험은 다양한 조건에 달려 있다.) It doesn't matter, however, where you may be hidden away, how deeply secluded in a remote village far from the great centers of civilization, how little time your labors leave you for going out into the world to collect your experience. It is not a question of Ⓑ (얼마나 많이 아느냐), but Ⓒ (알고 있는 것을 어떻게 사용하느냐).

---

1 괄호 Ⓐ의 우리말을 아래 조건에 맞게 영작하시오.

┌─● 조건 ●─
· 관계대명사가 이끄는 형용사절을 포함한 주어임.
· 아래 제시어만 사용할 것.
  제시어 The kind / depends on / a variety of / you will seek / experience / that / of / conditions

→ _____

---

2 본문의 밑줄 친 내용을 재진술한 것이다. 아래 간접의문문의 어순에 유의하여, 괄호 안의 단어를 바르게 배열하시오.

┤ 간접의문문의 어순 ├
의문사 + 주어 + 동사
의문부사 + 형용사 + 주어 + 동사

┌───
It doesn't matter ㉠ (a / located / where / is / person) or ㉡ (for / opportunities / their / are / how limited / exploration).
└───

㉠ _____

㉡ _____

3 괄호 ⑱와 ⓒ의 우리말을 아래 단어만을 사용하여 영작하시오.

⑱ (how / much / man / knows / a)

➡ _____

ⓒ (he / what / makes / of / use / what / he / knows)

➡ _____

Exercise 04 아래 지문을 읽고, 물음에 답하시오.

Ⓐ (우리가 자신에 대해서 받게 되는 최초의 메시지는) come from our parents. Whether we feel good or bad about ourselves depends on how our parents reacted to us as young children. Praise is very important to a young child, and with encouragement and positive reinforcement she will try harder and achieve more. A child who is constantly criticized or compared unfavourably to others will begin to feel worthless, and those feelings can stay with her throughout her life.

1 괄호 Ⓐ의 우리말을 아래 제시된 단어를 사용하여 영작하시오. (단, 문맥에 적절한 관계대명사를 반드시 사용할 것)

제시어
messages / the / ourselves / earliest / get / we / about

➡ _____

2 밑줄 친 문장을 같은 내용의 다른 문장으로 전환하려고 한다. <u>적절한 관계대명사와 아래 제시어를</u> 문맥에 맞게 변형하여 빈칸을 채우시오.

제시어

encourage, positive

> A child _____ _____ _____ and _____ reinforced will try harder and achieve more

3 위 지문의 내용을 한 문장으로 요약하려고 한다. 빈칸에 들어갈 표현을 순서대로 쓰시오.
(단, effect, enormous and lasting을 반드시 사용할 것))

> _____ parents react to us and _____ they tell us has _____ _____ _____ _____ _____ _____ the way we view ourselves as adults.

unit 32 관계부사 구문

미리 Voca

■ **traffic congestion** 교통체증

■ **geocentric** 지구 중심의

■ **world-view** 세계관

■ **celestial** 하늘의; 천체의

■ **sphere** 구형, 구면, 영역

■ **come** (때가) 다가오다

■ **paralyze** 마비시키다

■ **phrase** 구, 표현, 관용구

■ **indicate** 가리키다, 지적하다

■ **organization** 조직(화), 구성, 편제, 편성

■ **social proof** 사회적 증명

■ **fundraising** 자금 조달(의)

■ **nonprofit** 이익이 없는, 비영리적인

■ **utilize** 활용하다, 소용되게

■ **donation** 기부(금)

■ **misery** 불행, 고통, 고뇌

■ **pollutant** 오염 물질

■ **bumper to bumper** 자동차가 종렬로 줄지은 〔줄달아〕

■ **greenhouse gas** 온실 효과 기체

■ **discomfort** 불쾌, 불안

■ **essentially** 본질적으로

■ **exhaust** 고갈시키다

■ **contribute to** ~의 한 원인이되다, ~에 공헌하다

🔑 Key Point

형태	선행사(장소, 시간, 이유, 방법) + where/when/why/how + 주어 + 동사(완벽한 문장)
해석 방법	관계부사절이 앞에 있는 명사인 선행사를 수식해준다. 관계부사는 전치사 + which로 바꿔 쓸 수 있으며, 선행사가 시간이나 장소일 때, (in, at, on) + which/ 이유일 때 for + which, 방법일 때 in which로 바꾼다. 다만, 방법을 나타낼 때는 the way how를 나란히 쓸 수 없고, 선행사나 관계부사 둘 중 하나만 써 준다.
참고	• 한정적 용법-관계부사절이 선행사를 수식한다. This is the reason. The baby was crying for the reason. ⇒ This is the reason (why=that) the baby was crying. This is the way. I made the cake in the way. ⇒ This is the way (or how) I made the cake. • 결과적 용법-처음부터 쭉 해석을 한다. This is the season. I met her in that season. ⇒ This is the season, (when=that) I met her. ⇒ This is the season, and then I met her. This is the house. I was born in it. ⇒ This is the house, (where=that) I was born. ⇒ This is the house, and there I was born. • 관계부사는 생략될 수 있으며, 관계대명사 that을 변경할 수 있다.

Exercise 01 다음 보기와 같이 문장을 전환하고, 해석하시오.

> This is the restaurant. I ate the steak in it
> ⇒ This is the restaurant in which I ate the steak.
> ⇒ This is the restaurant where I ate the steak.
> [해석] 여기는 내가 그 스테이크를 먹었던 식당이다.

1 I don't like to live in a society. Privacy is impossible there.

→ _____

→ _____

[해석] _____

2 There is no reason. I should apology to her in that reason.

→ _____

→ _____

[해석] _____

3 We came to village, and there we rested for a short while.

→ _____

→ _____

[해석] _____

4 That was the day. We met on the day for the first time.

→ _____

→ _____

[해석] _____

5 This is the way. He helped his father in the way.

→ _____

→ _____

[해석] _____

아래 우리말에 맞게 괄호 안의 단어를 바르게 배열하시오.

1 아무도 발설의 자유가 없는 세상을 사는 것을 좋아하지 않는다.
Nobody likes to live a world (of / no freedom / speech / where / is / there).

→ _____

2 이 결빙된 땅에 인간 종족이 언제 또는 어떻게 생존하게 되었는지 누구도 확실하게 알지 못한다.
Nobody knows for sure (live / of / human / beings / came / or / how / a race / when / to) in this frozen land.

→ _____

3 나는 어젯밤 그녀를 만났다, 그리고 그때 그녀는 나에게 그녀가 나를 사랑한다고 말했다.
I met her last night, (she / told / when / me) that she loved me.

→ _____

4 최근의 교통체증 때문에 사고들이 거의 매일 발생한다. 그래서 너는 매우 조심스럽게 운전해야한다.
Because of the recent traffic congestion accidents happen almost every day. That is
(you / why / very / drive / have / carefully / to).

→ _____

_____

5 철학적 사상이 고대 우주에 대한 이해에 큰 영향을 미쳤던 아리스토텔레스는 지구가 천구로 둘러싸인 우주의 중심이라고 믿어지는 지구 중심적 세계관을 제시했다.

Aristotle, (philosophical ideas / whose / the ancient understanding / of / greatly influenced / the cosmos), **presented** (the Earth / of / was / a / where / geocentric / be / the universe / to / the center / believed / world-view), surrounded by celestial spheres.

→ _____

_____

_____

Exercise 03 각 지문을 읽고, 물음에 답하시오.

1

Perhaps the day will come ⓐ (사람들이 그들의 차를 더 이상 허락받지 못하는) in cities. This will happen soon if nothing is done to ⓑ (대도시를 마비시키고 있는 교통문제) around the world.

1 괄호 ⓐ의 우리말을 아래 제시된 단어를 사용하여 영작하시오.

제시어
allowed / when / will / to / no longer / people / drive / their / be / cars

→ _____

2 아래 제시어를 사용하여 괄호 ⓑ의 우리말을 영작하시오. (단, 동사의 형태를 변형할 것)

제시어
that / large / cities / problem / paralyze / is / the traffic

→ _____

2

We often ⓐ <u>find advertisers using phrases</u> ⓑ <u>indicated social proof in ads</u>, such as "most popular" or "largest selling." Nonprofit organizations use social proof ⓒ <u>in fundraising shows</u> ⓓ <u>which they tell people calling in</u> ⓔ <u>giving donations to call back</u> if lines are busy.

✔ 고난도

1 ⓐ ~ ⓔ 중에서 어법상 틀린 것을 세 개 고르고 바르게 고치시오.

번호		바른 표현
_____	:	_____
_____	:	_____
_____	:	_____

✔ 고난도

2 다음은 본문에서 언급된 social proof에 대한 추가적인 설명이다. 문맥 상 빈칸에 들어갈 단어를 채워 넣으시오. (단, 각 빈칸에 들어갈 단어의 동의어이면 정답을 인정하나 어법에 맞게 작성해야 함)

Advertisers commonly employ phrases like "most popular" or "largest selling" to demonstrate social proof and convince consumers that a product or service is widely ㉠ _____ by others. Nonprofit organizations also utilize social proof in their fundraising efforts by encouraging individuals calling in to donate to call back if the phone lines are busy, implying that many others are ㉡ _____ as well.

Exercise 04 아래 지문을 읽고, 물음에 답하시오.

Those _____ are trapped into driving a car to work everyday often have to face Ⓐ <u>a particular misery</u>. In some places _____ one can see for miles, the cars are bumper to bumper the entire distance. They sit in heavy, blocked traffic while Ⓑ <u>their money is turned into greenhouse gases and other pollutants</u>. Those _____ don't face traffic jam often still find driving a car between work and home to be Ⓒ (하루에 두 번 그들을 지치게 만드는 일상의 전투). And there are people riding with less discomfort but still wishing _____ they had a less expensive, more environmentally friendly, and more enjoyable way to get to work.

1 빈칸에 들어갈 관계대명사 또는 관계부사를 순서대로 넣으시오.

2 밑줄 친 Ⓐ가 나타내는 현상을 본문에서 찾아 쓰시오.

3 밑줄 친 Ⓑ의 문맥적 의미를 작성한 것이다. 각 빈칸에 제시된 철자로 시작하는 단어를 쓰시오. (단, 품사와 명사의 단복수에 주의할 것)

> Essentially, the money spent on fuel and related expenses leads to the release of harmful e_____ that contribute to air pollution and e_____ damage.

4 괄호 Ⓒ의 우리말을 아래 제시된 단어만을 사용하여 영작하시오.

제시어

a / them / exhausted / leaves / twice / daily / that / battle / a / day

➡ _____

unit 33 목적을 나타내는 부사절 (구) 구문

미리 Voca

▨ comfort 안락, 편안, 위로, 위안(이 되는 것)	▨ existing 현재의
▨ path 길	▨ institution 제도, 기관
▨ stony 자갈이 많은	▨ put forward 제시기하다
▨ rough 거친	▨ period 기간, 시기
▨ tread 밟다, 걷다, 가다, 지나다	▨ unique 유일(무이)한, 하나밖에 없는
▨ be eager to 간절히 ~하고자 하다	▨ spontaneous 자발적인, 자진해서 하는, 임의의
▨ with difficulty 힘들게	▨ with very little effort 거의 노력하지 않고
▨ indispensable 불가결의, 없어서는 안 될	▨ conduct 실행하다
▨ make the best(most) use of ~을 최대한 활용하다	▨ workout 연습
▨ superficial 피상적인	▨ composition 구성, 조립; 조직
▨ inadequate 부적당한, 부적절한	▨ conceive 마음에 품다, 느끼다
▨ cultivated 교양 있는, 세련된	▨ regard 주목해서 보다, 주시(응시)하다
▨ layman 일반인	▨ nonaerobic 몸의 산소 소비량이 적은
▨ grasp 이해하다, 파악하다	▨ sedentary 앉은 채 있는; 좌업의
▨ intimate 친밀한, 친한, 절친한	▨ abroad 외국으로, 해외로
▨ conceivable 생각[상상]할 수 있는; 있을 법한	▨ standard 규범, 기준
▨ cooperate 협력하다, 협동하다	▨ prevailing 우세한, 주요한
▨ defend 막다, 지키다, 방어[방위]하다	▨ acquaint 숙지시키다, 알리다
▨ flourish 번영(번성)하다, 잘 자라다	▨ ascribe (원인·동기 등을) ~에 돌리다
▨ atmosphere 분위기	▨ recognize 알아보다, 인지하다
▨ discussion 토론	▨ behavior 행동, 행실
▨ policy 정책, 방침	

Key Point

형태	in order to V, so as to v ~하기 위해 so that 주어 + may(might) ~하기위해, ~하도록
해석 방법	He studied very hard / in order to pass the exam. 　그는 열심히 공부했다 / 시험에 통과하기 위해서 She earned much money so that she might buy what she wanted. 　그녀는 돈을 많이 벌었다 / 그녀는 그녀가 원하는 것을 사기 위해서
참고	• 형태에 유의하기 He studied so hard that he passed the exam. 그는 너무 열심히 공부해서 시험에 통과했다. (so + 형용사 + that 주어 동사는 계속적 용법으로 〈너무 ~해서 ~하다〉로 해석한다.)

Exercise 01 우리말을 제시된 단어만을 사용하여 영작하시오.

1 고릴라는 먹고, 휴식을 취하기 위해 나무에 올라간다.
(gorillas / to / trees / in / order / eat, / to / rest / climb).

→ _____

2 그는 신선한 공기가 들어오게 하기 위해서 창문을 열었다.
(to / opened / air / he / the window / in / fresh / get / as / so).

→ _____

3 그는 직장을 얻기 위해 런던으로 갈 것이다.
(to / he / he / so / London / going / find / a job / may / is / that).

→ _____

4 그들은 그가 위험을 피할 수 있도록 그에게 경고를 했다.
(they / that / he / the danger / him / so / warned / might / avoid).

→ _____

5 그는 경주에서 이기기 위해 미친 듯이 달렸다.

(like / might / he / win / ran / the race / that / so / he / mad).

➡ _____

6 Tom은 그의 가족이 안정적으로 살 수 있도록 열심히 일한다.

(may / Tom / that / live / his family / works / so / in / comfort / hard).

➡ _____

Exercise 02 우리말에 맞게 괄호 안의 단어를 바르게 배열하시오.

1 그녀가 선택한 과정은 자갈밭처럼 거칠었지만, 그녀는 잠자는 아이를 깨우지 않기 위해 사뿐히 한걸음 걸어 나갔다.

(chose / she / path / the) was stony and rough, but she trod lightly (wake / so as / the sleeping / not to / child).

➡ _____

_____

2 점원이 이번에는 그녀를 충실히 도왔다. 그는 힘들게 상점 창문을 기어 올라가서 드레스를 꺼냈다.

The shop assistant was eager to serve me this time. With great difficulty, he climbed into the shop window (to / order / get / in / the dress).

➡ _____

3 외국어를 배우는 사람들에게 사전은 필요한 것이다. 그들은 언어를 잘 배울 수 있기 위해 사전을 최대한 활용해야 한다.

(those / who / a / language / to / study / foreign), dictionaries are indispensable. They have to make the best use of dictionaries (in order that / learn / a language / well / may / they).

➡ _____

_____

도전

4 오늘날의 문제는 너무 복잡해져서 피상적인 지식만으로는 교양 있는 일반인이 모든 문제를 파악하기는 커녕 논의조차 할 수 없을 정도이다.

The problems of today (to / so / a superficial knowledge / inadequate / complex / to / have become / that / is / them all / the cultivated layman / enable / grasp), (to / much / them / discuss / less).

→ _____

_____

고난도

5 언어와 그 언어를 사용하는 사람들 사이의 관계는 너무도 친밀해서 이 둘을 따로 생각할 수 없다. (단, so ~ that의 보어 도치구문을 반드시 사용할 것)

(it / the people / and / a language / so intimate / the relation / who / speak / between / is) that (be / apart / can / scarcely / thought / the two / of).

→ _____

_____

Exercise 03 각 지문을 읽고, 물음에 답하시오.

1

In any conceivable kind of culture, man needs to cooperate with others if he wants to survive, whether for the purpose of defending himself against enemies or dangers of nature, or in order that he may be able to work and produce.

1 Write down the reasons human being needs to cooperate with others. (필요시, 어형 변화할 것)

⇒ He needs to _____ _____ against enemies or dangers of nature as well as _____ _____ _____ _____ _____ _____.

2

Knowledge flourishes best in an atmosphere of free discussion: and ⓐ <u>in order to direct social policy wisely</u> ⓑ <u>it is necessary that there should be freedom to criticize existing institutions and putting forward unpopular opinions</u>, ⓒ (비록 그것들이 널리 보급되어 있는 의견에 위배된다 할지라도).

1 밑줄 친 ⓐ와 같은 의미가 되도록 빈칸을 채우시오.

in order to direct social policy wisely

= _____ _____ _____ direct social policy wisely

2 밑줄 친 ⓑ에서 어법상 틀린 곳을 찾아 바르게 고치시오.

틀린 표현   바른 표현

_____ ➜ _____

3 괄호 ⓒ의 우리말을 아래 제시어만을 사용하여 영작하시오.

제시어

attitudes / be / offensive / they / may / no matter how / to / prevailing

➜ _____

Exercise 04 아래 지문을 읽고, 물음에 답하시오.

Scientists at the Veterans Administration Medical Center in Salt Lake City reported that Ⓐ (일주일에 3번씩 한 시간의 산책을 한 노인들은) over a four-month period improved their reaction times, visual organization, and memory over Ⓑ (앉은 채로 있거나 혹은 산소 소비량이 적은 운동을 한 사람들). In another study of two hundred joggers conducted at the Oregon Health Sciences Center, nearly 60 percent claimed that jogging helped them generate unique and spontaneous ideas Ⓒ <u>with very little effort</u>. Many of them actually kept a pencil and paper in their lockers Ⓓ <u>so that they could</u> write down their thoughts as soon as they completed a workout. Also, Thomas Mann, a German novelist, wrote: "Much of my composition has been conceived on walks. I regard movement in the open air as the best means of reviving energy for my work."

1 괄호 Ⓐ와 Ⓑ의 우리말을 아래 제시어만을 사용하여 영작하시오.

Ⓐ (walks / one-hour / individuals / week / times / elderly / who / took / a / three)

: _____

Ⓑ (remained / those / or / who / nonaerobic / exercises / sedentary / did)

: _____

2 밑줄 친 Ⓒ와 Ⓓ의 표현을 아래 빈칸에 맞게 다른 표현으로 쓰려고 한다. 아래의 단어로 시작하는 같은 의미의 표현을 적으시오.

Ⓒ with very little effort ➜ with _____ no _____

Ⓓ so that they could ➜ so _____ _____

3 위 본문의 내용을 한 문장으로 요약하고자 한다. 아래 빈칸에 들어갈 적절한 표현을 쓰시오. (단, 제시된 철자로 시작하는 단어를 쓸 것)

P_____ a_____ can be an important factor in e_____ m_____ functions.

다음을 읽고, 물음에 답하시오.

When (가) (사람이 자기 자신의 나라에만 익숙해 있다), (나) (그것들이 아주 당연한 것으로 보여, 그가 그것들을 자연스러운 것으로 여기다) but when he travels abroad and finds totally different habits and standards of conduct prevailing, <u>he begins to understand the power of custom.</u>

1 괄호 (가)의 우리말을 아래 제시된 단어를 사용하여 영작하시오. (단, 추가 단어와 동사의 어형변화 있음)

제시어

country / of / only / a man / acquaint / own / the habits / with / his

➜ _____

2 괄호 (나)의 우리말을 아래 제시된 단어만 사용하여 영작하시오. (단, so ~ that구문을 활용할 것)

제시어

so much / ascribes / a matter of course / he / to / nature / seem / that / they / them

➜ _____

3 다음은 본문에 밑줄 친 "he begins to understand the power of custom"의 문맥적 의미를 작성한 것이다. 빈칸에 들어갈 단어를 본문에서 찾아 쓰시오. (단, 둘 중 한 개의 빈칸에 들어갈 단어는 문맥에 맞게 품사를 변형할 것)

This experience of encountering different ways of doing things and different social norms helps the person recognize that what they once considered Ⓐ "_____" or universal behavior is, in fact, shaped by the customs and practices of their own Ⓑ _____.

Ⓐ "_____"

Ⓑ _____

미리 Voca

▥ **offend** 마음을 상하게 하다	▥ **convince** 설득하다
▥ **warehouse** 창고	▥ **corroborative** 확인의, 확증적인, 뒷받침하는
▥ **sweep** (말끔히) 몰아가다[가져가다]; 일소하다; 휩쓸다	▥ **evidence** 증거, 증언
▥ **bough** 가지	▥ **except for** ~을 제외하고, ~외에는
▥ **from bough to bough** 가지에서 가지로	▥ **toss** (가볍게·아무렇게나) 던지다, 던지기
▥ **acquaintance** 안면, 면식, 아는 사람	▥ **amuse** 즐겁게 하다, 재미나게 하다
▥ **make acquaintance with** ~와 안면을 익히다	▥ **upright** 직립한, 똑바로 선, 수직의
▥ **companion** 동료, 상대, 동반자	▥ **bunch** 다발, 송이
▥ **inestimable** 평가[계산]할 수 없는; 헤아릴 수 없는	▥ **frustration** 좌절, 차질, 실패
▥ **unselfish** 이기적이 아닌, 욕심[사심]이 없는	▥ **challenging** 도전적인, 매력적인, 해[맞붙어]볼 만한
▥ **relative** 상대적인, 상호의	▥ **stimulating** 자극적인, 격려하는
▥ **assume** 당연한 것으로 여기다, (태도를) 취하다	▥ **deliberately** 고의로
▥ **subtle** 미묘한, 포착하기 힘든, 난해한	▥ **on the one hand** 한편으론
▥ **restrain** 제지(방지)하다, 제한하다	▥ **on the other (hand)** 다른 한편으론
▥ **non-verbal** 비언어적인	▥ **boredom** 지루함
▥ **supporting** 지지하는, 뒷받침 하는	▥ **alternately** 번갈아, 교대로; 하나 걸러
▥ **facial** 얼굴의, 안면의; 표면(상)의	▥ **tension** 긴장
▥ **merely** 단지, 그저, 다만; 전혀	▥ **relieve** 경감하다, 덜다, 눅이다
▥ **provide** (필요품을) 주다, 공급(지급)하다	

Key Point

형태	too + 형용사 + to V : 너무 ~해서 ~하다. 형용사 enough to + V ~할 정도로 충분히 ~하다.

해석
방법
	He is too young to go to school.
	   ⇒ 그는 <u>너무</u> 어려서 학교에 갈 <u>수 없다</u>.
	She is smart / enough to solve the problem.
	   ⇒ 그녀는 똑똑하다 / 그 문제를 풀 <u>정도로</u>.
	The old man is not so strong as to carry the box.
	   ⇒ 그 노인은 그렇게 힘이 세지 않다 / 그 상자를 옮길 수 있을 <u>정도로</u>.

참고	• 다음과 같이 문장 전환이 가능하며, 해석은 같다. He is <u>too</u> young <u>to</u> go to school. ⇒ He is <u>so</u> young <u>that</u> he <u>can't</u> go to school. She was smart <u>enough to</u> solve the problem. ⇒ She was <u>so</u> smart <u>that</u> she <u>could</u> solve the problem.

Exercise 01   다음 우리말을 제시된 단어만을 사용하여 영작하시오.

1 그녀는 그녀의 상사를 화나게 할 만큼 어리석었다.

(foolish / to / her / she / was / master / offend / enough).

→ _____

2 우리들은 그 도시를 모두 관광할 정도로 시간이 충분하지 않다.

(didn't / have / do / of / enough / time / we / the city / all the sights / to).

→ _____

3 그녀는 너무 친절해서 나를 국립 박물관까지 태워주었다.

(kind / drive / me / to / so / to / as / was / the national museum / she).

→ _____

4 그는 회사에서 퇴직할 정도로 늙지 않았다.

(retire / from / not / business / is / he / so / old / to / as).

➔ _____

5 그는 너무 많은 음식을 먹어서 거의 걸을 수 없었다.

(much / could / food / he / he / that / so / walk / hardly / ate)

➔ _____

Exercise 02 다음 우리말에 맞게 괄호 안에 단어를 바르게 배열하시오.

1 내가 뉴욕에 도착하자마자, 나는 해야 할 일을 찾았고, 큰 창고에서 일자리를 찾았을 만큼 운이 좋았다.

As soon as I reached New York, I looked for something to do, and was (to / work / find / lucky / enough) in a large warehouse.

➔ _____

_____

2 홍수가 아직 그 나라의 지역을 휩쓸고 갈 만큼 높이 발생하지 않았다.

The flood had not yet risen (over / to / sweep / as / high / so) that part of the country.

➔ _____

3 원숭이들은 나무에서 살고 가끔씩은 몇몇 새들을 잡을 만큼 빠르게 가지에서 가지로 점프를 한다.

Monkeys live in trees, and jump from bough to bough (catch / sometimes / fast / so / as / to / birds / some).

➔ _____

4 나는 낯선 사람과 사귀는 것을 부끄러워하지만 여행 중에 헤아릴 수 없는 사회적 재능을 가진 동반자를 만날 수 있어서 운이 좋았다.

(strangers / acquaintance / making / I / with / of / am / shy), but (companion / on my journeys / had / have / to / enough / a / was / an inestimable social gift / I / fortunate / who).

→ _____

_____

5 딸이 집을 나가는 것(출가하는 것)을 막는 엄마는 모든 사람에게 허락할 의향이 있지만 딸은 너무 이기적이지 않아서 떠나지 않는다고 말하고, 딸을 막으려 했지만 실패하는 엄마는 항상 생각했던 좋은 생각이라고 말한다.

(from / daughters / leaving / home / their / who / prevent / mothers) tell everyone that they are perfectly willing to allow it but (their / unselfish / too / leave / to / are / daughters), and mothers who try but fail to prevent their daughters from leaving say what a good idea they have always thought it.

→ _____

_____

_____

Exercise 03 각 지문을 읽고, 물음에 답하시오.

1

ⓐ Her relatives never assumed that the world would take so a strong and lasting interest in her work ⓑ (그녀의 이름을 대중의 재산으로서 주장할 만큼).

1 밑줄 친 ⓐ에서 어법상 어색한 곳을 찾아 알맞게 고치시오.

틀린 표현   바른 표현

_____ ➔ _____

2 괄호 ⓑ의 우리말을 아래 제시어를 사용하여 영작하시오

제시어

as / claim / her / as / to / property / name / public

➔ _____

2

ⓐ Subtle or restrained positive non-verbals can detect through careful observation of other subtle supporting behaviors. (ⓑ), ⓒ Our facial expressions may reveal our excitement, but merely showing happiness on our faces might not sufficiently convince an clever observer that we are truely happy. (ⓓ), our feet might provide additional corroborative evidence of excitement, ⓔ (긍정적인 감정이 진짜라는 믿음을 인정하는데 도움을 준다.)

---

1 밑줄 친 ⓐ에서 어법상 틀린 곳을 찾아 바르게 고치시오.

틀린 표현   바른 표현

_____ ➔ _____

2 문맥상, ⓑ와 ⓓ에 어울리는 연결사를 고르시오.

	ⓑ	ⓓ
①	That is	Furthermore
②	Furthermore	Consequently
③	Consequently	That is
④	For instance	However
⑤	Similarly	Consequently

3 밑줄 친 ⓒ와 같은 의미가 되도록 빈칸을 채우시오. (단, enough를 반드시 사용할 것)

> Our faces may leak our excitement that by itself might _____ _____ _____ _____
> _____ a clever observer that we are truly happy

4 괄호 ⓔ의 우리말을 아래 제시어를 사용하여 영작하시오

제시어

the belief / that / validate / genuine / emotion / the positive / to / is

→ our feet might provide additional corroborative evidence of excitement, helping

_____ .

Exercise  아래 지문을 읽고, 물음에 답하시오.

> Many years ago, psychologists performed an experiment in which they put a number of
> people in a room, alone except for a ring toss set. ⓐ It was one of those children's toys
> with a short wooden post held upright on the floor and a bunch of round rings. The
> subjects were left alone to amuse themselves as best they could. As expected, with time
> to kill, they began trying to toss the rings around the post. What the psychologists
> discovered was that most of the people moved far enough away from the post so that
> tossing the rings around it was challenging but ⓑ (너무 어려워 완전히 좌절하지 않을 정도로).
> In other words, they deliberately positioned themselves between frustration on the one
> hand and boredom on the other. The process of alternately producing and relieving tension
> was what made the activity stimulating.

1 밑줄 친 Ⓐ를 관계대명사를 사용하여 동일한 의미를 전달하는 표현으로 영작하시오.

Ⓐ It was one of those children's toys with a short wooden post held upright on the floor and a bunch of round rings.

➡ _____

_____

2 괄호 Ⓑ의 우리말을 아래의 표현으로 시작하는 문장으로 영작하시오. (totally와 frustrate를 사용하되 frustrate는 문맥에 맞게 변형할 것)

Ⓑ (너무 어려워 완전히 좌절하지 않을 정도로)

➡ not so _____ _____ _____ _____ _____ _____

3 아래 문장은 위 문단을 요약한 것이다. 빈칸에 들어갈 표현을 쓰시오. (단, ㉠와 ㉢는 본문에서 언급된 단어이고, ㉡은 b로 시작하는 총 7개의 철자로 구성된 단어임)

Subjects tended to make a ring toss activity stimulating by producing just enough
㉠_____ through varying the distance to the post so as to ㉡_____
frustration and ㉢_____.

㉠ _____   ㉡ _____   ㉢ _____

unit 35 결과를 나타내는 부사절 구문

미리 Voca

▨ be accustomed to ~에 익숙하다	▨ statement 진술
▨ statement 진술	▨ grant 주다, 수여하다, 허가하다
▨ impression 인상	▨ dismay 당황, 경악; 낙담
▨ refer to ~을 참조하다	▨ hesitatingly 머뭇거리며
▨ commonplaceness 진부함	▨ yell 고함치다, 소리지르다
▨ well-worn 써서 낡은; 낡아빠진, 진부한	▨ embarrass 당혹(당황)하게 하다
▨ obvious 당연한	▨ hitherto 지금까지(는)
▨ well-being 복지, 안녕, 행복	▨ whole 전부의, 모든
▨ comely 말쑥한; 알맞은, 잘 생긴, 미모의	▨ currency 통용, 유통, 유행기간
▨ usage 용법, 사용(법), 취급(법)	▨ fraction 파편, 단편
▨ treatment 취급, 대우, 처리법	▨ unintelligibility 난해함
▨ admiration 감탄, 칭찬	▨ exist 존재하다, 실재하다
▨ envy 질투, 부러움, 시기	▨ institution 제도
▨ excessive 과도한, 과대한, 과다한	▨ significant 중대한, 중요한, 귀중한
▨ wealth 부, 재산	▨ portion 한 조각, 일부, 부분
▨ income 수입, 소득	

🔑 Key Point

형태	so + 형용사 + that / such + 관사 + 형용사 + 명사 + that /,so that /,such that
해석 방법	It was such fine weather / that we took a walk. ⇒ 너무나 날씨가 좋아서 / 우리는 산책을 했다.
참고	• 다음과 같이 의미상 문장 전환이 가능하다. It was so fine that we took a walk. ⇒ It was such a fine day that we took a walk. ⇒ It was so fine a day that we took a walk.

Exercise 01 아래와 같이 의미상 같은 의미의 다른 문장으로 재진술하시오.

It was so fine that we took a walk.
⇒ It was such a fine day that we took a walk.
⇒ It was so fine a day that we took a walk.

1 It was so hot that we went out for a swim.

→ _____

_____

2 She was such a kind girl that everybody in her class liked her.

→ _____

_____

Exercise 02 제시된 우리말에 맞게, 괄호 안에 있는 단어를 알맞게 배열하시오.

1 링컨은 그의 부모님과 함께 농장에서 열심히 일했다. 그는 너무나 힘센 소년이어서 그는 성인 한 사람이 할 수 있었던 일을 해낼 수 있었다.

Lincoln worked hard on the farm with his parents. He was (could / do / that / a strong boy / such / he) almost everything a man could do.

➡ _____

_____

2 현재, 연설의 자유가 진로의 과정으로 인식된다. 우리는 그것에 너무 익숙해져서 자연스러운 권리로서 그것을 바라본다.

At present, freedom of speech is taken as a matter of course. We are (look on it / we / so / as / that / accustomed to it) a natural right.

➡ _____

_____

3 항상 건강하기 위해, 당신은 몸을 단정하고, 청결하게 유지해야한다. 누구도 너무 가난하여 단정하거나 청결할 여유가 없다.

To be healthy all the time, you must keep your body neat and clean. No one is (to / that / afford / cannot / be / so / he / poor) neat and clean.

➡ _____

_____

도전

4 읽을 가치가 있는 책은 한 번 이상 읽을 가능성이 높으며 읽을 때마다 어떤 생각이나 진술이 다시 참조하고 싶은 그런 인상을 준다.

A book which is worth reading at all is likely to be read more than once, and at each **reading** (an / some statement / some idea / or / it again / makes / impression / wish / that / such / to / refer to / we).

→ _____

_____

고난도

5 교육의 목적이 아이의 평생교육에 있어야 한다는 것은 당연한 상식에 동의하면서도 그 진부함에 웃음이 나올 정도로 진부한 말이다.

That (object / life / for / fit / the / the / should / education / to / be / child / of) is (smile / saying / commonplaceness / its / such / well-worn / that / a / people / at) even while they agree with its obvious common sense.

→ _____

_____

_____

Exercise 03 각 지문을 읽고, 물음에 답하시오.

1

ⓐ So often has I moved, ⓑ (나의 작은 서재를 소홀히 다루어서) at each change of place, and, ⓒ (truth / to / tell / the), ⓓ so little care have I given to its well-being at normal times, that even the comeliest of my books shows the result of unfair usage.

1 밑줄 친 괄호 ⓐ에서 어법상 틀린 곳을 찾아 알맞게 고치시오.

틀린 표현   바른 표현

_____ → _____

2 괄호 ⓑ안의 우리말을 참고하여 알맞게 배열하시오. (so ~ that 구문의 도치에 주의 할 것)

has been / the treatment / of / so rough / my little library

ⓑ _____

3 괄호 ⓒ를 문맥에 맞게 올바르게 배열하시오.

ⓒ _____

4 결과를 나타내는 부사절인 문장 ⓓ에 유의하여 아래 문장을 바르게 해석하시오.

so little care have I given to its well-being at normal times,

해석: _____

2

Among poor people, 'He has a car' ⓐ [will say / will be said] with some tone of admiration, envy, or possibly blame of such excessive wealth. Among people ⓑ [whose / whom] general income level is ⓒ (차가 어느 정도 당연하다고 여겨질), the statement is not emotional: it is just a statement of fact.

1 어법상, ⓐ와 ⓑ에 들어가야 할 알맞은 단어를 고르시오.

ⓐ_____ ⓑ_____

2 괄호 ⓒ안의 우리말을 참고하여 알맞게 배열하시오.

taken / a car / for / is / granted / such that / more or less

→ _____

✔ 고난도

3 본문의 내용과 일치하도록 빈칸에 들어갈 단어를 넣으시오. (단, 제시된 철자로 시작하는 단어를 쓰고, 세 번째 빈칸은 총 13개의 철자로 된 단어임)

How the statement "He has a car" is perceived differently d_____ o_____ the s_____ context.

Exercise 04 아래 지문을 읽고, 물음에 답하시오.

1

During the baseball game I missed an easy ball. Ⓐ (이것은 나를 너무 당황스럽게 만들어서 난 어쩔 줄 모르고 거기에 단지 서 있었다.) To my dismay, the other team scored three runs. After the game, the coach shouted at me, "You should never do that again!" I answered, hesitatingly, "I won't. I'll never miss such an easy ball again." "Miss?" he yelled. "You'll miss lots. That's not the problem. It"s what you did after. While you were standing there, how many runs did the other team score?"

1 괄호 Ⓐ의 우리말을 아래 조건에 맞게 영작하시오.

- so ~ that 구문을 활용할 것.
- 아래 제시어를 모두 사용하되, 추가 단어 있고 문맥에 맞게 동사의 어형변화 할 것.
  제시어 This / make / do / embarrass / stand / without / what / just / know

→ _____

2 밑줄 친 that의 의미로 코치가 의도한 것과 선수가 이해한 것을 영어로 쓰시오.

코치가 의도한 것: _____

선수가 이해한 것: _____

2

Though (가) (언어 제도는 인간 사이의 의사 소통 수단을 제공하기 위해 존재합니다.), its social effect in the history of mankind hitherto, has actually been, on the whole, to divide the human race and not to unite it; for (나) (언어는 매우 다양한 형태를 취했습니다) that even Ⓐ <u>those enjoying the widest currency</u> have never yet been common to more than a fraction of mankind, and Ⓑ <u>unintelligibility is the mark of the foreigner.</u>

1 괄호 (가)의 우리말을 아래 제시된 단어만을 사용하여 영작하시오.

제시어

human beings / communication / exists / of / between / for / of / the institution / the purpose / as a means of / serving / language

→ _____

2 괄호 (나)의 우리말을 아래 제시된 단어만을 사용하여 영작하시오. (단, 해당 표현이 들어간 문장은 such ~ that 구문임에 유의해서 영작할 것)

> 제시어
>
> forms / have / such a number of / taken / diverse / languages

→ _____

✔고난도

3 본문의 밑줄 친 Ⓐ와 Ⓑ의 문맥적 의미를 작성한 것이다. 빈칸에 들어갈 단어를 아래 조건에 맞게 채워 넣으시오.

> ● 조건 ●
>
> • Ⓐ의 경우 빈칸에 들어갈 단어 모두 본문에서 찾아 쓰되, 필요시 문맥에 맞게 단어의 형태를 변형할 것.
> • Ⓑ의 문장에 들어갈 두 단어 중 하나는 본문에서 찾아 쓰고, 다른 하나는 본문에 언급되지 않은 철자 b로 시작하는 단어를 쓸 것.

Ⓐ refers to _____ that are most _____ spoken or used by a significant portion of the human population.

Ⓑ suggests that the lack of mutual understanding due to _____ _____ can lead to a sense of separateness or division between individuals or groups.

36 too 형용사 (부사) to Ⓡ 구문

미리

Voca

▨ superior 위의, 보다 높은, 보다 고위의

▨ statue 상, 조상

▨ appreciate 평가하다, 감정(판단)하다

▨ in terms of ~의 관점에서

▨ conceive 마음에 품다, 느끼다

▨ beard (턱)수염

▨ sort 종류, 부류

▨ describe 묘사하다, 기술하다

▨ restrict 제한하다, 한정하다

▨ particular 특별한, 특유의, 특수한

🔑 Key Point

형태	too + 형용사 to + V 너무~해서~할 수 없다

해석 방법	Tom / got up too late / to catch the train. ⇒ Tom은 / 너무 늦게 일어나서 / 기차를 잡을 수 없었다.

참고	• too + 형용사 + to + 동사구문은 의미상 so + 형용사 + that 주어 + 동사로 변경가능하다. Tom is <u>too</u> weak <u>to</u> lift the box. = Tom is <u>so</u> weak <u>that</u> he <u>can not</u> lift the box. Tom got up <u>too</u> late <u>to catch</u> the train. = Tom got up <u>so</u> late <u>that</u> he <u>could not</u> catch the train. The house is too hard for me to find out. = The house is so hard that I cannot find out.

Exercise 01 다음 문장을 so ~ that 구문으로 변환하고 해석하시오.

1 This problem is too difficult for me to solve.

➜ _____

[해석] _____

2 This river is not too deep for me to swim across.

➜ _____

[해석] _____

3 This book is too exciting for me not to keep on reading.

➜ _____

[해석] _____

4 It is too complicated for him to express verbally.

→ _____

[해석] _____

5 It is too deep and huge for us to count the parent's mind.

→ _____

[해석] _____

Exercise 02 우리말에 맞게, 괄호 안의 단어를 알맞게 배열하시오.

1 당신은 그가 왜 벙어리가 됐는지 아십니까? 그는 너무 겸손해서 거짓말을 할 수 없었고, 너무 소심해서 진실을 말할 수 없었다.

Do you know why he became dumb? (tell / to / was / a lie / too / he / modest), and (the truth / timid / tell / too / to).

→ _____

_____

2 그녀는 전쟁의 희생자들의 모습이 너무나 강하게 남아서, 그것에 관하여 정부에게 편지를 써서, 즉각적인 도움을 요청했다.

(she / too / impressed / deeply / was) with the sight of the war victims (not / to / to / write / the government) about it and ask for their immediate assistance.

→ _____

_____

3 비록 로마인들이 전 세계의 지배자가 되었음에도 불구하고, 그들은 너무 자만하지 않아 그들이 정복했었던 민족들로부터 유용한 교훈들을 배웠다.

Though the Romans became masters of all the world, (not / too / proud / were / to / they / learn) useful lessons from (whom / conquered / the / they / people).

→ _____

_____

🏳️ 도전

4 아메바는 너무 작아서 현미경 없이는 볼 수 없다. (단, 단어 추가와 동사의 어형 변화 있음)

(without / small / too / far / a / to / are / see / amoebas / microscope).

→ _____

✔️ 고난도

5 그의 결심에도 불구하고 그는 교과서에 있는 고급 미적분학 문제가 교수의 도움 없이는 풀기에 너무 어렵다는 것을 알았다.

Despite his determination, he (without / from / too / to / found / the advanced calculus / challenging problems / in the textbook / seeking / his professor / help / solve).

→ _____

_____

Exercise 03 각 지문을 읽고, 물음에 답하시오.

1

Ⓐ A genius is too much superior to those about him to be quickly understood; and his books or his pictures or his statues or his music Ⓑ (대개 너무 뛰어나 빨리 진가가 알려지지 않는다.) Perhaps, if he lives to be very old, he may have a little success just before he dies.

1 밑줄 친 Ⓐ와 의미가 같은 다른 문장으로 전환하려고 한다. 밑줄 친 표현에 유의하여 빈칸을 채우시오.

A genius is **too** much superior to those about him **to** be quickly understood

= A genius is _____ _____ _____ to those about him _____ he _____
_____ quickly _____.

2 Ⓐ의 문장을 참고한 후, 괄호 Ⓑ의 우리말을 아래 〈보기〉의 단어만 이용하여 영작하시오.

── 보기 ──
usually / to / is / appreciated / too / be / quickly / superior

→ _____

3 위 글의 내용을 요약할 때, 다음 빈칸에 알맞은 단어를 쓰시오. (단, 본문에서 찾아 쓰되 필요 시 어형 변화할 것)

A genius is different from ordinary people in terms of s_____ he has, which isn't easy to be quickly understood.

2

I had read too many novels and Ⓐ had learned too much at school not to know a good deal about love, but I thought Ⓑ it was Ⓒ (단지 젊은이들과 관련 되어 있는 문제). I could not conceive that a man with a beard, Ⓓ (as / as / I / sons / had / old / who), could have any feelings of that sort.

1 밑줄 친 Ⓐ의 문장을 우리말로 알맞게 해석하시오.

해석: _____

2 문맥 상 ⓑ가 나타내는 사물이나 내용을 쓰시오.

ⓑ _____

3 괄호 ⓒ의 우리말을 아래 〈보기〉의 단어를 사용하여 알맞게 영작하시오.

┤ 보기 ├
only / concerned / a matter / that / young / people

➜ _____

4 문맥 상 자연스러운 문맥이 되도록 괄호 ⓓ의 단어를 바르게 배열하시오.

➜ _____

5 사랑(love)에 관해 글쓴이가 깨달은 내용을 작성한 것이다. 아래 영영풀이와 괄호의 조건에 맞게 빈 칸에 들어갈 제시된 철자로 시작하는 단어를 쓰시오. (총 9개의 철자로 된 단어임)

〈영영풀이〉 The term for the blank is used to describe something that is limited or restricted to a particular person, group, or situation.

The narrator realized that love is not e_____ to the young.

미리 Voca

- **complicated** 복잡한, 까다로운; 번거로운, 알기 어려운
- **verbally** 말로; 구두로
- **timid** 겁많은, 두려워하는
- **immediate** 즉각적인
- **amoeba** 아메바
- **determination** 결심, 결단
- **advanced** 고급의
- **calculus** 미적
- **challenging** 어려운, 도전적인
- **outstanding** 유명한, 뛰어난
- **enchantment** 마법, 마술
- **apt** ~하고 싶은 기분인, ~하는 경향이 있는《to do》
- **advocate** 옹호[변호]하다; 주장하다
- **self-governance** 자치
- **decentralize** (권한을) 분산시키다, 집중을 배제하다; 지방분권으로 하다
- **tireless** 지칠 줄 모르는; 싫증내지 않는, 정력적인, 꾸준한
- **pave** 포장하다, 닦다
- **collaborative** 협력적인[하는], 합작의
- **decision-making** (정책 등의) 의사 결정
- **lasting** 영속하는; 오래가는[견디는]; 영원한
- **legacy** 유산
- **dash** 내던지다; 박살내다; 부딪뜨리다
- **inflation** 통화 팽창, 인플레(이션); (물가 · 주가 등의) 폭등

- **insufficient** 불충분한, 부족한; 부적당한(inadequate)
- **exacerbate** 악화시키다, 더하게 하다
- **challenge** 문제, 과제
- **opium** 아편
- **ignore** 무시하다, 묵살하다
- **farewell** 결별의, 고별(송별)의
- **individual** 개개의, 각각의, 개인적인
- **induce** 꾀다, 권유하다, 설득하다
- **lung** 폐, 허파
- **cancer** 암, 암종
- **distance** 거리를 두다
- **agonizing** 괴롭히는, 고민하는
- **polar** 극지의, 남극(북극)의
- **seal** 바다표범, 물개
- **resort to** ~에 호소하다, 사용하다
- **cunning** 교활한; 약삭빠른, 잘된, 교묘하게 연구된
- **trickery** 속임수
- **exact** 정확한, 적확한
- **remain** 남다, 남아 있다
- **surface** 표면, 외면, 외부
- **imitate** 모방하다
- **charm** 매력
- **embrace** 얼싸안다, 껴안다, 포용하다

🔑 Key Point

형태	to + V 앞에 grow up, live, wake up 위주의 동사가 나오면 앞에서부터 쭉 해석한다.
해석 방법	My grandfather lived / to be 100 years old. ⇒ 나의 할아버지는 살아서 / 100세가 되셨다.(=100세까지 사셨다.)
참고	• I hurried to the station, / <u>only to</u> miss the train. ⇒ 나는 서둘러 역으로 갔지만 / 기차를 놓쳤다. (to V 앞에서 부정어 only, never의 표현과 함께 쓰일 때 처음부터 끝까지 해석해주며, 중간에 한 번 끊어서 해석한다.)

Exercise 01 다음 우리말을 주어진 단어만을 사용하여 영작하시오.

1 그는 자라서 유명한 학자가 되었다.

(to / grew / be / scholar / a / he / up / famous).

➜ _____

2 그녀가 눈을 떠 보니 유명한 여배우가 되어 있었다.

(an / up / outstanding / actress / to / be / she / woke).

➜ _____

3 그 사냥꾼은 숲속 깊은 곳으로 들어갔지만, 결코 다시 돌아올 수 없었다.

(never / to / hunter / return / deep / the / forest, / the / went / into).

➜ _____

4 그는 대답하려고 노력했지만, 실패했다.

(only / answer / fail / to / to / he / tried).

➜ _____

5 나는 매우 빨리 달려갔지만, 학교에 지각했다.

(school / to / ran / for / I / late / fast / be / only / very).

→ _____

Exercise 02 제시된 우리말에 맞게 괄호 안의 단어를 알맞게 배열하시오.

1 첫 눈은 하나의 사건이 되었을 뿐 아니라, 마법과 같은 이벤트였다. 당신은 잠이 들어 눈을 뜨면 잠들기 전과는 또 다른 꽤 다른 세상속에 있는 당신 자신을 발견하고, 이것이 마법에 걸린 상태가 아니라면, 어디에서 발견될 수 있는 것인가?

The first fall of snow is not only an event but it is a magical event. You go to bed in one kind of world and (up / find / yourself / wake / to) in another quite different, and if this is not enchantment, then where is it to be found?

→ _____

2 모든 승무원과 짐을 실은 화려한 배는 바다의 바닥에 가라앉았지만, 결코 다시는 떠오르지 않았다.

The fine ship with all her crew and cargo sank to the bottom of the sea, (again / never / to / rise).

→ _____

3 소년들은 언젠가 좋은 일을 하기로 마음먹지만, 다음날 좋은 일에 관해 모두 잊어버리는 경향이 있다.

Boys are apt to (good / their / things / up / do / some / minds / to / make) one day, (forget / all / only / them / about / to) the following day.

→ _____

_____

🏁 **도전**

4 그는 신흥 커뮤니티의 지도자로 진화하여 자치 및 분산 시스템을 옹호했습니다. 그의 지칠 줄 모르는 노력은 협력적인 의사 결정과 기술 혁신의 새로운 시대를 여는 길을 열었고, 다음 세대를 위한 지속적인 유산을 남겼다.

(community / leader / become / evolved / he / the / to / in / emerging / a), advocating for self-governance and decentralized systems. His tireless efforts (way / paved / the / for) a new era of collaborative decision-making and technological innovation, (legacy / lasting / to / leaving / generations / a / for / come).

→ _____

_____

_____

✅ **고난도**

5 인플레이션을 통제하려는 노력이 불충분한 것으로 판명되면서 경제 회복에 대한 희망은 좌절되었고 기업과 소비자 모두가 직면한 문제를 악화시켰다.

The hopes of economic recovery were dashed as (inflation / to / the efforts / control / proved / insufficient), (businesses and / exacerbate / only / to / faced / consumers / alike / the challenges / by).

→ _____

_____

1

A big dose of opium, and Ⓐ <u>they could all lie down to pleasant dreams, never to wake again</u>. But they ignored the drug, and died "singing the songs of cheer." Ⓑ <u>We know they did because a farewell letter found with their frozen bodies.</u>

1 결과를 나타내는 부정사가 쓰인 Ⓐ의 문장을 바르게 해석하시오.

> They could all lie down to pleasant dreams, <u>never to wake again</u>.

→ _____

2 밑줄 친 Ⓑ에서 어법상 틀린 곳을 찾아 바르게 고치시오.

틀린 표현   바른 표현

_____ → _____

3 다음은 본문의 내용을 분석한 것이다. 본문과 일치하도록 괄호 안의 단어를 바르게 배열하시오. (단, 필요시 단어의 형태를 변형할 것)

> The individuals in the passage had the option to consume a large amount of opium, which would Ⓐ (induce / a / state / pleasant / dreams / of) and Ⓑ (up / prevent / them / from / wake). However, they chose not to take the drug and instead Ⓒ (happy / sing / songs / while).

Ⓐ _____

Ⓑ _____

Ⓒ _____

2

I feel as though he's killing himself, and there's nothing I can do about his smoking. Should I go on like this and fall more deeply in love with him, Ⓐ (그가 고통스럽게 죽는 것을 봐야하는 걸까) from lung cancer? Ⓑ <u>So far I'm distancing myself from him until I know what to do.</u>

✔ 고난도

1   괄호 Ⓐ안의 우리말을 〈보기〉의 단어를 사용하여 영작하시오.

┤ 보기 ├
him / die / watch / only to / an agonizing / death

→ _____

2   괄호 안의 단어를 활용하여 밑줄 친 Ⓑ의 내용과 일치하도록 아래 빈칸을 채우시오. (keep, away, should)

The reason why I _____ _____ _____ from him is that I don't know _____ _____ _____ _____ with his smoking.

According to scientists, polar bears feed almost entirely on seals. To enjoy such a meal, they sometimes resort to a cunning bit of trickery. If the hole through which the seal gets his food is near the edge of the ice, the polar bear will take a deep breath and swim under water to its exact location. Remaining below the surface, he will then make a tiny scratching sound, imitating a fish. When the charmed seal hears this, Ⓐ <u>he</u> dives in for Ⓑ <u>a quick supper</u>, (가) (그러나 갑작스럽게 걸려들게 된다) in the huge, hungry embrace of Ⓒ <u>his</u> Ⓓ <u>predator</u>.

1 괄호 (가)의 우리말을 아래 제시된 단어만을 사용하여 영작하시오.

제시어

entrapped / only / himself / find / to / suddenly

→ _____

2 본문의 밑줄 친 Ⓐ ~ Ⓓ에 해당하는 대상을 쓰시오.

Ⓐ _____ Ⓑ _____ Ⓒ _____ Ⓓ _____

미리 Voca

▣ **absorb** 흡수하다	▣ **cane** 지팡이
▣ **controversial** 논의의 여지가 있는	▣ **crutch** 목다리, 협장
▣ **thought-provoking** 생각케 하는; 시사하는 바가 많은; 자극적인	▣ **struggle** 버둥(허우적)거리다, 싸우다
▣ **delve into** ~을 파헤치다	▣ **astonish** 놀라게 하다, 깜짝 놀라게
▣ **death penalty** 사형	▣ **odd** 이상한, 짝이 안 맞는
▣ **ethical complexity** 복잡한 윤리적 문제	▣ **reveal** 드러내다, 알리다, 누설하다, 폭로하다
▣ **groundbreaking** 획기적인	▣ **shameful** 부끄러운, 치욕의
▣ **challenge** 이의를 제기하다, 도전하다	▣ **psychiatrist** 정신병 의사
▣ **acquisition** 습득	▣ **deception** 사기, 기만
▣ **syntax** 문법	▣ **deny** 부인하다
▣ **propose** 제기하다	▣ **humanity** 인류
▣ **innate** 본유의, 내재적인	▣ **decade** 10년간
▣ **spark** (흥미·기운 따위를) 갑자기 불러일으키다, 유발하다	▣ **majority** 대부분, 대다수
▣ **debate** 논쟁	▣ **evident** 분명한, 명백한, 뚜렷한
▣ **cognitive structure** 인지구조	▣ **manufacturer** 제조(업)자, 생산자, 공장주
▣ **wick** (양초·램프 따위의) 심지, 거즈	▣ **inception** 처음, 시작, 개시, 발단
▣ **harsh** 거친, 껄껄한	▣ **refine** 정련하다, 정제(순화)하다
▣ **remark** ~에 주목(주의)하다, ~을 알아차리다, 인지하다	▣ **sophisticate** (기계를) 복잡[정교]하게 하다; 복잡 미묘함을 알게 하다
▣ **crippled** 지체(정신) 장애자의, 불구의	▣ **conventional** 전통적인, 인습적인
▣ **vivid** 생생한	

형태	긍정: as ~ as ~/ 부정 : not as / so ~ as ~/ 어순 : as 형용사 a 명사 as ~

해석 방법	She is as kind / as her mother. 　그녀는 친절하다 / 그녀의 어머니만큼. He is as good a cook as his mother. 　그는 훌륭한 요리사이다 / 그의 어머니만큼

참고	• 부정일 때 앞의 as를 so로 바꿔 쓸 수 있다. 　He doesn't have as much money as I thought. 　= He doesn't have so much as I thought.

Exercise 01 다음 우리말을 주어진 단어만을 사용하여 영작하시오.

1 미국의 대중 가수그룹은 영국의 그룹만큼이나 유명하다.

(as / British groups / American pop groups / famous / as / became).

→ _____

2 나는 당신만큼이나 문학에 관심이 없다.

(literature / in / I / am / interested / you / as / not / so / as).

→ _____

3 그는 그가 할 수 있는 만큼 많은 지식을 흡수하려고 노력했다.

(could / much / to / knowledge / he / as / as / he / tried / absorb).

→ _____

4 나는 당신만큼 조심스럽다.

(as / you / am / as / careful / are / I).

➜ _____

5 이 복도는 길이만큼이나 넓다.

(as / hall / as / wide / long / this / is).

➜ _____

6 Susan은 그녀가 보이는 만큼 늙지 않았다.

(not / looks / Susan / so / she / is / as / old).

➜ _____

Exercise 02 우리말에 맞게, 괄호 안의 단어를 바르게 배열하시오.

1 오두막집에 있는 테이블과 의자들은 배만큼이나 빠르게 움직이지만, 우리는 대개 그것들이 움직이는 것을 보지 못했던 이유는 우리 또한 배와 함께 움직였기 때문이다.

The tables and chairs in the cabin (the ship / moving / as / as / are / rapidly), yet we don't generally see them moving, because we are also traveling with the ship.

➜ _____

2 오늘날 젊은 사람들은 우리가 그들의 나이였을 때 그랬던 것처럼 책을 많이 읽지 않는다. 그들은 너무 많은 시간을 TV보는데 쓰는 것처럼 보인다.

Young people today (read / don't / we / much / as / did / as) when we were their age. They seem to (of / their / spend / so / time / TV / watching / much).

➜ _____

_____

3 그림 그리는 방법을 배우는 최선의 방법은 가능한 한 많이 당신이 정말로 관심이 있는 어떤 것이든 그리는 것이다.

The best way to learn to draw is (draw / interested / in / whatever / are / you / really / to), (as / much / possible / as).

→ _____

_____

🚩 도전

4 "사형에 찬성하는 연설"에서 존 스튜어트 밀(John Stuart Mill)은 사회에서 사형제도를 둘러싼 복잡한 윤리적 문제를 파헤치면서 논란의 여지가 있는 만큼 시사하는 바가 많은 주장을 제시한다.

In his "Speech In Favor of Capital Punishment," John Stuart Mill presents (are / are / as / as / controversial / that / arguments / thought-provoking / they), delving into (surrounding / in / the death penalty / of / the use / the ethical complexities / society).

→ _____

_____

✔ 고난도

5 Chomsky의 언어 이론은 언어 습득 및 구문에 대한 전통적인 견해에 도전하고 언어 공동체 내에서 논쟁을 불러일으킨 본유적 인지 구조를 제안하기 때문에 논란의 여지가 있는 만큼 획기적이다.

(it / is / is / controversial / Chomsky's linguistic theory / groundbreaking / as / as) because it challenges traditional views on language acquisition and syntax, proposing (community / innate / have sparked / within / debates / the linguistic community / cognitive structures / that).

→ _____

_____

Exercise 03 각 지문을 읽고, 물음에 답하시오.

1

When I see an unpleasant person, I try to make myself that pleasant : I try to be Ⓐ (나는 다른 사람이 거친 만큼 부드러워지려고), as honest as I see others honest, and Ⓑ (as / as / see / I / others / good / wicked).

---

1 위 글의 내용을 요약했을 때, 다음 빈칸에 알맞은 단어를 쓰시오. (단, 제시된 철자로 시작하는 단어를 쓸 것)

> I am a kind of p_____ person and I try to look on the b_____ side when I see how others behave.

---

2 괄호 Ⓐ의 우리말을 아래 제시된 단어만을 사용하여 영작하시오.

> gentle / as / harsh / I / see / others / as

→ _____

---

3 위 글을 읽고, 내용 상 어색한 단어를 한 개 찾아 올바르게 고치시오.

번호   틀린 단어   바른 단어

_____ : _____ → _____

---

4 괄호 Ⓑ안의 단어를 자연스러운 문맥이 되도록 바르게 배열하시오.

→ _____

2

① <u>Abe Lincoln once remarked what</u> "Most folks are about Ⓐ (자신들이 마음먹은 만큼만 행복해 한다.)" He was right. I saw a Ⓑ <u>vivid</u> illustration of that truth Ⓒ <u>as I was walking up the stairs of the Long Island Railroad station in New York.</u> ② <u>Directly in front of me,</u> ③ <u>thirty or forty crippled boys</u> on canes and crutches ④ <u>were struggled up</u> the stairs. ⑤ <u>I was astonishing at</u> their laughter and spirit.

1 괄호 Ⓐ안의 우리말을 〈보기〉의 단어를 사용하여 영작하시오.

┌─────────────────── 보기 ───────────────────┐
as / be / as / to / up / their / they / happy / minds / make
└──┘

→ _____

2 밑줄 친 Ⓑ 단어의 의미와 가장 거리가 <u>먼</u> 하나를 고르시오.

① brilliant   ② intense   ③ glowing
④ rich   ⑤ dull

3 밑줄 친 Ⓒ의 부사절을 분사구문으로 만드시오.

┌───┐
as I was walking up the stairs of the Long Island Railroad station in New York.
└───┘

→ _____

4 위 글의 ①~⑤ 중에서 어법상 틀린 것을 바르게 고치시오.

번호   바른 표현

_____ : _____

Exercise 04 아래 지문을 읽고, 물음에 답하시오.

1

We are taught to hide our pain, fake a smile, and put on a brave face. And when most of what we see are perfect smiles displayed on other people's perfectly tanned faces, we begin to believe that we are the odd ones out — because we are sometimes sad or lonely or we don't feel as happy or as content as everyone else appears to be. Ⓐ <u>Not wanting to be the odd ones out and to reveal our shameful feelings</u>, we hide our unhappiness with our own mask, and when asked how we are, we respond, with a wink and a smile, "Just great." And then we run to the psychiatrist's office and command her, though she needs no commanding, to make our sadness go away. We join the march of folly and become accomplices in the great deception that denies Ⓑ <u>our humanity</u>.

1 밑줄 친 Ⓐ와 같은 의미의 절로 바꾸려고 한다. 빈칸에 들어갈 표현을 적으시오.

Not wanting to be the odd ones out and to reveal our shameful feelings,

= Since _____,

2 밑줄 친 Ⓑ의 our humanity가 구체적으로 무엇인지 적으시오.

3 본문 내용을 한 문장으로 요약하려고 한다. 빈칸에 들어갈 표현을 순서대로 쓰시오. (단, ㉠과 ㉢의 문맥에 맞는 표현을 넣고, ㉡은 반드시 본문에서 찾아 그대로 쓸 것)

We have a tendency to ㉠_____ our true feelings especially when we find ourselves ㉡_____ _____ _____ _____ while people around us all seem so ㉢_____.

2

Android is based on open source technology, Ⓐ (처음에는 Apple 및 Microsoft의 유료 기술만큼 세련되지 않은). However, over the past two decades, open source software technology Ⓑ (기존 개발 기술만큼 정교해졌습니다.) This is evident in Internet 2.0, as the majority of the consumer electronics manufacturers have chosen Linux and Java over the Windows and Macintosh operating systems. Therefore, Ⓒ (Android 개발자는 스마트폰뿐만 아니라 네트워크 호환이 가능하여 Android 마켓에 연결할 수 있는 새로운 소비자 전자 장치를 개발할 수 있습니다.)

1 괄호 Ⓐ와 Ⓑ의 우리말을 아래 제시된 단어만을 사용하여 영작하시오.

> Ⓐ (Apple / as / from / Microsoft / at its inception / paid / which / technologies / as / and / refined / not / was)

→ _____

> Ⓑ (development technologies / has / as / sophisticated / become / equally / as / conventional)

→ _____

✔ 고난도

2 괄호 Ⓒ의 우리말을 아래 제시된 단어만을 사용하여 영작하시오.

> the Android Market / can / develop / to / but also for / connect / not only for / Android developers / are / new and emerging / smartphones, / network-compatible / available / and thus / consumer electronic devices / to / that

→ _____
  _____
  _____

3 본문의 내용을 바탕으로 아래 빈칸에 들어갈 단어를 본문에서 찾아 쓰시오. (단, 문맥에 맞게 쓸 것)

> Linux and Java are based on _____ _____ _____ that developers can use for free.

MAGNUS 서술형 시리즈
고등영어 서술형 기본편 6주완성
2024년 1월 5일 초판 발행

저   자   박지성
발 행 인   김은영
발 행 처   오스틴북스
주   소   경기도 고양시 일산동구 백석동 1351번지
전   화   070)4123-5716
팩   스   031)902-5716
등 록 번 호   제396-2010-000009호
e - m a i l   ssung7805@hanmail.net
홈 페 이 지   www.austinbooks.co.kr

ISBN   979-11-88426-91-1(53740)
정   가   18,000원

고등영어 서술형
기본편
6주완성

박지성 편저

정답 및 해설

오스틴북스
AUSTIN Books

MAGNUS
서술형 시리즈

고등영어 서술형
기본편
6주완성

박지성 편저

정답 및 해설

도서 출판 오스틴북스

MAGNUS
서술형 시리즈

MAGNUS

정답 및 해설편

Unit 1 가주어 · 진주어 (1)

Exercise 01

1 It is possible for me to see a doctor at once.
2 It is important for you to work harder.
3 It is very kind of you to help the poor.
4 It is hard for a rich man to enter the kingdom of heaven.
5 It is kind of her to say so.
6 It is possible for individuals to escape the confines of authoritarianism and experience genuine freedom.
7 It is possible for Weber to emphasize that the influence of the Protestant ethic and its ideas could have significantly contributed to the development of capitalism.

Exercise 02

1 It is necessary for her to wear an overcoat this morning.
2 It is wrong for them to give the child everything he wants.
3 It is necessary for us to exchange our ideas and thoughts with others in daily social life.
4 It was cruel of you to say such a thing to him / he was informed of his failing

Exercise 03

1

1 it is very easy for people to hear music from different cultures
2 the variety of music we hear

2

1 a computer screen technique film-makers use to produce spectacular scenes
2 it is impossible for ordinary spectators to tell which is which

🔍해석 이것의 또 다른 본보기는 영화 제작자들이 거창한 장면을 연출하기 위해 사용하는 3-D 컴퓨터 그래픽이다. 컴퓨터 영상 기술은 컴퓨터로 운용되는 모델들과 배우와 실제 장면들을 대단히 자연스럽게 합성하기 때문에 일반 관객들이 어느 것이 어느 것인지(진짜인지 가짜인지) 구별한다는 것은 불가능하다.

3

1 (d) hoping → hope

📄해설 hoping이 되며, look forward to에 걸리는 seeing과 대등한 구조가 되어, We hope이 되어야 "우리가 희망한다"가 되는데 그게 아니면 "당신이 희망하기를 우리가 바란다는 것"이므로 어색하다. and (we) hope that의 형태가 되어야 한다.

2 It is not necessary for you to send a deposit for the room in advance

🔍해석 10월 1일자 편지에 감사드립니다. 이 편지는 당신의 요구 사항에 대한 답신으로, 개인 목욕탕을 갖춘 1인용 객실의 10월 20일, 21일 22일자 숙박에 대한 예약을 확인하여 드립니다. 예약금을 미리 보내실 필요는 없습니다. 당신을 만나 뵙기를 고대하며, 저희와 함께 즐거운 숙박이 되시기를 바랍니다.

Exercise 04

1 There is no friend so good as a good conscience
2 of / to / good conscience

📄해설 본문의 요지는 "젊은이로서 삶의 전장을 살아가는데 양심을 지키는 것은 중요하다"이다. 첫 번째 빈칸은 of + 추상명사가 쓰였다.

해석 젊은이가 삶의 전장을 위해 가질 수 있는 최상의 무기는 양심, 상식 그리고 건강함이다. 바른 양심만큼 좋은 벗도 없다. 나쁜 양심만큼이나 위험한 적도 없다. 양심은 우리를 왕이 되게 만들기도 하고, 노예가 되게 만들기도 하다.

2

1 There are many older people who are capable of making radical leaps in their ability

2 generalisation / apply to

해석 많은 속담이 일말의 진실을 담고 있고, 어떤 것들은 정말로 심오하지만 그것들은 믿을 만한 지식의 원천이 아니며 오해를 불러일으킬 수 있다. 예를 들어, '늙은 개에게 새로운 기술을 가르칠 수 없다.'는 속담을 보자. 이것은 모든 개에게 다 적용되는 것은 아니며, 분명 모든 사람에게 다 적용되는 것도 아니다. 능력면에서 대단한 도약을 할 수 있는 노인들이 많이 있다. 이것은 노화의 영향력을 부인하는 것이 아니다. 요점은, 대략적으로 맞는 내용, 즉 우리가 나이가 더 들어감에 따라 새로운 행동을 배우는 것이 더 어려워진다는 것이 모든 면에서 모든 사람에게 다 적용되는 것은 아니라는 것이다. 기껏해야 그 속담은 노인의 방식을 바꾸는 것이 어려울 수 있다는 생각을 담고 있을 뿐이다.

Unit 2 가주어 · 진주어 구문 (2)

Exercise 01

1 It is strange that you should disagree with me.
  * should 놀람의 의미를 전달한다.

해설 disagree with me와 같은 표현은 "disagree with 사람"과 같이 하나의 덩어리로 암기하도록 한다.

2 It is doubtful whether they will win the game.

3 It is necessary that you should see a doctor right now.

4 It is important that you walk along the road every morning.

5 It is a matter for argument whether it is a good plan or not.

6 It is necessary that we delve into Plato's Allegory of the Cave to grasp its profound implications about the nature of reality.

7 It is impossible that Durkheim's theory on suicide simplistically attributes self-inflicted deaths to individual motives, **as** his work extensively analyzes the social factors and collective influences that contribute to different suicide rates across societies.

해설 whether or not S V 또는 whether S V or not의 형태를 모두 가질 수 있다. 그러므로 whether or not it is a good plan.의 형태도 가능하다.

Exercise 02

1 It is certain that he stayed at home all day long.

2 It is true that people live longer than they did before.

3 It depends on you whether he will go there or not.

4 It is no business of yours whether the work we promised to do is useful or not.

5 It is a tragedy of the modern world that so large a portion of the inhabitants of cities are shut away from natural beauty.

Exercise 03

1

1 It is not surprising that American English is different from the English of Britain

2 alike

해석 비록 미국영어와 영국영어에 차이가 많이 있지만, 그들은 비슷한 것이 훨씬 많다.

2

1 with the same degree of affection as

2 (the) children

🔍 **해석** 아이들이 그들의 부모나 다른 세대에 속하는 그들의 친척들을 그들의 부모나 친척들이 그들을 바라보는 것과 같은 정도의 애정으로 바라보지 않는다는 것은 유감스럽지만 사실이다.

3

1 whether students get good grades or not
2 in advance / until the last minute / catching up

🔍 **해석** 학생들이 좋은 성적을 받느냐 아니냐는 높은 지능지수보다는 그들의 집중력에 달려있다. 높은 성적을 받는 아이들은 자주 정기적으로 그들의 노트를 복습함으로써 미리 시험을 준비한다. 그와는 대조적으로, 저조한 성적을 받는 학생들은 마지막 순간까지 미루다가 재빨리 따라잡으려고 한다.

Exercise 04

1 cognitively mature
2 it is likely that he will incorporate that information into his self-image
3 volunteer to help with

🔍 **해석** 칭찬은 어린 아이들의 행동을 개선하는 데 사용할 수 있는 가장 강력한 도구 중 하나이지만, 그것은 아이의 자존감을 향상시키는 데에도 똑같이 강력하다. 미취학 아동들은 그들의 부모가 그들에게 하는 말을 매우 뜻깊게 여긴다. 그들은 분석적으로 추론하고 잘못된 정보를 거부할 수 있는 인지적 정교함을 아직 가지고 있지 않다. 만약 미취학 소년이 그의 어머니로부터 그가 똑똑하고 좋은 조력자라는 것을 계속 듣는다면, 그는 그 정보를 그의 자아상으로 통합시킬 가능성이 높다. 스스로를 똑똑하고 일을 어떻게 하는지 아는 소년으로 생각하는 것은 그가 문제 해결 노력에 있어 더 오래 지속하도록 하고 새롭고 어려운 일을 시도하는 것에 있어 그의 자신감을 증가시킬 가능성이 높다. 마찬가지로, 자신을 좋은 조력자인 그런 부류의 소년으로 생각하는 것은 그가 집에서와 유치원에서 일을 자발적으로 돕게 할 가능성을 더 크게 만들 것이다.

📘 **어휘** self-esteem 자존 incorporate 통합시키다

Unit 3 It seems(happens) that S V

Exercise 01

1 It seems that he is to stay here tonight.
2 It seems that the he is afraid of the dark, which is completely out of his character.
3 It seems that our pilots did a complete service.
4 It seems that family life is much more connected to social life in America than it is in Japan.
5 It seems that we have more inclement weather moving in.
6 It seems that the characteristics of solar sunspots include dark, cooler regions on the Sun's surface, often accompanied by intense magnetic activity that can lead to solar flares and other space weather phenomena.
7 It seems that Abraham Lincoln held a complex view on the institution of slavery, as he recognized its deep-rooted presence in the United States while gradually evolving towards the belief in emancipation and the eventual abolition of slavery

* have 목적어 V-ing 예 We have more calls coming in. 전화가 더 걸려오고 있어.

Exercise 02

1 It so happens that I met him on the train just yesterday.
2 It seems that more control and power is gained by disasters.
3 If it happens that you travel in a foreign country, you will find how inconvenient it is to travel without knowing the native language.
4 It seems that in ancient times the inhabitants of the Andes kept in touch with the outside world by means of this waterway.

Exercise 03

1

1 All of the important problems in science seemed to be solved.

2 most → almost

해설 내용상 "거의"라는 표현의 almost(nearly)가 옳다.

해석 19세기의 많은 과학자들에게, 과학의 모든 중요한 문제점들이 해결되어 지고 있어서, 미래에는 해결 되어져야 할 과학적 작업이 거의 없을 것만 같았다. 그러나 20세기가 시작됨에 따라서, 거의 모든 과학 분야에서 혁명적인 변화가 발생하기 시작했다.

2

1 It seems that readers in the past were more patient than the readers of today.

2 해석 현재 우리에게 과도하게 보이는 길이

분석 a length / that seems (to us) (now) excessive 로 주격관계대명사 뒤는 seem이 이끄는 2형식 구문이며, to us와 now는 모두 부사에 해당한다.

해석 과거의 독자들은 오늘날의 독자들보다 더 인내심이 있었던 것 같다. 재미있는 오락도 거의 없었고, 그들은 지금의 우리에게는 지나치게 보이는 긴 소설들을 읽을 시간도 더 많았다. 그들은 이야기를 방해하는 여담이나 주제를 벗어나는 말들에 짜증내지 않았을지 모른다.

3

1 it seems surprising that something as mundane as the desire to count sheep was the driving force for an advance as fundamental as written language

2 economic

해석 돌이켜보면 양을 세고 싶다는 욕구처럼 일상적인 것이 문자 언어처럼 근본적인 발전의 원동력이 되었다는 사실이 놀랍게 느껴질 수도 있다. 하지만 누가 무엇을 소유하고 있는지 명확하게 추적할 수 없다면 거래는 의미가 없기 때문에 서면 기록에 대한 욕구는 항상 경제 활동과 함께 해왔다.

Unit 4 It be p.p ~ that S + V

Exercise 01

1 The festival is believed to come from the South Pacific islands.

2 The ceremony is known to be held at the end of July.

3 Greatness is thought to have always been his destiny.

4 A trip to the moon is thought to be made possible.

5 It is thought that if they get some of what they want, perhaps they will desist from their paramilitary activities.

Exercise 02

1 is often said / where it is spoken

2 It is said that / were the first to believe

3 it may safely be said / on the impulse of the moment

Exercise 03

1

1 environment / family

2 (a) are known to be negative

(b) It is likely that a hostile and permissive environment produces an aggressive and delinquent child.

해석 만일 부모들이 부모들의 요구나 훈육에 있어서 엄격하다면 그것이 자녀의 발달에 좋은 것이고, 만일 부모들이 그들의 행동에 보다 관용적이고, 덜 권위적이라면 자녀는 더 나은 심리적인 적응을 가지게 될까요? 만일 가정환경이 냉담하고 적대적이라면, 관용과 엄격함의 효과는 모두 부정적이라고 알려져 있다. 적대적이면서 관용적 환경은 공격적이고 비행을 저지르는 아이를 생산하는 경향이 있고, 반면에, 적대적이면서 규제하는 가정환경은 불안하고 내성적인 아이들을 양육하게 된다.

2

1 It is expected that it will reduce the costs of scientific, commercial and defense needs.

2 The Shuttle is a rocket which can be flown back to Earth like a conventional aircraft and then reused.

3 ③

(c)의 내용은 "하나 이상의 미션을 수행하다"는 의미이므로 이를 가장 잘 반영하는 영영풀이는 선택지 ③이다.

🔍해석 새로운 유인 운송 체계인 우주 왕복선이 NASA에 의해 개발되고 있다. 그것은 과학과 상업 그리고 방위에 필요한 비용을 줄여줄 것으로 예상된다. 그 왕복선은 보통의 전통적인 비행기처럼 다시 지구로 되돌아와서 다시 사용될 수 있는 로켓이다. 그것은 많은 적재 용량을 지니고 있고, 다목적이기 때문에 한 번의 여행에서 한 가지 이상의 임무를 수행할 수 있다. 그 왕복선은 기상 위성이나, 과학 위성을 적절한 궤도에 가져다 놓을 수도 있고, 수리하기 위해 통신 위성을 다시 가져올 수도 있을 것이다.

Exercise 04

1 it is tempting to chop it up into a lot of simple problems, and then knock them off one by one

2 how complicated it is

📋해설 간접의문문: 의문사 + 주어 + 동사

3 have → has

📋분석 [The belief <u>that</u> the entire universe is made up of atoms, or some sort of fundamental particles, and <u>that</u> everything that happens in nature is just the rearrangement of these particles,]s <u>have → has</u> proved extraordinarily fruitful.

📋해설 동격의 that절이 등위접속사 and로 병치되면서 주어가 길어진 경우다. 주어의 핵은 단수명사인 belief이므로 have를 has로 고쳐야 한다.

4 atoms / the entire universe

🔍어휘 complicated 복잡한 tempting 솔깃한, 구미가 당기는 chop up into 토막 쳐서[패서] …으로 만들다 knock something off (일을 간단히) 해치우다 reductionism (격

식; 흔히 못마땅함) 환원주의 in a nutshell 아주 간결하게 methodology (격식) 방법론 discipline 지식 분야; (특히 대학의) 학과목 physics 물리학 atomism (전문 용어) 원자론 (만물을 개별요소로 분리하여 분석할 수 있다고 보는 주의) extraordinarily 비상하게, 엄청나게, 유별나게, 이례적으로 down to ~에 이르기까지 work something out ~을 계산[산출]하다

🔍해석 만약 당신이 하나의 복잡한 문제에 직면해 있다면, 그것을 잘라서 많은 단순한 문제들로 만들고, 그리고 그것들을 하나씩 하나씩 처리하고 싶은 마음이 생길 것이다. 만약 당신이 단순한 많은 문제들을 모두 해결할 수 있다면, 당신이 문제 전체를 해결했다고 이따금 주장될 수 있다. 간단하게 말해서 그것이 바로 환원주의이다. 그리고 방법론적으로 그것은 매우 효과가 있다. 물리학인 나의 학문 분야에서, 이는 매우 놀라운 성공들을 일으킨다. 우리 주변을 둘러보라. 그리고 얼마나 그것이 복잡한지를 보아라, 즉 자연의 풍요로움과 다양함을. 어떻게 우리가 그것을 이해할 수 있겠는가? 자, 시작하는 가장 좋은 방법은 그것을 작은 크기의 조각들로 쪼개는 것에 의한 것이다. 한 예시가 바로 원자론이다. 전 세계가 원자들, 즉 어떤 종류의 근본적인 입자들로 구성되어 있다는 믿음, 그리고 자연에서 발생하는 모든 것은 단지 이러한 입자들의 재배열이라는 믿음은 엄청나게 유용하다고 입증되고 있다. 일단 당신이 개개의 원자들 수준까지 집중을 할 수 있다면, 그것들을 지배하는 법칙들과 원리들을 산출(이해)할 수 있다. 당신이 하고 있는 것이 무엇인지를 상세하게 이해할 수 있다.

Unit 5 It be ~ that(강조구문)

Exercise 01

1 It was with a heavy heart that I made the visit to the hospital.

2 It was in this coffee shop that I first met my wife.

3 It was he who met her in the park yesterday.

4 It is these computers that I would like to repair.

5 It is the income from taxes that pays for public services and the social security system.

Exercise 02

1 It was in 1997 that I started to write English books.
2 It was my sister who broke the window last week.
3 It was around 1,600 that a cash economy in Japan began to play an important part in life.
4 It is we ourselves who must decide what to do.
5 It is not the time but the will that is wanting.

Exercise 03

1

1 the second-language readers' very limited vocabulary knowledge, them from making full use of context clues as well
2 they are forced to guess, guessing

🔍해석 외국어(제2의 언어)로 책을 읽는 유능한 독자들은 방대한 양의 어휘를 자동적으로 인식할 수 있어야 한다. 그들은 제한된 어휘 지식 때문에 항상 불리한 입장에 있다. 그래서 그들은 맞닥뜨리게 될 무수한 알 수 없는 단어들의 뜻을 유추하기 위해 문맥의 단서들을 사용해야 한다. 불행하게도 외국어 독자들의 매우 제한된 어휘 지식은 또한 문맥상 단서를 충분히 사용할 수 있게 하는 것도 방해한다. 다시 말해서 모국어 독자들과 비교했을 때 외국어 독자들의 부족한 어휘 지식은 단어의 의미를 더욱 자주 추측하게끔 한다.

2

1 cooperate / communication
2 **It** **was** our urge to communicate with each other and growing ability to do so **that** was probably the chief factor in the development that made us different from all other animals.

[주의] 과거시제의 문장이므로 It is가 아니라 It was로 표현함에 주의한다.

3 as

📑해설 not so much A as B(= not A but B = less A than B)의 구문이다.

🔍해석 인간은 이야기하기 좋아하는 동물이며 항상 그래왔다. 우리가 볼 수 있는 한에는. 우리를 다른 동물과 다르게 만든 발전의 주요 요소는 아마도 서로 의사소통하고자 하는 욕구와 그러한 능력의 증가였을 것이다. 주된 인류학자들은 현재 가장 초기형태의 인간에게 다른 유인원계통보다 뛰어난 능력을 준 것은 공격성이라기보다는 협동하는 능력이었다는 의견을 가지고 있다. 그리고 협동은 의사소통을 수반한다.

Exercise 04

1

1 Only when their natural enemies such as wolves show up, do deer get frightened and move elsewhere.
2 natural enemies

🔍해석 사슴은 아름답지만 그다지 영리하지는 않다. 그들은 대개 나무에 난 싹이나 작은 나뭇가지, 또는 수분이 많은 과실들을 먹는다. 그러나 종종 그들은 먹이가 하나도 남지 않을 때까지 한 지역에 머물다 죽는다. 늑대와 같은 그들의 천적이 나타날 때에만 사슴들은 놀라 다른 곳으로 이동한다. 거기서 그들은 먹이를 발견하고 살아남을 수 있다.

2

1 **Nor** have his contributions been merely academic
2 aware(또는 mindful, conscious)
3 It is **with explicit intent** that he has elected to fix his powerful intellect upon scientific thought and thus to neglect realms of imagination, emotion, and "lived" experience.

해석지 참고.

🔍해석 피아제의 공헌은 (구차한) 변명할 필요가 없다(명확하다). 거의 모든 사회학자와 마찬가지로, 나는 그에게 많은 것을 배웠다. 그의 공헌은 단지 학문적으로만 머물지 않는다. 예를 들어, 아이 중심의 학습과 "열린 교육"에 대한 현재의 많은 관심은 인지발달과 생각의 속성에 대한 피아제의 관점에 의해서 직접적으로 영감을 받은 것이다. 피아제가 한계를 인식하지 못했다고 말하는 것은 오해하기 쉬운 부분이다. <u>그는 자신의 영향력 있는 지적능력을 과학적 사고에 고정하고, 그러므로 상상력, 감정 그리고 "경험"의 영역을 무시했던 것은 바로 명백한 의도이다.</u>

Unit 6   It ~ that과 not until구문의 활용

Exercise 01

1 It was not until I came back to Korea that I learned my wife had been sick for a year.
2 I didn't realize that I had left my umbrella in the bus until I got off the bus.
3 Not until I left school that I realized the importance of study.
4 It didn't stop raining till this morning.
5 Not until the latter half of the twentieth century did we learn to apply atomic energy to the generation of electricity.

Exercise 02

1 I got home that I found I had lost my pen.
2 was the value of his books recognized by people at large
3 this need did not rise until civilization had grown beyond its earliest stages
4 did he truly understand the weight of his choices and the consequences they carried
5 Not until the concept of "Natural Selection" was formulated did scientists fully comprehend the mechanism behind species adaptation and evolution.
6 It was not until she practiced diligently and persevered through numerous challenges that she truly appreciated the virtue of patience and its transformative power in achieving her goals.

Exercise 03

1

1 embedded / be aired
2 The official <u>historical narrative</u>

3 남한에서 항상 의심의 여지가 있어 왔다
4 not until very recently

🔍해석 한국 전쟁에 대한 공식적인 역사적 서술은 그 역사적 서술에 포함된 반(anti)-북한적인 표현을 포함하여 남한에서 항상 의심의 여지가 있어왔다. 하지만 아주 최근이 되어서야 이러한 새로운 관점과 특히 북한에 대한 새로운 개념이 방송될 수 있었다.

2

1 환경에 대한 통제를 주장하다(내세우다)
2 It **was** not until severe energy shortages and heavy pollution began to interfere with everyday life that we started to question our irresponsible use of the earth's resources. (동사의 시제 주의할 것)
3 ②

📄해설 심각한 에너지 부족의 문제와 오염으로 책임감 있는 자원의 활용을 강조하는 내용을 마지막 문장에서 파악할 수 있으므로 자연을 "활용할 뿐 아니라 보호해야 한다"는 내용으로 전개되어야 문맥이 자연스러우므로 선택지 ②가 가장 적절하다.

🔍해석 원시인들은 자연에 대한 경외감 속에서 살았다. 그러나 우리가 환경에 대한 통제를 주장하기 시작하면서, 자연에 대한 우리의 존경심은 엄청난 정도로 사라져 버렸다. 심각한 에너지 부족과 엄청난 오염이 일상생활을 방해하고 나서야 비로소 우리는 지구자원에 대한 무분별한 사용을 문제시하고 자연을 사용되어야 하는 힘으로서 뿐만 아니라 보호되어야 하는 힘으로 보기 시작했다.

3

1 not until recently were these movements scientifically understood
2 wind
3 making them slide across the ground

🔍해석 데스밸리 국립공원의 마른 호수 바닥인 레이스트랙 플라야는 수면 위를 신비롭게 움직이는 '세일링 스톤'으로 유명합니다. 오래 전, 탐험가들은 바위 뒤쪽의 바닥에서 궤적을 발견하고 이 기이한 현상을 발견했습니다. 하지만 이러한 움직임이 과학적으로 이해된 것은 최근의 일이었습니다. 이전에 어떤 사람들은 바위가 공중에 뜰 수 있다고 주장했습니다. 다

른 사람들은 바위가 자력에 의해 움직인다고 믿었습니다. 마침내 2014년, 저속 촬영에서 돌이 움직이는 모습을 담은 타임랩스 영상이 공개되었습니다. 그 원리는 다음과 같습니다. 먼저 비가 내리면 마른 땅 위에 얇은 물층이 형성됩니다. 이 물은 밤새 얼어붙었다가 아침에 얇은 얼음으로 부서집니다. 그런 다음 바람이 얼음을 바위에 밀어붙여 바위가 땅을 가로질러 미끄러지도록 만듭니다.

4

1 to fake its own death
2 the opossum
3 defense mechanism
4 unattractive
5 it is not until the predator is gone that the opossum wakes from this state

 해석 죽은 척하는 것을 북미 주머니쥐에서 영감을 받아 '주머니쥐 놀이'라고 부르기도 합니다. 위험에 직면했을 때 주머니쥐는 처음에는 쉿 소리를 내거나 으르렁거리거나 이빨을 드러내고 심지어 물어뜯는 행동으로 반응합니다. 이러한 방법이 실패하면 주머니쥐는 비상 계획이 있습니다. 바로 자신의 죽음을 가장하는 것입니다. 극도로 위험한 상황에서는 완전히 가만히 누운 채 입에서 거품을 내며 쓰러지는 동시에 악취가 나는 액체를 분비하여 실제 죽음의 냄새를 풍깁니다. 대부분의 포식자는 먹이를 스스로 죽이는 것을 선호하고 죽은 것처럼 보이는 동물을 내버려두기 때문에 이것은 매우 효과적인 방어 방법입니다. 가장 놀라운 것은 이 행동이 의식적으로 행해지는 것이 아니라는 사실입니다. 대신 포식자를 마주했을 때의 스트레스에 대한 자동 생리적 반응입니다. 일반적으로 포식자가 사라질 때까지는 주머니쥐가 이 상태에서 깨어나지 않습니다.

Unit 7 전치사 of를 사용하는 완전타동사의 활용

Exercise 01

1 I **informed** him **of** her success.
2 I had to **remind** her **that** we were supposed to leave early.

3 You will need to **convince** them **of** your enthusiasm for the job.
4 A policeman **informed** me **of** the right way.
5 He **was convinced of** her being responsible for the accident.
6 The seminar will **inform** the attendees **of** Freud's theory of psychoanalysis and its impact on the field of psychiatry.
7 Through thought-provoking discussions and insightful analysis, the scholar **convinced** her peers **of** the depth and significance of Gogang's art philosophy as a bridge between culture and artistic expression.

Exercise 02

1 The portrait of the young woman <u>reminded</u> him <u>of</u> the happy hours spent in her company.
2 Standing here on the shore of the Atlantic, I <u>informed</u> her <u>of</u> a thing which happened to me thirteen years ago.
3 She <u>satisfied</u> me <u>of</u> a narcissus, and she was so shy that for a long time I hesitated to tell her what I felt for her.
4 Jean Piaget's theory of cognitive development <u>reminds</u> us <u>of</u> the intricate process through which children construct knowledge and understanding of the world around them.
5 Noam Chomsky's Poverty of the Stimulus theory aims to <u>convince</u> linguists <u>of</u> the innate nature of language, suggesting that the limited and imperfect input children receive is insufficient to account for the remarkable linguistic abilities they develop.

Exercise 03

1

1 (a) your friend kindly reminds you of your faults / (b) what he says
2 현명하고 도움이 되는 친구만큼 가치 있는 보물은 없다.

해석 만일 너의 친구가 너의 잘못을 친절하게 상기시켜주면, 그가 하는 말을 즐겁게 또한 고맙게 받아들여라. 현명하고 도움을 주는 친구만큼 가치 있는 보물은 없다. 그런 친구만이 우리의 잘못을 상기시켜 줄 수 있다.

2

1 those who have made good use of their university studies
2 be convinced of
3 what to read and how to understand it

해석 사람의 교육은 평생 독서하기 위한 하나의 지침서가 되어야 하며, 나는 대학 교육을 잘 활용해온 사람은 세계의 위대한 책과 자기 나라의 문학서를 읽는 것의 중요성을 잘 알 것이라고 확신한다. 그들은 무엇을 읽고, 읽은 것을 어떻게 이해해야 하는지를 알 것이다.

Exercise 04

1 what people really want is a mate that has qualities like their parents
2 what makes faces attractive
3 mom and dad(parents)

해석 최근 연구에 따르면 사람들은 정말로 그들의 부모와 같은 특징을 지닌 배우자를 원한다고 한다. 여성들은 아버지와 닮은 남성을 추구하고 남성들은 이상적인 여성에서 자신의 어머니를 볼 수 있기를 원한다. 인지심리학자인 David Perrett은 무엇이 얼굴을 매력적으로 만드는지를 연구했다. 그는 자신의 욕구에 맞도록 얼굴을 계속해서 변화시킬 수 있는 컴퓨터 영상정보처리 시스템을 개발했다. Perrett에 의하면 우리 자신의 얼굴이 우리가 어렸을 때 계속해서 본 엄마와 아빠의 얼굴을 상기시켜 주기 때문에 우리들은 우리 자신의 얼굴을 매력적이라고 생각한다.

Exercise 05

1 Karl Marx's theory of Marxism informs us of the socio-economic structures shaping human history and the class struggle dynamics underpinning society

2 ultimately leading
3 Ⓐ the ultimate fate of capitalism
Ⓑ Capitalism will inevitably lead to its own downfall through a proletarian revolution
Ⓒ the proletariat will unite to overthrow the capitalist system

해석 칼 마르크스의 마르크스주의 이론은 인류 역사를 형성하는 사회경제적 구조와 사회를 지탱하는 계급투쟁의 역학 관계를 알려준다. 그는 생산 수단의 사적 소유와 부르주아지의 프롤레타리아 착취를 특징으로 하는 자본주의는 불평등을 영속화하며 궁극적으로 프롤레타리아 혁명을 통해 몰락할 것이며, 필요에 따라 부를 나누고 노동을 착취하지 않는 계급 없는 공산주의 사회로 가는 길을 열어줄 것이라고 주장했다. 마르크스의 사상은 논쟁에도 불구하고 정치 및 사회 사상에 깊은 영향을 미쳐 노동자의 권리와 사회 정의를 위한 운동에 영감을 주었으며, 인류 역사의 복잡성과 보다 공평한 세상을 향한 지속적인 탐구에 대한 통찰력을 제공했다.

Unit 8 목적보어로 to부정사를 취하는 5형식 구문

Exercise 01

1 I **want** you **to come** right now.
2 He didn't **allow** her **to go** out that night.
3 I will **get** him **to fix** the car.
4 He **helped** me **to wash** the car.
5 Our teacher **encouraged** us **to think** for ourselves.

Exercise 02

1 The lighthouse is lit at night in order to show the entrance to the harbor and to enable the ships to find the best passage.
2 Books are very important to mankind, since they preserve knowledge and entreat it to gather from generation to generation as a rolling snowball gathers snow.

3 The first thing he did on entering his office was to read his mail, then call for a secretary and get her to type the replies.
4 Pumla Gobodo-Madikizela wants her readers to understand the psychological effects of trauma and violence on both victims and perpetrators.
5 Gilles Deleuze encourages filmmakers to break free from conventional narrative structures and explore the potential of "time-image" cinema, where time becomes a central element in the film's composition.

Exercise 03

1

1 Psychology develops its own special language too.
2 it allows psychologists to accurately describe the phenomena they are discussing

🔍해석 모든 과학 분야는 일상적인 말이 적절치 못하기 때문에 그 고유의 특수한 용어를 발전시키는 경향이 있는데, 심리학도 다르지 않다. 이런 전문적인 특수 용어의 목적은 비(非)심리학자들을 미혹시키기 위한 것이 아니며, 오히려 그것은 심리학자들로 하여금 그들이 다루는 현상들을 정확하게 설명하고 서로 의사전달을 효과적으로 하게 해준다.

2

1 arguing
2 early exposure to fiction can cause children to overly identify with fictional characters
3 it was society's moral obligation to exercise control over everything children see, hear, or read

🔍해석 소크라테스의 제자 중 한명이자 그리스 철학자인 플라톤은 그의 선생의 죽음 이후에 유명한 검열 옹호자가 되었다. 그의 철학적 논문 국가론에서 플라톤은 지나치게 이른 나이에 소설에 노출되는 것은 아이가 소설에 등장하는 인물과 과도하게 동일시하는 것을 유발하고 따라서 그들의 가장 나쁜 특징을 모방할 수 있다고 주장하면서 아동용 문학 자료에 대한 엄격한 검열을 주장한다. 그래서 플라톤은 아이들이 보고 듣고 읽는 모든 것에 대해 통제를 하는 것은 사회의 도덕적 책무라고 강력히 주장했다.

Exercise 04

1 these differences often cause local conflicts to grow into larger wars
2 (a) facing (b) cultural differences

🔍해석 냉전 이후의 세계는 매우 다른 장소이다. 권력이 서구 국가들로 부터 세계의 다른 지역으로 이동하고 있다. 그 결과로 세계 정치는 다양한 문명을 가진 나라들이 연루되어 더 복잡해졌다. 이 새로운 세계에서, 문화적 차이점과 공통점은 둘 다 동지와 적을 결정한다. 이런 요소들은 국가간의 정치적 경제적 격차를 야기한다. 더욱이, 이런 차이들 때문에 종종 지역적 갈등이 더 큰 전쟁으로 확대된다.

Exercise 05

1 the theory of evolution enables organisms to adapt and thrive in their ever-changing environments
2 evolution provides a framework that allows individuals with advantageous traits to have a higher chance of survival and reproduction

🔍해석 진화론은 자연 선택과 유전적 변이의 힘을 통해 유기체가 끊임없이 변화하는 환경에 적응하고 번성할 수 있게 해준다. 진화는 특정한 변화를 강요하는 대신, 유리한 형질을 가진 개체가 생존과 번식 확률을 높일 수 있는 틀을 제공한다. 시간이 지남에 따라 이러한 유익한 형질은 개체군에서 더욱 널리 퍼져 종의 점진적인 변화와 다양화로 이어진다.

Unit 9 특정 전치사 from과 함께 쓰는 3형식 문장

Exercise 01

1 The heavy rain **prevented** us from going out.
2 사One must **know** good from bad.
3 Some companies **prevent** their employees from using cameras at work for security reasons.

4 The doctor **forbade** her to smoke.

5 He tried unsuccessfully to **dissuade** his friend from joining the marines.

6 To prevent AI from making biased decisions, robust ethical guidelines and continuous monitoring must be implemented.

7 The emphasis on individual emotions and imagination in Romanticism prohibits it from conforming to the strict rules of neoclassical artistic conventions.

Exercise 02

1 A strong bond of trust and open communication can prevent misunderstandings from damaging a relationship

2 You need some fears to keep you from doing foolish things.

3 There were only two ways in which people could hinder great happenings from being forgotten.

4 The installation of security measures can prevent unauthorized individuals from accessing sensitive data.

5 The complex language and abstract concepts in Seon (Korean Zen) philosophy can hinder beginners from grasping its deeper meanings and insights.

Exercise 03

1

1 are required to

2 persuade the board to adopt other rules that benefit them in the end

3 hinder new barbers from moving to the state

4 ⑤

해설 명사절 접속사 that으로 쓰인 것은 선택지 ⑤이다.

해석 이발사 위원회는 어떤 규칙들이나 표준을 주장한다. 예를 들어 모든 이발사들은 빗을 살균할 것, 개처럼 텁수룩한 고객은 거절할 것을 요구받는다. 위원회의 개입은 이발사들을 약간 귀찮게 할지도 모르지만, 그들은 위원회로 하여금

그들에게 많은 혜택을 줄 수 있는, 특히 진입 장벽을 제한하는 것과 같은 다른 규칙들을 채택해 달라고 설득할 수 있게 된다. 위원회는 이발사들이 적어도 3년 동안 최소 임금으로 인턴을 마쳐야 한다고 요구함으로써 새로운 이발사들이 그 주에 유입되는 것을 막을 수 있다.

2

1 the unknown many whose patient efforts keep the world from running backward are <u>no less important than the brilliant few that lead a nation or a literature to fresh achievements</u>.

2 pass on what they inherited from their fathers / to their sons

* pass on A to B의 숙어 표현 암기할 것.

해석 우리들 중 많은 사람들은 유명해지거나 심지어는 사람들의 기억에 남게 될 것 같지는 않다. 하지만 알려지지 않은 많은 사람들도 한 나라나 문학을 신선한 업적으로 이끈 뛰어난 소수에 못지않게 중요하다. 그런데 바로 그들의 인내심 있는 노력이 세상이 후퇴하지 못하도록 막아주고, 그들은 또한 비록 새로운 가치관을 만들어내지는 못하지만 옛 가치관을 지키고 유지하며, 또한 선조들로부터 물려받은 것을 손상되지 않고 축소되지 않은 채로 후손에게 물려주는 것이 그들의 눈에 보이지 않는 업적인 것이다.

Exercise 04

1 (a) separate the facts from the fallacies surrounding the aging process

* separete A from B의 숙어 암기할 것.

(b) divide the factors determining who will live longer into two categories

* divide A into B의 숙어 암기할 것.

2 Several elements influencing longevity are set at birth

3 life expectancy

4 (A) fixed (B) changeable

해석 더 오래 사는 방법은 수 세기 동안 인간을 매료시킨 화두였다. 오늘날 과학자들은 노화 과정과 관련된 사실과 오류를 구분하기 시작했다. 일부의 사람들은 완숙한 노년에 도

달하는데 어떤 사람들은 왜 그렇지 않은가? 일부 과학자들은 누가 더 오래 살지를 결정하는 요인을 2가지 범주로 나누고 있다. 장수에 영향을 주는 여러 가지 요소는 출생 시에 결정된다. 성별, 인종, 유전은 바뀔 수 없다. 예를 들어, 여성은 남성보다 오래 산다 — 태어나는 순간부터 그들의 기대수명은 7살이나 8살 더 길다. 그러나 놀랍게도, 바뀔 수 있는 다른 많은 요소가 있다. 예를 들어 흡연, 음주, 부주의한 운전은 사람의 수명을 단축시킬 수 있다.

 fallacy 오류 longevity 장수

Unit 10 — 공급동사 A with B 구문

Exercise 01

1 The programs would **provide** workers **with** information about risk of injuries.
2 We cannot **entrust** him **with** the work.
3 My job **provides** me **with** the opportunity to meet new people every day.
4 The lake **supplies** the village **with** 50 tons of water a day.
5 The king **conferred** large privileges **on** them.
6 The country **bestowed** her highest medal **on** him.

Exercise 02

1 They put pressure on employers and politicians to make a law to provide help for workers who became hurt or ill while on job.
2 The forest endowed primitive man with food, fuel and building material, affording him also protection against enemies and bad weather.
3 You should be sure to provide your clients with exactly the information they need.
4 The prestigious literary award was conferred on the talented yet humble author.

5 Emerson's transcendentalist philosophy furnishes individuals with profound insights into the interconnectedness of nature and self, guiding them towards a deeper understanding of their place in the universe.

Exercise 03

1

1 believing
2 this smaller seed could provide a superior harvest for them
3 to be imitated
4 reluctant / Additionally / hesitant / result in

🔍해석 교배종 옥수수는 많은 농부들이 매우 서서히 받아들였다. 교배종 옥수수는 전통적 옥수수에 비해 20% 이상 많은 수확량을 제공했지만, 많은 농부들은 이 더 작은 씨앗이 더 많은 수확을 제공할 수 있다는 것을 믿기 힘들었다. 수확의 실패가 농장을 잃게 될 가능성을 포함하여 심각한 경제적 결과를 가져올 수 있기 때문에, 그것(교배종옥수수)을 시험해 보는 것을 농부들은 보통 꺼려했다. 그래서 농촌 진흥청 담당자는, 다른 농부들이 가장 존경받고, 따라할 가능성이 가장 큰 농부들을 노리면서, 교배종 옥수수를 시험해 볼 가장 진보적인 농부들을 찾아냈다.

2

1 Unkind circumstances of their parents prevent many children from living normal lives
2 ⑤

📋해설 형용사용법의 관계부사는 ⑤이다. ②와 ③은 when이 명사, 대명사로 각각 쓰인 경우이다.

3 ① the most serious and immediate moral obligation for men and women
② make great efforts to change such circumstances for the better

🔍해석 아이들이 원하지 않거나 그들에게 삶의 필수품을 제공해줄 수 없는 부모에게서 태어날 때 모든 인류는 고통을 겪는다. 그들 부모의 몰인정한 환경이 많은 아이들이 정상적인

삶을 살지 못하도록 한다. 사람들에 대한 가장 심각하면서도 임박해 있는 도덕적 의무는 그러한 상황을 보다 좋은 쪽으로 변화시키기 위해 큰 노력을 기울이는 것이라는 사실을 예리하게 인식해야하는 때가 온 것 같다.

❸

1 Ⓐ burying the dead with things they might need in the afterlife
Ⓑ what the board game indicates is that the dead person was wealthy

2 ⓒ Only someone who was educated and didn't need to work could spend time playing them
Ⓓ The likely purpose of burying the board game was to provide the dead person with entertainment in the next world

🔍**해석** 많은 고대 문화에서 볼 수 있는 전통 중 하나는 음식, 무기, 의복 등 사후 세계에서 필요할 수 있는 물건과 함께 죽은 자를 매장하는 것입니다. 하지만 노르웨이 서부의 고고학자들은 초기 철기 시대로 거슬러 올라가는 무덤에서 예상치 못한 물건, 즉 보드 게임을 발견했습니다. 보드판 자체는 사라졌지만 고고학자들은 주사위와 게임 조각을 발견했습니다. 고고학자들은 보드게임을 통해 죽은 사람이 부자였다는 것을 알 수 있다고 믿었습니다. 고대 문명에서 보드 게임은 사회적 지위와 권력의 상징이었기 때문입니다. 교육을 받고 일할 필요가 없는 사람만이 보드게임을 하며 시간을 보낼 수 있었습니다. 보드게임을 묻은 목적은 다음 세상에서 죽은 사람에게 오락을 제공하기 위한 것이었을 가능성이 높습니다.

Unit 11 S + V + O + as 형 3형식/5형식 문장

Exercise 01

1 He **described** her **as** a movie star.
2 I **thought of** him **as** workaholic.
3 Association **has been thought of as** the basis of creative thinking.

4 People always **refer to** her **as** "reasonable."
5 The 21st century can **be referred to as** the digital age.
6 I **regard** every assignment **as** a challenge.

Exercise 02

1 In every English school sports play a very important part and their influence in education is regarded as essential to the development of the English character.
2 Americans look upon automobiles as nothing but a means of transportation, and therefore any car which can run is satisfactory.
3 Gathering shells on the seashore would probably be looked on today by many as an amusement fit only for children.
4 Thales of Miletus, known as one of the early Greek philosophers, posited that water was the fundamental element constituting the natural world.
5 In ancient times, many philosophers looked upon Democritus as the pioneer who proposed the atomic theory, regarding him as the first to suggest that matter is composed of indivisible and indestructible particles known as "atoms."

Exercise 03

❶

1 One cannot correct one's faults without knowing them
2 I always looked upon those who told me of mine as friends
3 being displeased

🔍**해석** 사람은 자기의 결점을 모르고서는 결점을 고칠 수 없다. 그래서 나는 세상 사람들이 흔히 그러기 쉽듯이, 기분 나빠하거나 화를 내는 대신에 나의 잘못을 나에게 말해 주는 사람들을 항상 친구로서 여겼다.

2

1 the routes over which he must travel and transport his products

2 사람의 습관과 욕망까지 결정한다

📑해설 go far to = go so far to ~ "(심지어) ~까지 하다"라는 의미다.

3 Civilization has been defined as a process of conquering nature

🔍해석 자연은 엄청난 정도까지 인간이 어디에 살지, 어떤 종류의 일을 할지 무엇을 생산할지와 어떤 길로 가서 제품을 옮겨야 할지를 결정하기 때문에, 천연자원은 역사에 큰 영향을 미친다. 인간의 경제적 삶에 끼치는 자연의 영향 때문에 자연 환경은 인간의 습관과 바람, 그리고 심지어는 사회적, 정치적 견해를 결정하기까지 한다. 문화는 자연을 정복하는 과정으로 정의 내려지고 있다. 인간이 자연을 변화시키고, 자연이 인간을 변화시키고 있다.

Exercise 04

1 exhibits traits that we have traditionally described as "feminine.

2 which(that) are seen as / seen as

3 (a) biological (b) culture

🔍해석 그녀의 선구적인 인류학 연구에서 Margaret Mead는 뉴기니에 사는 독특한 세 부족을 관찰했다. 세 부족 중 하나인 아라페시 족은 남성과 여성 모두 따뜻하고, 협조적이며, 자녀를 양육하기를 기대하며, 대개 전통적으로 '여성적'이라고 말하는 특징을 보여준다. 대조적으로, 먼두구모르 족 사이에서 남녀는 우리 사회에서 '남성적'으로 여겨지는 특징을 보인다. 마지막으로 참불리 족에서 여성들은 지배적이고, 통제를 하며, 열심히 일을 하는 반면에, 남성들은 정서적으로 의존적이며 책임감이 없다. 종종 생물학이 남녀 차이의 원인이라는 견해에 반대 주장을 하는 많은 인류학자들이 종종 유명한 Mead의 연구를 인용한다. 유전적인 특징이 인간의 행동을 결정한다면, 이 세 문화와 우리 문화의 차이는 말할 것도 없이 세 부족의 생활에서 보여주는 큰 차이를 어떻게 설명할 수 있을까?

Unit 12 비난, 보상 동사의 3형식 문장

Exercise 01

1 The teacher **reproached** him **for** lack of attention.

2 "I want to thank Jennifer for their invaluable support during my challenging times.

3 He will **blame** you **for** neglecting your duty.

4 She **was reproached** by colleagues **for** leaking the story to the press.

5 You might **be excused for** thinking that Ben is in charge.

Exercise 02

1 My mother scolded me for my thoughtlessness and bade me say goodbye to them.

2 In all honesty, we cannot blame the kids for playing pranks.

3 The boy was highly praised for his bravery by his teacher.

4 The boss blamed me for the team's failure to meet the deadline, even though I had already completed my part of the project well in advance.

5 Experts and analysts, seeking a scapegoat to rationalize the chaotic state of affairs, readily blame the incumbent administration for exacerbating the financial crisis and fostering a climate of uncertainty, while conveniently overlooking the deeply entrenched systemic issues that have long plagued the nation.

Exercise 03

1

1 when once he had resolved on a thing

2 scolded his poor wife for everything

3 그 여자는 그의 제안에 마지못해 동의하고 말았다

🔍해석 그러나, 그 여자의 남편은 일단 어떤 일을 결심하면, 쉽게 그의 목적을 버리지 않는 사람이었다. 그래서 그는 이야기하고, 논쟁하고 그리고 모든 것에 대해 불쌍한 아내를 꾸짖고 하여, 드디어 그 여자는 그의 제안에 마지못해 동의하고 말았다.

2

1 ④

📋해설 집단에 속하는 내용을 전달하는 용례는 선택지 ④이다. ①은 소유, ②는 출신, 혈통 ③은 구성 ⑤는 소속을 각각 나타낸다.

2 Globalization is usually blamed for it

3 About half of the world's languages are expected to go extinct. (같은 내용이면 답으로 인정)

4 disappear, preserving, endangered

🔍해석 오늘날 지구에서 사용되는 7,000개 정도의 언어 중 반 정도는 이번 세기 말 사라질 것으로 예상된다. 세계화는 보통 그 점에 대해 비난을 받지만 현대의 몇 가지 요소, 특히 디지털 기술은 그 흐름을 거스르고 있다(반대로 작용하고 있다). 예를 들어, Siberia의 유목 민족들이 사용하는 토착 언어인 Tuvan은 단어의 발음을 가르쳐 주는 iPhone 어플에서 이용가능하다.

Exercise 04

1 In western democracies, songs have been rejected by radio stations owing to their lyrical content.

2 (다) – (가) – (라) – (나)

3 banned / unexpectedly popular

🔍해석 정부는 흔히 정치적인 이유로 특정 예술 작품의 공연이나 배포를 제한하려고 애써 왔다. 특히 전체주의 정권은 문학, 연극, 그림, 그리고 그 밖의 다른 예술 형식들을 검열하려고 해왔다. 서구 민주주의에서는 가사 내용 때문에 라디오 방송국에 의해서 노래가 거부되었다. 하지만 이런 행동은 흔히 대중들의 호기심을 사로잡아 실제로는 반대의 결과를 낳았다. 1989년에 유명한 인도의 작가인 Salman Rushdie는 '악마의 시'라는 제목의 책을 출판했는데, 그 책의 내용은 이슬람 근본주의자들 사이에서 분노를 일으켰다. 그 결과 이란의 정

신적인 지도자 Ayatollah Khomeini는 Rushdie를 변절자로 비난하고 그의 처형을 약속했다. 몇몇 국가들은 그 책의 출판을 금지했다. 그런 비난은 그 작가의 생명을 심각한 위험에 처하게 했지만, 또한 Rushdie 최고의 책으로 여겨지지도 않는 그 책의 판매를 크게 끌어올리기도 했다.

어휘 distribution 배포 totalitarian 전체주의의 regime 정권, 정부 lyrical 가사의 condemnation 비난, 유죄 판결

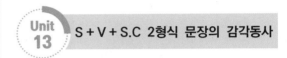

Unit **13** S + V + S.C 2형식 문장의 감각동사

Exercise 01

1 good

2 expensive

3 a whistle

4 nice

Exercise 02

1 The new restaurant in town looks like a cozy place to have dinner with its dim lighting and rustic decor.

2 The singer's voice sounds like an angel, captivating the audience with her powerful and melodious vocals.

3 After a long day at work, I feel exhausted and just want to relax on the couch.

Exercise 03

1 Which sounds better : 'I came, I saw, I conquered' or 'I came, saw and conquered'?

2 Can anyone find a constellation that looks like a big S? That's one of the biggest constellations we can see in summer.

3 If you triumph over the other man and shoot his argument full of holes, you will feel fine.
4 The Baroque period's philosophical ideas sounded revolutionary, challenging the established norms and fostering a new perspective on art and human existence.
5 According to the Gestalt psychology theory, objects that look like they belong together tend to be perceived as a unified whole, even if they are physically separate.

Exercise 04

1

1 She looked confused for a moment
2 there was a moment of confusion
3 she didn't know which way to turn her head

🔍해석 언젠가 나는 첫 데이트 상대에게 "너에게 goodnight 키스를 해도 될까?" 라고 말했다. 그녀는 잠시 당황스런 표정을 하더니 "응"이라고 말했다. 나는 그녀의 뺨에 키스를 하기 위해 다가섰는데, 순간 그녀의 입술에 키스를 할지 아니면, 뺨에 키스를 할지 혼돈스러웠다. 그리고 그녀는 어느 쪽으로 고개를 돌려야 할지를 몰랐다.

2

1 make himself look as little like a learned man as he could
2 treated

🔍해석 어떤 저명한 교수가—그는 여행을 자주 했는데—여행할 때 될 수 있으면 학자티를 내지 않으려고 애쓰곤 했다. 그런데 그 결과로, 그가 흔히 느꼈듯이, 보통 사람들과 좀 갈라져 있다고 느끼는 대신에, 자기를 좋은 친구로서 편안한 호의로서 맞아 주는 것을 발견했다고 그는 말했다.

Exercise 05

1 Aristotle developed an entire theory of physics that physicists today find odd and amusing / Yet anyone who has ever pushed a heavy box along a street knows that Aristotle was right
2 (a) sensible (b) incorrect

🔍해석 일반인의 생각으로 분류되는 많은 잘못된 생각들이 있다. 그런데 오로지 소박한 평민들만이 이러한 잘못된 생각을 갖고 있는 것은 아니다. 아리스토텔레스는 오늘날 물리학자들이 이상하고 우습게 생각하는 하나의 총체적인 물리학 이론을 펼쳤다. 예를 들어 아리스토텔레스는 움직이는 사물은 무언가가 그것을 계속 밀고 있을 경우에만 계속 움직인다고 생각했다. 오늘날 물리학자들은 "그것은 터무니없는 생각이다. 움직이는 사물은 어떤 힘이 그것을 멈추기 위해 사용되지 않는 한 계속 움직인다."라고 말한다. 그러나 길에서 무거운 박스를 밀어본 적이 있는 사람이라면 아리스토텔레스의 생각, 즉 당신이 계속 밀지 않으면 그 움직임은 멈춘다는 생각이 옳다고 알게 된다. 아리스토텔레스의 이론은 형편없는 물리학일지 모르지만 그것은 우리가 실제 세계에서 볼 수 있는 것을 꽤 그럴듯하게 설명한다.

Exercise 06

1 (가) Ⓐ With predators hiding around every corner / Ⓑ it's not easy for many animals to survive in the wild
(나) by inflating its front part to form a diamond-shaped head
(다) the caterpillar looks like a snake with large eyes
(라) With the caterpillar's camouflage giving it a frightening appearance
2 ㉠ found ㉡ are preyed upon,

🔍해석 구석구석에 포식자가 숨어 있기 때문에 많은 동물이 야생에서 살아남는 것이 쉽지 않다. 그렇기 때문에 일부 사람들은 포식자를 속이기 위해 위장술을 개발했다. 아프리카와 남아메리카의 많은 지역에서 발견되는 Hemeroplanes triptolemus라고 불리는 나방의 애벌레가 한 가지 예이다. 뱀을 흉내내어 애벌레를 좋아하지만 뱀의 먹이가 되는 새를 쫓아낸다. 뱀 애벌레는 앞부분을 부풀려 다이아몬드 모양의 머리를 형성함으로써 이를 수행한다. 이렇게 하면 머리에 있는 눈 모양의 표시가 커지므로 애벌레는 큰 눈을 가진 뱀처럼 보인다. 애벌레의 위장은 무서운 모습을 보여주므로 새들은 멀리 떨어져 있다. 또한 물지 못하고 독이 없는데도 공격하는 뱀처럼 몸을 움직일 수 있다.

Unit 14 · 5형식 문장의 지각동사 구문

Exercise 01

1 go / going
2 run / running
3 carried
4 enter / entering
5 touched

Exercise 02

1 While he was taking a walk last evening, near the church he noticed someone cry out for help.
2 On the fifth night I heard my name whispered through the keyhole.
3 When they saw him walking on the lake, they thought he was a ghost. They cried out, because they all saw him and were terrified.
4 The professor saw his pupils deeply inspired by Max Weber's innovative approach to understanding the relationship between religion and capitalism
5 I listened to the linguistics professor talking about Krashen's Input Hypothesis, which posits that language acquisition occurs when learners receive comprehensible input that is just slightly beyond their current level of understanding.

Exercise 03

1

1 try to make myself that pleasant
2 as good as I see others wicked

🔍해석 나는 유쾌하지 못한 사람을 만나면, 그 만큼 유쾌해지려고 노력한다. 나는 다른 사람이 거친 만큼 부드러워지려고 노력하고, 다른 사람들이 부정직한 만큼 정직하고 다른 사람들이 사악한 만큼 선하려고 노력한다.

2

1 시선을 던졌다(= 눈길을 돌리다)
2 my heart bounded like that of a prisoner set free
3 I felt an inextinguishable curiosity kindle in my mind

🔍해석 망망대해로 나의 시선을 던졌을 때, 나의 가슴은 석방된 죄수의 가슴처럼 뛰었다. 내 마음속에 끌 수 없는 호기심이 불타는 것을 나는 느꼈으며, 이 기회를 붙잡아 다른 나라들의 풍습을 보겠다고 결심했다.

Unit 15 · 5형식 구문의 사역동사

Exercise 01

1 check
2 carried
3 be touched
4 repair
5 leave

Exercise 02

1 We do not know how these early people lived, where they lived, what they ate, or when they first thought of making other things serve them, besides their own hands and feet and natural strength.
2 If your accent is wrong, you may not be able to make yourself understood.
3 Some people think that animals in a zoo are unhappy, because they are made to live in a climate which is strange to them.
4 An actor's job is to enter the lives of us and different people, and let you feel what that feels like.

5 Buenos Aires native Martin Ron, a self-taught artist known for vibrant colors that blend with surreal imagery, showcased his mesmerizing murals in a prestigious art exhibition recently held in London's renowned art district.

Exercise 03

1

1 their children are less likely to survive(같은 내용의 표현이면 정답 처리)

a low possibility 뒤에 동격의 that이 오는 점에 유의한다.

📘해설 자식의 생존 가능성이 높은 상황에서 사람들은 굳이 많은 아이를 낳지 않는다는 말은 그렇지 않은 상황에서 생존율을 최대한 높이는 방법으로 많은 자식을 낳는다는 말이다.

2 the choice to make work and parenting more compatible

3 a decision to have fewer children aided by better education

4 affects → affect

📘해설 관계대명사와 전치사구로 주어가 길어진 형태로 주어의 핵은 opportunities이므로 affects를 affect로 고쳐야 한다.

🔍해석 무엇보다도, 자신들의 자녀가 생존할 가능성이 더욱 높다는 것을 확신하면 사람들은 더 적은 수의 자녀를 낳는 것을 선택할 것이다. 부유한 국가의 사람들에게는, 일과 육아를 더 잘 병행하게 하는 선택이 더 나은 교육에 의해 지원을 받으면서 더 적은 수의 자녀를 낳겠다는 결정을 분명히 가져왔다. 숫자 면에서 늘어나고 질적인 면에서 나아지고 있는 여성의 직업기회도 그 결정에 영향을 미친다.

2

1 Having lots of dead wood prevents them from growing the new(wood).

2 needless possessions

🔍해석 사람들은 그들의 사적인 발전을 방해하는 데 적극적으로 도움을 주는 너무나 많은 불필요한 죽은 나무를 어떤 불필요한 소유물의 형태로 종종 가지고 다닌다. 장미나 나무와 마찬가지로, 그들이 죽은 나무로 가득 찰 때 그것은 새로운 것의 성장을 방해한다. 죽은 나무를 잘라 내고 그렇게 하는 용기를 내는 것의 결과로 생기는 자유를 느껴라. 그런 다음에 당신의 삶이 다시 숨을 쉬고, 가망성이 더 큰 새싹을 내보내고, 더 깊은 뿌리를 아래로 내리고, 당신의 성장이 새로운 방향으로 뻗치게 하라.

3

1 the bear walk across the land made me feel joy

2 matter

3 was seen as prey by the bear

🔍해석 로키산맥에서 2주간의 여행 중, 나는 자연 서식지에서 회색곰 한 마리를 보았다. 처음에 나는 그 곰이 땅을 가로질러 걸어가는 모습을 보았을 때 기분이 좋았다. 그것은 이따금 멈춰서서 고개를 돌려 깊게 코를 킁킁거렸다. 그것은 무언가의 냄새를 따라가고 있었고, 나는 서서히 거대한 이 동물이 내 냄새를 맡고 있다는 것을 깨닫기 시작했다! 나는 얼어붙었다. 이것은 더는 멋진 경험이 아니었고, 이제 생존의 문제였다. 그 곰의 동기는 먹을 고기를 찾는 것이었고, 나는 분명히 그의 메뉴에 올라 있었다.

Unit 16 5형식 준사역동사

Exercise 01

1 to review

2 I got my hair done yesterday.

3 turned

4 do, to do

5 cook, to cook

Exercise 02

1 Early in the spring when the strawberries began to ripen, everybody went from place to place helping the farmers to gather them.

2 In church on Sundays he spoke to the people about God, and tried to help them live good lives.

3 When anything is too big for one ant to carry, it bids other ants (to) help it.

4 Getting John to understand quantum mechanics in just one day proved to be an impossible task.

5 I had an extremely hard time getting the stubborn horse to gallop gracefully through the muddy terrain

Exercise 03

1

1 the evenings closed in early

📄해설 이어지는 노인의 추가적인 예언 이전의 내용을 말하므로 the evenings closed in early가 정답이다.

🔍해석 날이 빨리 저무니, 올 때는 내가 간 길로 돌아오지 말라고 그는 나에게 일렀다. 그 외에도 Adam 노인은 얼마 안 있어 눈이 내릴 거라고 예언했다.

2

1 There are few things that I enjoy more than learning something new

2 My father got me started when I was a kid

3 when I can see myself improving in an area I've targeted for growth

🔍해석 나는 개인적 성장에 대한 광신도라는 사실을 인정해야 한다. 새로운 것을 배우는 것보다 내가 더 즐기는 일은 거의 없다. 내가 어렸을 때 아버지가 처음 나를 이렇게 만들어 주었다. 그는 내가 배우고 성장하는 데 도움이 될 책을 읽을 수 있도록 나에게 돈을 주었다. 이제 나는 나이가 50대 후반이지만, 아직도 내가 성장을 목표로 해왔던 분야에서 발전하고 있는 자신의 모습을 보는 것을 매우 좋아한다.

Exercise 04

1 This type of meditation is designed to help you calm your breathing, relax muscles, and keep anxious thoughts away

2 wonderings

📄해설 If your mind **wanders**, you ignore any thoughts and come back to the sound or phrase. 밑줄 친 표현의 명사형을 쓰는 문제이다.

3 how your mind affects your body

🔍해석 명상하는 데는 한 가지 이상의 방법이 있다. 초월적 명상이라고 불리는 한 가지 방법(유형)은 호흡에 주의를 기울이며 단 하나의 소리나 문구에 초점을 두면서 조용히 앉아 있는 것이다. 만일 마음이 집중되지 않으면(산만하면), 어떤 생각도 무시하고 그 소리나 문구로 되돌아간다. 이런 유형의 명상은 호흡을 가라앉히고, 근육의 긴장을 풀게 하며, 염려스런 생각들을 멀리하게끔(억제) 하는데 도움이 되도록 고안된 것이다. 주의집중(mindfulness)이라 불리는 또 다른 유형의 명상은 정반대로 행하는 것이다. 이것은 마음의 산만함을 무시하기보다는 받아들이는 것이다. 이것은 처음에는 스트레스를 더욱 격렬하게 할 수 있으나, 궁극적으로는 보다 마음이 더욱 평온해진다. "생각에 주목함으로써, 마음이 육체에 어떻게 영향을 미치는지 알 수 있는, 생각하고 있는 바를 이해할 수 있는, 심지어 사고하는 방식을 바꾸게도 할 수 있는 보다 큰 능력을 종종 갖게 된다"라고 그녀는 말하고 있다.

어휘 **meditate** 명상·묵상하다, 숙고하다 **transcendental** 선험·직관적인; 초월적인 **entail** (필연적인 결과로서) 일으키다, 수반하다, 필요로 하다 **pay attention to** 주의를 기울이다, 주의하다, 마음에 두다 **focus on**: 초점을 맞추다; 집중시키다 (하다) **wander** ⓥ 방랑하다, 헤매다; (마음이) 집중되지 않다 **ignore** 무시하다, 모른 체하다 **calm** 가라앉히다, 달래다, 진정시키다(down) **anxious** 걱정·근심하는, 불안한 (apprehensive, uneasy) **mindfulness** 염두에 둠, 잊지 않음, 주의(집중) **acute** 날카로운, 예리한(keen, shrewd, sharp); 격심한

Unit 17 가목적어 it 진목적어 to부정사

Exercise 01

1 I <u>thought</u> it difficult to do the work by myself.
2 I <u>found</u> it hard to walk in the deep snow.
3 I <u>think</u> it easy to solve the problem.
4 I <u>believe</u> it necessary to practice at least once a week.
5 I <u>make</u> it a rule to read a newspaper every day lest I should fall behind the times.
6 I <u>believe</u> it my duty to finish the work.
7 I <u>make</u> it a rule not to eat too much, for it is plain that overeating is bad for the health.

Exercise 02

1 Science can create nothing out of nothing; but its advance makes it possible for us to discover and invent what we have never dreamed of.
2 Your knowledge of English will make it easy for you to learn any other European language.
3 The printing press has made it possible for millions of people to read the same text at the same moment.
4 As a staunch advocate of Postmodernism, I think it impossible to adhere to fixed and absolute interpretations of art, as this philosophical perspective urges us to embrace ambiguity and celebrate the diverse and fragmented nature of human experiences.
5 They found it intriguing to consider Conflict Theory as a foundational framework for understanding how conflicts arising from competition for resources and power can significantly influence societal changes and inequalities.

Exercise 03

1

1 render it necessary for you to do what is displeasing to your friends
2 you must(should) have the courage to do it

🔍해석 의무감이 가끔은 당신이 당신의 친구에게 어쩔 수 없이 불쾌한 것을 하도록 만들 수 있지만 당신은 그것을 할 용기를 가져야 한다.

2

1 find it increasingly painful to
2 the incessant demand for change that now characterizes our time

🔍해석 현재와 21세기 사이의 짧은 삼십년에 수백만 명의 평범하고 심리적으로 정상적인 사람들이 미래와의 갑작스런 충돌상황에 직면하게 될 것이다. 그들 중 많은 사람들은 우리시대를 특징짓고 있는 변화에 대한 끊임없는 요구에 뒤쳐지지 않는 것이 점점 힘들다는 것을 느끼게 될 것이다.

3

1 The Puritans thought it right to build a society based on their strict religious principles
2 Their commitment to hard work contributed to the growth of capitalism in the early American colonies

🔍해석 청교도들은 엄격한 종교적 원칙에 기초한 사회를 건설하는 것이 옳다고 생각했고, 경제적 번영을 신의 은총의 표시로 믿었다. "프로테스탄트 노동 윤리"의 개념은 도덕적 미덕으로 근면, 규율 및 절약을 강조하는 청교도 신념에서 나왔다. 경제적 성공을 추구하는 청교도들은 농업, 무역, 장인 정신과 같은 활동에 종사했다. 근면에 대한 그들의 헌신은 초기 미국 식민지에서 자본주의의 성장에 기여했다.

Unit 18 가목적어 it 진목적어 that절

Exercise 01

1 They didn't <u>believe</u> it possible that there was such great hope.
2 We <u>take</u> it for granted that we should try our best.
3 I <u>take</u> it for granted that people are honest.
4 I <u>took</u> it for granted that he would come.
5 It <u>was taken</u> for granted to feed men out of work.

Exercise 02

1 You had better make it clear that you have never spoken ill of him behind his back.
2 I found it funny that the Japanese seldom eat clams raw, although they are one of the few sea foods Americans eat raw.
3 Most people take it for granted that an invention is something "new", but actually a completely new idea is not patented once in ten years.
4 Though they thought it almost impossible to fully capture the essence of love, they recognized that it is an enduring emotion that profoundly influences the human experience in countless ways.
5 Many enthusiasts of numerology take it for granted that this ancient practice holds profound insights into the mystical significance of numbers and their influence on various aspects of life.

Exercise 03

1

1 all these examples make it more probable that the case may become our own

2 we / must take [it] as a general maxim [that we pity (when all things which we fear happen to others)].
  * it가목적어 · that진목적어
  * when [all things <u>which we fear</u>]s happen to others
    시간의 부사절 내 주어인 all things는 목적격 관계대명사의 수식을 받아 길어졌다. which는 생략이 가능하다.

🔍해석 일반적으로 우리는 우리자신이나 친구들에게 유사한 일들이 일어났다는 것을 기억하거나 일어날 수도 있다고 예상하는 입장에 있을 때, 동정심을 갖는다. 다시 말하면, 우리는 위험이 우리 가까이 있을 때 동정심을 갖는다. 그리고 우리는 우리와 나이, 성격, 윤리, 계급, 출생 등이 비슷한 사람들을 동정한다. 왜냐면, 이 모든 예들이 그 사건이 우리들의 사건이 될 수도 있다는 것을 가능하게 만들기 때문이다. 결론적으로 말하면, 우리는 우리가 (우리에게 일어날까봐) 두려워하는 모든 것들이 남들에게 일어날 때 동정심을 갖는다는 것을 일반적인 격언으로 받아들여야 한다.

2

1 can be as intimidating as they are inviting
2 make it even more important that tourists get some guidance about how to jump in

🔍해석 모든 사람이 리우데자네이로(Rio de Janeiro)의 카니발이 지구상의 가장 거대한 축제임을 안다. 하지만 많은 사람들에게는, 땀투성이에 옷도 거의 걸치지 않은 몸을 드러낸 무리의 모습이 유혹적인 만큼 위협적일 수도 있다. 이 도시가 폭력으로 유명하고 포르투갈어를 사용하지 않으면 많은 어려움을 겪는 도시이다 보니 관광객들로서는 카니발에 어떻게 뛰어들지에 대해 약간의 안내를 받는 것이 더욱 중요하다.

3

1 Many film scholars and theorists believe it useful that Freud's psychoanalytic theory can offer valuable insights into understanding the complexities of cinema and its impact on the human psyche
2 Freud's theories provide a lens through which we can explore the hidden motivations behind characters' actions

많은 영화 학자와 이론가들은 프로이트의 정신 분석 이론이 영화의 복잡성과 영화가 인간 정신에 미치는 영향을 이해하는 데 귀중한 통찰력을 제공할 수 있다는 것을 유용하다고 믿는다. 저명한 정신 분석가 지그문트 프로이트는 무의식, 꿈, 인간 정신의 숨겨진 욕망과 두려움에 대한 혁신적인 아이디어를 소개했다. 영화 영역에 적용할 때 프로이트의 이론은 등장인물의 행동 뒤에 숨겨진 동기를 탐구할 수 있는 렌즈를 제공한다.

Unit 19 to부정사의 형용사적 용법

Exercise 01

1 They **are to** get married next week.
2 We **are to** hand in the report by tomorrow.
3 If you **are to** go abroad, you are to learn foreign language.
4 Not a sound **was to** be heard.
5 They **were** never **to** see their homeland again.
6 You **are to** eat all your supper before you watch TV.

Exercise 02

1 The greatest joy of life is to be gained by loving beautiful things, and by learning all that we can about the world in which we live.
2 The leader of our athletic association has given us a serious warning, saying that if we are to win the competition, we must train harder.
3 He left home early that day because he was going to start a new job in downtown, but he was never to see his family again.
4 Thomas Paine's theories are to be carefully studied to gain a comprehensive understanding of his impactful contributions to political thought and revolution.

5 Thus taboos were increasingly placed upon the use of the knife: it was to be held by the point with the blunt handle presented; it was not to be placed anywhere near the face; and most important, the uses to which it was put were sharply restricted.

Exercise 03

1

1 strong → strongly
2 dislike(antipathy) / difference

  훌륭한 세계시민이 되기 위해 배워야 할 일은, 비록 당신이 틀림없이 많은 이웃을 싫어하고, 또 어떤 사람들과는 의견이 너무 달라서 도저히 그들과 함께 같은 지붕 아래서는 살 수 없다고 할지라도, 그것이 당신에게 그들을 해칠 혹은 심지어 그들에게 불손할 최소의 권리도 주지 않는다는 사실이다.

2

1 enables
2 tame

 기독교를 통해 우리는 우리를 내려다보는 주님의 눈을 보게 됩니다. 그러한 형태의 지식은 현실 자체를 희생시키면서 현실의 이미지를 투사합니다. 그들은 형상과 아이콘과 기호를 말하지만 힘과 흐름을 인식하지 못합니다. 그것들은 우리를 다른 현실, 특히 우리를 지배하는 권력의 현실에 묶습니다. 그들의 기능은 길들이는 것이며, 그 결과는 유순하고 순종적인 대상을 만드는 것입니다.

3

1 masters
2 (나) how we are to behave (다) what we are to believe
3 She decided to assume the leadership role in the project.

정부가 '최대 다수의 최대 행복'을 촉진하기 위해 더 크고 더 긍정적인 임무를 맡도록 요구할 때, 우리는 정부가 우리의 주인이 되어 우리가 어떻게 행동해야 하고 무엇을 해야 하는지 지시하도록 허용할 의도가 없습니다. 믿다. 우리 정부는 우리에게 속한 것이지 우리가 그들에게 속한 것이 아닙니다. 그리고 우리의 목적은 그것들을 도구로 사용하는 것이 아니라 개인의 자유를 확대하기 위해 사용하는 것입니다.

Unit 20 · to부정사의 명사적 용법 (의문사 + to R)

Exercise 01

1 When they arrest you, do not worry about what to say or how to say it.

2 Please tell me which bus I should take to get to the station.

3 Let me know what time I should start.

4 Tell me which cake to eat.

5 They want to know when to start.

6 Tell me how I should use this machine.

Exercise 02

1 I was at a loss what to do, when the idea of going to him for advice suddenly occurred to me.

2 "Go down the hill past the pond," said the small boy. "Then ask anybody you'll see, and he'll tell you which way to go next."

3 The true of intelligence is not how much we know how to do, but how we behave when we do not know what to do.

4 In this video, we will explore how natural selection works and how to observe its impact on the survival and reproductive success of different species over generations.

5 How to understand the essence of Gilles Deleuze's philosophy lies in questioning how to liberate thought from fixed identities, how to embrace the multiplicity of becoming, and how to create novel concepts that traverse diverse territories, blurring boundaries and challenging traditional forms of knowledge and representation.

Exercise 03

1

1 their brains are crowded with local knowledge

2 우리는 너무 거만하고, 당황해서 길을 물어보지 못한다.
  so / that / we / can't

3 ⓒ inventing, ⓓ rejecting

4 about where to find the scenic vistas

도로변에는 지역 사람들로 붐비고, 그들의 두뇌는 지역의 지식으로 가득 차 있지만, 우리는 너무나 거만하고 당황스러워서 길을 물어보지 못한다. 그래서 우리는 여행객들을 즐겁게 하고 계몽시켜 줄 그림 같은 전망을 어디에서 찾아야 할지에 관해 연속적으로 가설을 꾸며 냈다가 물리치고 하면서 차를 몰고 빙빙 돈다.

2

1 ⓐ for example ⓑ however

2 tiny green organelles that can turn the energy of light into sugar

3 when trying to figure out what to eat

4 the fact that plants don't have nerves or brains

실제 동물과 식물의 차이는 무엇인가? 많다. 예를 들어, 식물의 세포는 동물의 세포와 달리 빛의 에너지를 당으로 변화시킬 수 있는 작은 녹색 기관인 엽록체를 품고 있다. 그러나 이런 차이는 무엇을 먹을까를 산정하려 하는 우리들에게는 전혀 중요하지 않은 듯하다. 중요한 듯한 차이들은 식물이 신경이나 뇌가 없다는 사실 같은 것들이다.

Unit 21 전치사 + 관계대명사

Exercise 01

1 to talk with / Susan really needs a friend to talk with.
2 to care for / He has an orphan to care for.
3 to listen to / Introduce to me some music to listen to.
4 to stay with / We have to look for someone to stay with.
5 to depend on / I need someone to depend on.

Exercise 02

1 A writer should have not only ideas to express, but words with which to express them.
2 "Tell your golden fish," she said the next day, "that I want a palace in which to live.
3 The freedom of citizens is the foundation on which to build a rich and many-sided culture.
4 The economic growth, of which the government has been closely monitoring, is showing promising signs of recovery after implementing the new fiscal measures.
5 Chomsky's theory of first language acquisition, in which he highlights the importance of innate linguistic structures, has been the subject of extensive study and debate by linguists across the globe.

Exercise 03

1

1 Language is an essential tool of human society that cannot be done without.
2 by which for people to understand each other

3 any human organization could either be formed or long maintained (필요단어 or)

🔍해석 언어는 인간사회의 필수적인 도구이다. 언어는 사람들이 서로를 이해하고 한 공동체로서 함께 역할을 해낼 수 있도록 해주는 수단이다. 사실, 어떤 인간 단체도 언어 없이 형성되거나 오래 유지될 수 있을 것 같지는 않다.

2

1 for which to imagine a different outcome occurring easily
2 ④
3 seems
4 a fellow traveler who was booked on the flight all along

🔍해석 사람들은 다른 결과가 일어나는 것을 상상하기 쉬운 사건에 대해 더 강하게 반응하는 경향이 있다. 예를 들어, 비행편을 바꾼 다음에 비행기 추락 사고로 죽은 사람의 운명은 처음부터 그 비행편을 예약했던 동료 여행자의 운명보다 더 비극적인 것처럼 보인다. 전자는 비행편을 바꾸지만 않았다면 그 사람이 살아남은 것을 상상하기가 매우 쉽기 때문에 더 강한 반응을 일으킨다.

Exercise 04

1 an industry that produces goods vital to a nation's defense
2 it is important to national defense
3 ⓐ dependence, ⓑ defend(또는 protect)
  → 외국 수입품에 대한 과도한 의존은 위기 시 국가의 자기 방어능력을 약화시킬 수도 있다.

🔍해석 외국 수입품에 대한 일부 세금의 목적은 국가의 방어에 필수적인 상품을 생산하는 산업을 보호하려는 것이다. 예를 들어 자국의 석유, 천연 가스 또는 철강 산업은 국가 방어에 중요하기 때문에 보호가 필요할 수도 있다. 보호가 없다면 그런 산업은 외국과의 경쟁에 의해 약화될지도 모른다. 그렇게 되면 국가는 국제적인 위기 상황에 처했을 때, 국가 안보에 필수적인 생산품의 공급 부족 상태에 놓이게 될 수 있다.

어휘 **objective** n. 목적 **vital** a. 필수적인, 극히 중대한 **defense** n. 방어 **domestic** a. 자국의, 국내의

Unit 22 전치사와 함께 쓰이는 타동사

Exercise 01

1 You [can not argue] me [into believing / what you say].
   너는 [설득할 수 없다] 나를 [네가 말하는 것을 / 믿도록]
2 I [strongly argued] him [out of drinking a lot].
   나는 [강하게 설득했다] 그가 [술을 많이 마시지 않도록]
3 That is a disgrace and we intend to [bring] it [to an end].
   이것은 불명예이며, 우리는 의도한 [이끌도록] 그것을 [종국으로]
   * bring A to an end는 "A를 종식시키다"로 의역할 것
4 Tens of thousands of people [have been driven] [to despair and hardship].
   수만 명의 사람들이 [이끌렸다] [절망과 고난으로].
5 His complaints [drive] me [out of my mind].
   그의 불평은 [이끈다] 나를 [정신 밖으로].
   * drive A out ofㄱone's mind는 "정신이 나가도록 몰다"라는 뜻으로 의역한다.

Exercise 02

1 drive him out of the country
2 are being brought to an end
3 flatter yourself into thinking
4 trick the immune system into seeing
5 I managed to talk my friend into delving into Plato's Allegory of the Cave by emphasizing its profound allegorical representation of human perception and the transformative journey from ignorance to enlightenment.

Exercise 03

1 trick you into entering
2 bring the party to an end
3 has been smoking / have to argue him out of smoking

Exercise 04

1

1 trick birds of other species into raising their young
2 One is the common American cowbird that(which) lives in the eastern United States.
3 places its egg in the nest
4 ③

📑해설 본문에서와 같이 tell이 "구별하다"로 쓰인 것은 선택지 ③이다.

🔍해석 여러 종류의 새들이 다른 종의 새들을 속여서 자기들의 새끼를 기르게 한다. 한 새는 미국 동부에서 사는 흔한 미국의 찌르레기이다. 그러나 노란 명금과 같은 일부 종류의 새들은 찌르레기를 속이는 법을 배웠다. 찌르레기가 노란 명금의 둥지에 알을 놓을 때 명금은 낯선 알이 그곳에 있다는 것을 알 수 있다.

2

1 will gain → would gain

📑해설 현재 사실과 반대의미를 전달하는 가정법이다. If S (were/과거동사) ~, S would/could/might V의 구조를 기억한다.

예 If I <u>were</u> a bird, I <u>could</u> fly to you.
   If I <u>had</u> a lot of money, I <u>would</u> buy the house.

2 flatter us into thinking
3 to / at 또는 on
4 Mosquitoes rely solely on human blood for survival

📑해설 be essential to은 "~에 핵심이다"의 뜻의 숙어다. feed at의 경우 "~을 먹다"는 뜻인데, on에 덧붙여 전치사

at은 <u>한 점에 일시적으로 머무는 것</u>을 의미한다. 모기를 생각한다면 전치사 at이 더 적절함을 파악할 수 있다. 하지만, on 도 사용 가능.

🔍해석 만일 모든 인간들이 광대한 지역에서 갑자기 떠난다면 모기들은 우리의 부재로 인해 직접적인 이득을 얻을 것이다. 인간의 피가 그들의 생존에 필수적이라고 생각하도록 우리의 세계관이 우리에게 아첨할지도 모르지만, 사실 그들은 대부분의 온혈 포유류와 냉혈 파충류, 심지어는 조류의 혈관에서 먹을 수 있다.

Unit 23 · 현재분사 · 과거분사의 형용사역할

Exercise 01

1 came reading
2 flying saucer
3 wandering around the house
4 stolen car / parking lot

Exercise 02

1 written by
2 bored
3 boring
4 pounding
5 crying / crouching
6 mangled / bruised / broken / bleeding

Exercise 03

1 there is no other animal that uses articulate speech for communication
2 The price of an article bought in this way / the price that would be paid in cash

3 are used to provide opportunities for people to be in contact with animals / may be used to work with individuals with disabilities.
4 Gentile, a leading expert on media violence finds it perplexing that parents who take great pains to keep children from witnessing violence in the home and neighborhood often do little to keep them from viewing large quantities of violence on television, in movies, and in video games.

Exercise 04

1

1 have heard them accepted as truisms

📑해설 from our childhood로부터 have + p.p의 현재분사가 쓰여야 함에 주의한다.

2 be most carefully weighed
3 It ~ that 강조용법으로 주어를 강조한 경우이다.
   [These ideas] must be first put upon the scales to be most carefully weighed.

🔍해석 우리는 가장 자명해 보이고 가장 명백해 보이는 생각들을 특히 조심해야 한다. 우리는 그것들이 어려서부터 자명의 이치로서 받아들여지는 것을 들어 왔다. 그러나 바로 이런 생각들이 조심스레 달아보기 위해 저울 위에 먼저 올려놓아야 할 것들이다.

2

1 Ⓐ modified, Ⓑ adapted
2 ★the continued preservation of individuals presenting mutual and slightly favorable deviations of structure

🔍해석 따라서 나는 어떻게 꽃과 벌이 구조상 공통되거나 약간 유리한 차이를 보이는 개체의 지속적인 보존을 통해 서로에게 가장 완벽한 방식으로 동시에 혹은 차례대로 변화되고 적응했는지 이해할 수 있다.

Exercise 05

1

1 An enormous amount of the music written in the Baroque period was designed to support dancing.

2 (가) distant (또는 deviated) (나) practical

🔍해석 오늘날 고전음악은 주로 우리가 연주회에서나 녹음된 상태로 듣는 것이 되었기 때문에, 그것이 한때 일상생활의 한 부분으로 수행했던 본질적인 역할을 잊기 쉽다. 바로크 시대와 그 이전의 시대에 쓰인 막대한 양의 고전음악은 춤을 지원하기 위해 고안되었다. 춤을 위해 음악을 제공하는 것은 20세기까지 거의 모든 작곡가에게 있어 매우 중요한 임무였다. 방대한 양의 춤곡이 바로크 시대에 쓰였는데, 이는 사람들이 항상 춤을 추었고 작곡가들은 그 수요에 부응하기 위해 음악을 제공해야 했기 때문이다. 그러나 시간이 지나면서 춤곡은 점차 더 추상적이고 복잡해졌으며 마침내 원래의 실질적인 기능을 뒤로 하게 되었다. 간단히 말해서, 미뉴에트는 원래 그에 맞추어 춤이 추어지도록 고안되었으나, 궁극적으로 감상을 위한 것이 되었고, 그 변화는 내용과 형식을 모두 바꿔 놓았다.

어휘 essential 본질적인 enormous 막대한 sophisticated 복잡한

2

1 Aside from the obvious problem of an innocent person possibly being victimized with faked bills

2 being added

3 Ⓐ victimize Ⓑ financial Ⓒ violent

🔍해석 위조지폐가 사람에서 사람으로 퍼져나가면서 – 어떤 것들은 발견되지 않은 채 – 많은 위조지폐가 매년 유통되고 있다고 추정된다. 죄 없는 사람이 아마 위조지폐에 희생이 된다는 명백한 문제 외에도, 위조지폐가 폭력 범죄에 자금을 조달하기 위해 사용되어 진다는 추가적인 사실이 있다. 얼마나 많은 위조지폐가 있을까? 정부는 매년, 위조지폐로 거의 5천만 달러가 만들어진다고 추정한다. 미국 달러에 추가되고 있는 고도의 위조방지기능이 그 수치를 줄이기 시작할 것으로 기대된다.

Unit 24 분사구문

Exercise 01

1 (Being) made in a hurry, the book had plenty of error.

2 Crossing the street, she met one of her friends yesterday.

3 Seen from a spaceship, the earth is blue.

4 (Having been) written in haste, that books on the desk have a lot of error.

5 The bus not being on time, we had to walk to school this morning.

Exercise 02

1 Driven by the need for better / he has been a traveler

2 having lived in Alaska for many years,

3 Not knowing what to do / from which I looked around to see

4 I couldn't help but feel disillusioned / distorting reality and fostering a sense of misinformation among the viewers.

Exercise 03

1

1 As I sit here in my room,

2 offering

3 the years that may be in store for me

해설 여기 내 방에 앉아 나는 오른쪽 어깨 너머로 가지런히 아담하게 꽂혀 있는 붉은색, 초록색, 푸른색의 책들을 바라본다. 그 책들은 축적된 풍부한 지식을 제공하며 나의 손을 기다리고 서 있다. 나에게 남아 있는 세월과 내가 넘길 수 있는 페이지를 나는 생각한다.

2

1 As he has been endowed with the faculty of thinking or reasoning about what he does
2 the mistakes into which he at first falls
3 to go / improving

📋해설 인간은 자기가 하고 있는 것에 관해 생각하고 추리하는 능력을 부여받았기 때문에, 인내와 근면에 의해 자기가 처음에 빠지는 실수를 고칠 수 있고 끊임없이 진보를 계속할 수 있다.

Exercise 04

1 = As he compares the remembered carefree past with his immediate problems, the mature man thinks that troubles belong only to the present.
= Comparing the remembered carefree past with his immediate problems, the mature man thinks that troubles belong only to the present.
2 ⓑ what contractor to employ
ⓒ how he will repair it himself
3 present

🔍해석 성인은 어린 시절에 괴로웠던 일들을 망각한다. 걱정이 없었던 것으로 기억되는 과거와 그가 당면한 문제점들을 비교하면서, 성인은 괴로운 일들이 단지 현재에만 속한다고 생각한다. 성인은 열두 살짜리가 월급이나 직업상의 승진에 대해 걱정을 하지 않는다고 생각한다. 지붕에 물이 샐 때, 부모만이 어떤 공사 청부업자를 고용할까 혹은 그것을 어떻게 직접 수리할까를 걱정한다. 그래서, 성인에게 있어, 어린 시절은 자유의 시기이다. 하지만, 아이는 항상 어른이 되기를 소망한다. 그는 미래에서 자유를 발견한다. 그에게 있어, 성인기는 부의 시기이며, 그의 아빠나 엄마는 자전거를 사기 위해 저축하는 것에 대해 걱정할 필요가 없다.

🔑어휘 compare A with B A와 B를 비교하다 carefree 걱정 없는 immediate 당면한, 직접적인 mature 성인의 advancement 승진, 진급

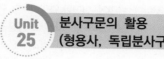

Unit 25 분사구문의 활용 (형용사, 독립분사구문)

Exercise 01

1 It being sunny yesterday, we went to picnic.
2 Because the storm was passing
3 The man talking with my father is my uncle.
4 The man smoking a cigarette there is a famous painter.
5 She looked up at a cloud floating in the sky.

Exercise 02

1 a centuries-old treatment program dating back to the 9th century AD / animals were used in caring for individuals with disabilities
2 the coast flashing by / the view changing every minute
3 to signal to others that the consumer has made it / a point not lost on advertisers

Exercise 03

1

1 securing the correct levels of production
2 eventually leading
3 involved
4 ㉠ driven ㉡ regulate ㉢ meet

📋해설 Smith의 「국부론」은 주로 경제학을 독립된 학문 분야로 확립하는 데 중요하다. 그로부터 고전 경제학 이론과 현대 경제학 이론이 둘 다 발달했다. Smith의 주요 주장은 자유 시장이 저절로 적절한 수준의 생산을 확보하면서 상당히 다양한 상품을 생산하는 경향을 갖게 될 것이라는 점을 근거로, 자유 무역이 경제적 성공으로 가는 길이라는 것이다. 어떠한 부족이라도 수요를 신장시켜 가격 상승으로 이어질 것이다. 이는 생산자가 수익성이 좋은 이윤 폭을 이용할 것이므로 결

국은 생산을 증대시킬 것이다. 반면에, 어떠한 과잉이라도 당연히 가격 하락으로 이어져, 그로 인해 생산자가 그 제품을 마케팅하는 데 있어서의 관심을 감소시킬 것이다. 그래서, 비록 관련된 참가자들이 이기적이더라도, 자본주의 체제는 가격을 낮게 유지하고 다양한 인간 욕구를 충족시키기 위한 유인책이 존재하게끔 확실히 하는 경향이 있어서 이는 반드시 국가의 간섭을 필요로 하지 않고 모두의 이익을 충족시켜 줄 것이다.

어휘 discipline 학문 분야, 규율 argument 주장, 논의 of one's own accord 저절로 a healthy range of 상당히 다양한 boost 신장시키다, 밀어 올리다 in turn 결국은, 번갈아, 차례차례 take advantage of ~을 이용하다 lucrative 수지가 맞는, 돈이 벌리는 profit margin 이윤 폭, 이윤율 surplus 과잉 self-interested 이기적인, 자기 본위의 capitalist 자본주의의; 자본가 ensure 보장하다 incentive 유인책, 자극, 동기

2

1 began
2 ripples
3 some of them jumping the surface and coming to rest

해설 소년은 돌멩이를 주어서 강 속으로 던지기 시작했다. 잔잔한 파문이 수면 위에 연달아 일어났다. 그리고 소년은 납작한 돌멩이를 수면을 스치게 날렸다. 그러자 돌멩이 몇 개는 수면 위를 탁탁 튀면서 날아가 건너편에 가서 멈췄다.

Exercise 04

1 The efficiency of the organization (being) established, people go about simply maintaining the system, assuming that the environment will stay the same.
2 in line with

해석 * 그 회사의 결과는 주식시장의 예상치와 일치한다.
* 우리는 인플레이션과 같은 수준의 임금인상을 요구합니다.
* 일용직 직원들의 임금은 정규직의 그것(임금)과 같은 수준으로 끌어 올려져야 한다.

3 adaptive / maintaining / existing

해석 지도자들과 관리자들은 기본적으로 다른 부류의 사람들이다. 모든 조직은 목표를 달성하기 위해서 환경과 조화를 이루고 환경에 반응하는 방식으로 스스로를 조직화한다. 조직의 효율성이 자리 잡기만 하면 사람들은 환경이 동일하게 유지될 것으로 가정하고, 단순히 체계를 유지하는 쪽으로 진로를 바꾼다. 그러면 관리자들은 사업을 유지하는 데 주도적인 역할을 맡는다. 그러나 어떤 조직에서나 환경은 항상 변한다. 따라서 그러한 조직은 관리상의 문제가 더 많이 발생하면서, 상황에 대처하는 능력은 더 떨어지게 된다. 이러한 시기는 조직으로 하여금 좀 더 지도력의 견지에서 생각할 것을 요구한다. 지도자들은 조직이 그들이 처한 환경의 현실과 좀 더 잘 부합하도록 조직을 이끌려고 노력한다. 그리고 이러한 노력은 구조, 자원, 그리고 그들 조직의 관계 등의 변화를 필요로 한다. 그렇게 함으로써, 조직원들에게 새로운 원기를 불러일으킬 수 있다.

Unit 26 부대상황을 나타내는 with 구문

Exercise 01

1 with the sleigh bells jingling
2 with tears streaming down her face
3 With night coming on
4 with his arms folded
5 with your mouth full
6 with their shoes on

Exercise 02

1 with his disciples gathered near him/ with thousands of others spread around
2 with his reading light turned off
3 with eyes open and mind at work
4 with its small bald head perched on top like a coconut
5 with imperialist and anti-imperialist sentiments meeting head-on, causing twists and turns

Exercise 03

1

1 As I made my way homeward in the darkness,
2 with my fists crammed deep in my pockets
3 옷깃을 귀 밑까지 세우고
4 lying
5 as naked as the day his mother bore him / 어형변화 bear → bore

📋해설 두 주먹을 주머니에 깊숙이 집어놓고 옷깃을 귀밑까지 세우고 어둠 속에서 집으로 향해 가다가, 나는 그의 어머니가 그를 낳던 그날처럼, 그가 맨몸으로 얼음 도랑 속에 거의 얼어 누워 있는 것을 우연히 발견했다.

2

1 ⓐ sang hymns that his mother → sing hymns that his mother
　 ⓒ was a sinner all week → had been a sinner all week
　 ⓔ felt clean → feeling clean

📋해설 그는 일요일에 침례교회에 갈 수 있었고 또 어머니와 아버지가 자기가 태어나기 전에 불렀던 찬송가들을, 한 주일 동안 죄를 졌으니까, 조금 울면서 부를 수 있었다. 그는 모든 죄를 마음속으로부터 씻어 내고 깨끗한 마음으로 교회를 떠날 수 있었다.

3

1 Ⓐ With her hands trembling and her heart racing
　 Ⓑ its deep blue hues blending with the clear sky above
2 ② (observable → imperceptible과 같은 의미의 단어로 바꾸어야 함)
　 The ocean extended far and wide, the line separating it from the horizon observable **imperceptible**.

🔍해석 손이 떨리고 심장이 두근거리며 그녀는 절벽 가장자리에 서서 눈앞에 펼쳐진 숨막히는 풍경을 바라보았습니다. 광활하게 펼쳐진 바다가 수평선과 매끄럽게 합쳐져 짙푸른 색조가 맑은 하늘과 조화를 이루고 있었습니다. 짭조름한 바람이 그녀의 머리카락을 잡아당기며 파도에 실려온 먼 땅의 비밀을 속삭였습니다.

Unit 27 주격관계대명사 구문

Exercise 01

1 He is going to stay at the hotel which stands on the hill.
2 What is the name of the tall man who just came in?
3 The birds that eat insects can see them from far away.
4 The dog which was lost has been found.
5 The current, which is very rapid, makes the river dangerous.

Exercise 02

1 which is exciting, thrilling, stressful, and anxiety-provoking
2 that is struck with the difference / what things are and what they ought to be
3 many parents who are smokers / people who live with the smoker
4 The building up of a taste for those books which are worthy of preservation is gradual.
5 something which once learned stays with you through life

Exercise 03

1

1 generates → generate
2 they are totally dependent on the local population (dependence → dependent)
3 to become

📄**해설** 햄버거 체인점이나 호텔과 같이 미국에 있는 외국인 소유의 기업체들은 일거리와 새로운 성장을 만들어낸다. 왜냐하면 그것들은 직원으로 근무하는 것과 고객들을 그 지역 주민에 전적으로 의존하기 때문이다. 미국인들은 근로자, 임차인, 그리고 고객이 되도록 추구되어야 할 대상들이다.

2

1 remembering
2 other distinguishing features that remain relatively constant / 변형단어 constantly → constant
3 rather than items which may change

📄**해설** 이와 마찬가지로, 사람들을 기억할 때, 우리는 개인들의 옷처럼 변할 수 있는 것 보다는, 그들의 얼굴이나 상대적으로 계속해서 남아서 그들을 구분하는 데 매우 유용한 다른 구별되는 특징을 주로 기억한다.

Exercise 04

1 People who run sports camps think of the children first.
2 which make children feel comfortable and safe
3 caring(c로 시작하는 같은 의미의 표현은 정답으로 인정)

🔍**해석** 스포츠 캠프를 운영하는 사람들은 아이들을 가장 우선적으로 고려한다. 그들은 아이들이 편안하고 안전한 느낌을 가질 수 있는 즐겁고 보호받는 환경을 조성하기 위해 최선을 다한다. 불행히도 그러한 캠프의 일부 운동 코치들은 아이들이 탁월한 실력을 갖추는 것을 돕기 위해 때로 지나친 의욕을 갖게 된다. 그 결과 그들은 아이들에게 높은 수준의 실력을 발휘하라고, 어떤 희생을 치르더라도 이기라고, 그리고 부상을 당할 때조차도 계속 뛰라고 강요한다. 이러한 '고통 없이는 아무것도 못 얻는다'는 식의 접근방식은 극단적으로 스트레스를 주어서 불필요한 부상을 초래한다. 그러므로 부모들은 자녀들을 스포츠 캠프에 보낼 때 유의해야 하고, 운동 코치들이 자녀들이 바라는 것을 존중할 것인지를 확인하기 위해 운동 코치들과 상담해야 한다.

어휘 occasionally 때때로 over-enthusiastic 지나치게 열성적인 at all costs 어떤 희생을 치르더라도

Unit 28 목적격 관계대명사 구문

Exercise 01

1 The book <u>which</u> John gave to me was very interesting.
2 The woman <u>that</u> you met last night is a computer programmer.
3 A child wants to do something <u>that</u> his mother doesn't approve of.
4 The lawyer I consulted gave me some useful advice.
5 This is the book I spoke of the other day

Exercise 02

1 the cage which they foul all over
2 lawsuits which separated him from his best friends / A nephew who was left/ whom he loved
3 that people bring to other physicians
4 a cultural movement that emphasized the value of individual potential and achievement / a holistic education that empowered individuals to explore various disciplines / skills which they could apply in shaping society
5 often find themselves in a state of paradigm shift / they challenge the existing theories and replace them with new ones that they find more fitting

Exercise 03

1

1 ㉠ independent of external influences
   ㉡ are shaped by their surroundings
2 어떤 사적인 영향이 관련되어 있든 간에, 그는 또한 시대와 장소의 산물이다.
3 which the writer brought to it

🔍해석 작가는 결코 진공속에 존재하지 않는다. 어떤 사적인 영향이 관련되어 있는 간에, 그는 또한 시대와 장소의 산물이다. 그의 책을 이해하기 위해, 우리는 또한 작가가 그것에 가져온 여러 가지 사회적으로 파생된 태도들 즉, 도덕성, 통념, 억측, 편견들을 이해해야 한다.

2

1 Agriculture **has also been** devastat**ing** to the other creatures
2 with whom we share the earth
3 모든 것이 위험에 처해있다.
4 unwilling → willing

🔍해석 농업은 우리가 지구를 함께 공유하고 있는 다른 생명체들도 황폐화 시켜왔다, 그래서 궁극적으로는 지구의 생명부양시스템도 황폐화 시켰다. 모든 것이 다 위험에 처해있다. 만일 우리가 지속가능한 지구를 원한다면, 우리는 우리의 농업문화라는 기본적인 신화 이면에 놓여있는 힘의 관계를 기꺼이 조사해야 한다.

Exercise 04

1 ③

📋해설 관계대명사 다음에 위치하는 삽입구를 묻는 문제이다. 해석은 다음과 같다.
If I could give any piece of advice that **I feel** would make a difference in people's lives, it would be to ask yourself, "Does this really matter?"
어떤 충고 / 내가 느끼기에 / 변화를 일으킬

2 purpose
3 that they consider important

🔍해석 만약 내가 사람들의 삶에서 차이를 만들 것이라고 생각하는 어떤 조언을 줄 수 있다면 그것은 "이것이 정말로 중요한가?"라고 당신 자신에게 묻는 것일 것이다. 시간, 노력과 에너지를 세속적인 하찮은 것들에 낭비하기 전에 매일 약간의 시간을 "무엇이 나에게 정말로 가장 중요하며 무엇이 현재의 나와 내가 되고 싶어 하는 나로 변형시킬 것인가?"라고 당신 자신에게 묻는 데 쓰도록 하라. 훌륭한 사람들은 하나의 변치 않는 특징을 증명해 왔다. 그것은 그들의 모든 에너지와 그들

의 전체 존재를 그들이 중요하다고 여기는 그들의 삶의 요소들에 집중할 수 있는 능력이다. 우리가 이렇게 할 때 우리는 사람들과 상황의 모든 변덕에 영향을 받는 무작위의 일반적 원칙으로서 대신에 "의도적으로" 우리의 삶을 살 수 있다.

어휘 mundane 현세의, 세속적인 triviality 시시한[평범한] 것[일] consistent 불변한, 시종 일관된 trait 특질, 특징 generality 일반적 원칙, 일반론 whim 일시적인 생각, 변덕

Unit 29 계속적 용법의 관계대명사 구문

Exercise 01

1 He sent her a letter, but she sent him it back at once. / 그는 그녀에게 편지를 한 통 보냈다. 그러나 그녀는 곧 그것을 되돌려 보냈다.
2 He said he was ill, but it turned out to be a lie. / 그가 아프다고 말했었다. 그러나 그것은 거짓말로 밝혀졌다.
3 I wanted to marry his daughter, but it was impossible. / 나는 그의 딸과 결혼하고 싶었다. 하지만 그것은 불가능했다.
4 They invited him, and it filled him with gratitude. / 그들은 그를 초대했었다. 이러한 상황 때문에 그는 감사함을 느꼈다.

Exercise 02

1 which after a while begins to fill the house
2 which would certainly be a handicap
3 which neurons use to communicate / play a crucial role in the complex process of cognitive function
4 the fertilized egg divides into stem cells / have the potential to become specialized into the hundreds of cell types in a body

5 a specially adapted heating organ in the muscle next to their tennis-ball-sized eyes / can raise temperatures in the surrounding tissue / that of the water in which the fish is swimming

Exercise 03

1

1 which brings us more and more together

🔍해석 확실히 외국어를 배우는 것은 특히 거리가 좁혀진, 그래서 점점 더 가까워지는 유대 관계에서 우리가 점점 더 모이게 하는 현대에는 중요한 기술이다.

2

1 ⑤

2 makes it difficult for you to go back to work

🔍해석 당신이 근로 소득이 없다면 당신은 당신의 이름으로 된 퇴직연금에 들 수 없다. 동시에 당신은 당신의 분야에서 성장 가능성과 전문성을 급속도로 잃기 쉽다. 이는 당신이 다시 직장으로 돌아가는 것을 어렵게 만들 것이다.

Exercise 04

1 ㉠ impoverished ㉡ positively
2 (a) healthy (b) as well as (c) appropriate

🔍해석 1990년에 연구원들이 빈곤한 시골 마을의 아동 영양실조와 맞서 싸우기 위한 프로그램을 시행하기 위해 베트남으로 갔다. 그 문제가 미치는 범위를 알기 위해 조사를 실시하면서, 그들은 다른 가정과 같이 가난한 집안의 출신이지만 완벽하게 건강한 소수의 아이들에 관해 궁금해 졌는데, 이는 긍정적 일탈이었다. 이 가정들은 무엇을 다르게 하고 있었는가? 그들은 긍정적 일탈자의 모든 부모가 무슨 까닭인지 논에 있는게 껍데기와 새우 껍질의 작은 조각을 모아서 고구마 윗부분의 푸른잎과 함께 그것들을 아이들의 식단에 첨가한다는 것을 발견했다. 다른 가정 중에는 어느 곳도 그렇게 하지 않았다. 원한다면 마음대로 어느 누구에게나 무료이고 어느 누구나 이용할 수 있었으나, 이 두 가지 재료들 모두 다 아이들에게 위험하지 않다하더라도 보통은 부적절한 것으로 간주되었고, 그래서 그들의 식단에서 일반적으로 제외되었다.

Unit 30 관계대명사 생략 구문

Exercise 01

1 man과 you 사이에 whom 이나 that / 당신이 어제 말을 걸었던 그 남자는 Mr. Kim이다.
2 All과 you 사이에 that / 당신이 단지 해야 할 일은 그의 조언을 따르는 것이다.
3 girl과 in 사이에 who is나 that is / 이 수업을 담당하고 있는 그 소녀는 나의 딸이다.
4 boy와 singing 사이에 who is나 that is / 무대 위에서 노래하고 있는 소년을 보아라.
5 book과 written 사이에 which was나 that was / 나는 Jessy가 쓴 책 한 권을 샀다.

Exercise 02

1 doesn't make a man dull / the person he most wants to be
2 All we had to do
3 None of us can expect never to make mistakes / The best we can hope
4 all they learn about becoming adults is how to act and how to consume

Exercise 03

1

1 The first object my eyes rested on was a picture
2 At least, the scene (which or that) it represented made a very vivid impression on me.
3 a picture
4 The artist accurately represented the scene as it would appear in reality.

🔍해석 나의 시선이 머문 첫 물체는 그림이었다. 그것은 매우 잘 그려져 있었다. 적어도 그것이 나타내는 장면은 나에게 매우 생생한 인상을 남겼는데, 만약에 이 화가가 자연에 충실하지 않았더라면 거의 그렇지 못했을 것이다.

2

1 the man that you are going to be
2 intact

🔍해석 친애하는 소년, 소녀 여러분, 여러분은 점점 커서 어른이 됩니다. 그리고 장래 어른이 되었을 때의 사람됨은 현재 소년 때의 사람됨과 똑같을 것입니다. 단지 좋든 나쁘든 모든 것의 규모가 커진다는 것뿐입니다.

Exercise 04

1 which are normally valued by / normally valued by
2 living in the wilderness areas wouldn't give them a second chance at solving problems.
   (a second chance의 표현을 활용하고, 내용이 같으면 정답으로 인정)

[주의] 본문의 내용인 "they would rarely get a second chance at solving problems"을 그대로 사용할 경우 15-20자 내외의 조건을 만족하지 못함에 주의할 것)

3 (a) speed (b) cultural backgrounds

📋해설 정보처리 모델은 해결 방안에 빨리 도달하기 위한 기교에 역점을 두고, 문제 해결에 이성적 분석을 강조한다. 문화적으로는, 이러한 방향이 보통 현대 서구사회가 중요시하는 정신적 속성들과 잘 맞는다. 예를 들어, 서양인들은 자립적이고 사고가 빠른 사람을 존경하는 경향이 있다. 그러나 이러한 특징들은 어디에서나 중요시되지는 않는다. 예를 들면 농경 아프리카 사회는 삶의 다양한 면에 끼치는 영향에 주목하면서, 사회 전체의 맥락에서 문제를 보는 것을 중요시한다. 대부분의 상황에서는 해결방안에 도달하는 속도가 중요한 문제는 아니었다. 이것은 캐나다의 크리족과 오지브웨이족에게서 또한 발견된다. 이러한 부족들은 역사적으로 황무지에서 살았고 많은 역경을 겪었다. 이러한 환경에서 그들은 문제 해결에 좀처럼 두 번의 기회를 거의 얻지 못했다. 결과적으로 이러한 원주민들은 시간을 갖고 문제에 대해 심사숙고하고, 어떠한 조치가 취해지기 전에 가능한 해결책들을 마음속으로 검토해보는 것을 중요시 한다.

📖어휘 rational 이성적인 orientation 태도, 방향 contemporary 동시대의, 현대의 independent 자력의, 독자적인, hardship 고난, 역경 reflect 곰곰이 생각하여 보다

Unit 31 관계대명사 what 구문

Exercise 01

1 Tell me exactly what you think about this problem.
2 Good manners are what makes men different from animals.
3 Tom reported to teacher what Jone did yesterday.
4 What is beautiful is not always good.
5 I'm going to give her a present for what I've owed her.

Exercise 02

1 What counts in what you learn / what you can do with your knowledge / other things you have studied or observed
2 what the tourist considers picturesque / the country the local resident often thinks shameful and unprogressive
3 What Darwin did for biology/ how the universe came to be what it is
4 What has dominated human history to date / we must repress some of our tendencies to pleasure and gratification
5 people choose to buy some goods because of what those goods reveal about their standing in society / any intrinsic enjoyment they get from the purchase

Exercise 03

1 What he knew was
2 only the beginning of what he wanted to know
3 Luther Burbank는 <u>그가 이룩한 것 때문만이 아니라 그의 인격으로도</u> 만인의 존경을 받을 만하다. be admired by / for what he was / for what he achieved

해설 그가 알고 있는 것은 다만 그가 알고 싶어 하는 것의 시작에 불과했다. 그리고 그는 끝까지 알고 싶어 했으므로, 그의 지식은 자기의 전공분야에서 먼 분야에서도 넓었으며[대단했으며], 그의 판단력은 깊고 관대했다. Luther Burbank는 그가 이룩한 것 때문만이 아니라 그의 인격으로도 만인의 존경을 받을 만하다.
〈Luther Burbank(1849~1926. 미국의 원예학자)〉

2

1 The kind of experience that you will seek depends on a variety of conditions.
2 ㉠ where a person is located ㉡ how limited their opportunities for exploration are
3 ⓑ: how much a man knows
　ⓒ: what use he makes of what he knows

해설 당신이 추구하게 될 종류의 경험은 다양한 조건에 달려 있다. 그러나 당신이 숨어 있는 곳이 어디인지, 거대한 문명의 중심지로부터 멀리 떨어진 외딴 마을에 얼마나 깊숙이 은둔하고 있는지, 일 때문에 시간이 너무 없어 경험을 얻기 위해 세상 밖으로 나가지 못하는지는 문제가 되지 않는다. 얼마나 많이 아느냐가 아니라, 알고 있는 것을 어떻게 사용하느냐가 문제이다.

Exercise 04

1 The earliest messages that we get about ourselves
2 who is encouraged / positively
3 How / what / an enormous and lasting effect on

해석 우리가 자신에 대해서 받게 되는 최초의 메시지는 부모로부터 나온다. 우리가 자신에 대해서 좋게 느끼는지 아닌지는 어릴 때 부모가 우리에게 어떻게 반응했는지에 달려 있다. 칭찬은 어린 아이에게 매우 중요하고 격려와 긍정적인 다독거림으로 인해서 아이는 더 열심히 노력하고 더 많이 성취하게 될 것이다. 끊임없이 비난 받거나 부당하게 남과 비교되는 아이는 하잘 것 없는 존재로 느껴지기 시작할 것이고 그런 감정은 평생 그 아이와 함께 할 수가 있다.

어휘 react 반응하다 reinforcement 보강, 강화 unfavourably 불리하게, 부당하게

Unit 32 관계부사

Exercise 01

1 I don't like to live in a society in which privacy is impossible.
I don't like to live in a society where privacy is impossible.
나는 사생활이 불가능한 사회에서는 살고 싶지 않다.
2 There is no reason in which I should apology to her.
There is no reason why I should apologize to her.
내가 그녀에게 사과해야하는 이유는 없다.
3 We came to village, in which we rested for a short while.
We came to village, where we rested for a short while.
우리는 마을로 왔다. 그리고 거기서 우리는 잠시 동안 휴식했다.
4 That was the day on which we met for the first time.
That was the day when we met for the first time.
그 날이 우리가 처음 만난 날이다.
5 This is the way in which he helped his father.
This is the way he helped his father. This is how he helped his father.
이것이 그가 그의 아버지를 도왔던 방법이다.

Exercise 02

1 where there is no freedom of speech
2 when or how a race of human beings came to live
3 when she told me
4 why you have to drive very carefully

5 whose philosophical ideas greatly influenced the ancient understanding of the cosmos / a geocentric world-view where the Earth was believed to be the center of the universe

Exercise 03

1

1 when people will no longer be allowed to drive their cars

2 the traffic problem that is paralyzing large cities

🔍해석 아마도 사람들이 더 이상 도시에서 차를 운전하도록 허락받지 못할 날이 올 것이다. 만약 전 세계의 대도시를 마비시키고 있는 교통문제에 아무런 것도 행해지지 않는다면 이러한 일은 곧 발생할 것이다.

2

1 ⓑ indicated → indicating ⓓ which → where
  ⓔ giving → to give

2 ㉠ used / accepted / endorsed / approved 중 하나 또는 어법에 맞는 추가 동의어 인정
  ㉡ contributing / giving / donating 중 하나 또는 어법에 맞는 추가 동의어 인정

🔍해석 우리는 광고주들이 광고에서 "가장 인기 있는" 또는 "가장 많이 팔리는"과 같은 사회적 증거를 나타내는 문구를 사용하는 것을 종종 발견한다. 비영리단체들은 전화를 거는 사람들에게 전화들이 통화 중일 때 기부를 하기 위해서 전화를 다시 걸라고 말하는 기금 모금 프로그램에서 사회적 증거를 사용한다.

Exercise 04

1 who / where / who / that
2 traffic jam
3 emissions / environmental
4 a daily battle that leaves them exhausted twice a day

🔍해석 꼼짝 못하고 차를 운전해서 출근을 하는 사람들은 종종 교통 체증이라는 특별한 불행을 겪어야만 한다. 몇 마일 앞을 내다 볼 수 있는 어떤 장소에서는 차들이 몇 마일에 걸쳐서 꼬리를 물고 늘어서 있는 광경을 보게 된다. 그들은 그들의 돈이 온실 가스와 다른 공해 물질들로 바뀌고 있는 동안 정체되는 꽉 막힌 교통속에서 앉아 있게 된다. 교통 체증을 겪지 않는 사람들일지라도 여전히 종종 직장과 집 사이에 차를 모는 것이 하루에 두 번 그들을 지치게 만드는 일상의 전투라고 생각하게 된다. 그리고 덜 불편하게 차를 몰지만, 그래도 덜 비싸고, 더 친환경적이며, 더 즐겁게 출근하는 방법이 있었으면 하고 바라는 사람들이 있다.

어휘 be trapped into~ : 꼼짝 없이 ~하게 되다 bumper to bumper : 자동차가 꼬리를 물고 늘어서 있는

Unit 33 목적을 나타내는 부사절(구) 구문

Exercise 01

1 Gorillas climb trees in order to eat, to rest.
2 He opened the window so as to get fresh air in.
3 He is going to London so that he may find a job.
4 They warned him so that he might avoid the danger.
5 He ran like mad so that he might win the race.
6 Tom works hard so that his family may live in comfort.

Exercise 02

1 The path she chose / so as not to wake the sleeping child
2 in order to get the dress
3 To those who study a foreign language / in order that they may learn a language well

4 have become so complex that a superficial knowledge is inadequate to enable the cultivated layman to grasp them all / much less to discuss them

5 So intimate is the relation between a language and the people who speak it / the two can scarcely be thought of apart

Exercise 03

1

1 defend himself / be able to work and produce

🔍해석 우리가 생각할 수 있는 모든 문화에서 인간이 생존하기를 원한다면, 적으로부터 혹은 자연의 위험으로부터 자신을 보호할 목적이든 아니면 일하고 생산할 목적이든 간에, 타인들과 협동하는 것이 필요하다.

2

1 so as to

2 putting → (to) put

📋해설 동명사의 병치구조가 아님에 유의할 것.

3 no matter how offensive they may be to prevailing attitudes

🔍해석 지식은 자유로운 토론 분위기에서 가장 번성한다. 그리고 사회정책을 현명하게 이끌기 위해서는, 비록 널리 보급되어 있는 의견에 위배된다 할지라도 기존의 제도를 비판하고 인기를 얻지 못하는 의견을 제기하는 자유도 존재해야 한다.

Exercise 04

1 Ⓐ elderly individuals who took one-hour walks three times a week
Ⓑ those who remained sedentary or did nonaerobic exercises

2 Ⓑ with <u>almost</u> no <u>effort</u> Ⓒ so as to

3 Physical activities / enhancing / mental

🔍해석 Salt Lake City에 있는 제대군인 관리국 의학센터의 과학자들은 4개월의 기간에 걸쳐 일주일에 3번씩 한 시간의 산책을 한 노인들은 앉은 채로 있거나 혹은 산소 소비량이 적은 운동을 한 사람들보다 그들의 반응 시간, 시각적인 조직화, 그리고 기억력을 더 향상시켰다고 보고했다. Oregon Health Sciences Center에서 실시된 200명의 조깅하는 사람들에 대한 또 다른 연구에서, 거의 60퍼센트는 조깅 덕분에 매우 적은 노력으로 그들의 독특하고 즉흥적인 아이디어를 생각해 내는 데 도움이 되었다고 주장했다. 그들 중 많은 사람들은 운동을 끝내자마자 그들의 생각을 적을 수 있도록 하기 위해 실제로 그들의 라커에 연필과 종이를 보관하기도 했다. 또한 독일의 소설가인 Thomas Mann은 이렇게 썼다. "내 저작의 많은 부분은 산책에서 잉태되었다. 나는 야외에서의 움직임을 나의 작업을 위한 에너지를 소생하게 하는 최고의 수단으로 여긴다."

Exercise 05

1 a man is acquainted only with the habits of his own country

2 they seem so much a matter of course that he ascribes them to nature

3 Ⓐ natural Ⓑ culture

🔍해석 사람이 자기 자신의 나라에만 익숙해 있을 때에는, 그것들이 아주 당연한 것으로 보여, 그가 그것들을 자연스러운 것으로 여기지만, 해외를 여행하면서 완전히 다른 습관과 행동 기준이 지배적인 것을 발견하면 관습의 힘을 이해하기 시작합니다.

Unit 34 결과를 나타내는 부정사 구문

Exercise 01

1 She was foolish enough to offend her master.

2 We didn't have enough time to do all the sights of the city.

3 She was so kind as to drive me to the national museum.

4 He is not so old as to retire from business.

5 He ate so much food that he could hardly walk.

Exercise 02

1 lucky enough to find work

2 so high as to sweep over

3 so fast as to sometimes catch some birds

4 I am shy of making acquaintance with strangers / I was fortunate enough to have on my journeys a companion who had an inestimable social gift 또는 I was fortunate enough to have a companion who had an inestimable social gift on my journeys

5 Mothers who prevent their daughters from leaving home / their daughters are too unselfish to leave

Exercise 03

1

1 so → such

2 as to claim her name as public property

🔍해석 그녀를 가까이 알고 있었던 사람들은 그녀의 이름을 대중의 재산으로서 주장할 만큼 세상이 그녀의 작품에 강하고, 지속적인 관심을 가질 것이라고는 결코 생각하지 못했다.

2

1 can detect → can be detected

2 ④

3 not be enough to convince

4 helping to validate the belief that the positive emotion is genuine

🔍해석 미묘하고 절제된 긍정적 비언어적 요인들이 다른 미묘한 확증적인 행동들의 세심한 관찰을 통해 감지될 수 있다. 예를 들어, 우리의 얼굴은, 영리한 관찰자에게 우리가 정말로 행복하다는 것을 확신시키기에 그 자체로는 충분치 않은 흥분

을 흘릴 수도 있다. 하지만, 우리의 발은 추가적으로 확증적인 흥분의 증거를 제공해 그러한 긍정적 감정이 진짜라는 믿음을 인정하는 데 도움을 줄 수 있다.

Exercise 04

1 It was one of those children's toys **which had** a short wooden post held upright on the floor and a bunch of round rings

2 not so difficult as to be totally frustrating

3 tension, balance, boredom

🔍해석 여러 해 전 심리학자들이 한 가지 실험을 하였는데 그 실험에서 그들은 사람들을 고리 던지기 세트 외에는 아무것도 없는 방에 있게 하였다. 그 기구는 바닥에서 위로 똑바로 세워진 짧은 나무로 만든 기둥과 여러 개의 둥근 고리를 갖춘 아이들의 장난감 중 하나였다. 피실험자들은 최대한 즐겁게 시간을 보내도록 오직 그들만 방안에 남겨졌다. 예상했던 대로 그들은 시간을 죽이기 위해 고리를 기둥을 향해 던지기 시작했다. 심리학자들은 그 사람들 대부분이 기둥을 향해 고리를 던지는 것이 도전적이기는(어렵기는) 하지만 완전히 좌절감을 느끼게 할 만큼 그렇게 어렵지는 않을 정도의 거리를 기둥으로부터 둔다는 사실을 발견하였다. 다시 말하면, 그들은 한편으로는 좌절감과 다른 한편으로는 무료함 사이의 경계에 자신들을 의도적으로 위치시켰다. 긴장을 만들어냈다 해소하는 반복적인 과정이 그 행위를 자극적으로 만들었던 것이다. 피실험자들은 좌절감과 무료함의 균형을 맞추기 위해 기둥으로부터의 거리를 달리해서 적당한 긴장을 만들어냄으로써 고리 던지기 행위를 자극적으로 만드는 경향이 있었다.

Unit 35 결과를 나타내는 부사절 구문

Exercise 01

1 It was such a hot day that we went out for a swim.

It was so hot a day that we went out for a swim

2 She was so kind that everybody in her class liked her.
She was so kind a girl that everybody in her class liked her.

Exercise 02

1 such a strong boy that he could do
2 so accustomed to it that we look on it as
3 so poor that he cannot afford to be
4 some idea or some statement makes such an impression that we wish to refer to it again
5 the object of education should be to fit the child for life / such a well-worn saying that people smile at its commonplaceness

Exercise 03

1

1 has → have
2 so rough has been the treatment of my little library
3 to tell the truth
4 평상시에도 나는 그것을 거의 깨끗하게 취급하지 못해서

🔍해석 나는 아주 자주 옮겨 다녔고, 이사를 갈 때마다 나의 작은 서재를 소홀히 다루어서, 솔직히 말하자면 평상시에도 나는 그것을 거의 깨끗하게 취급하지 못해서, 심지어는 내가 가지고 있던 책 중 그나마 깔끔한 것들조차도 제대로 간수하지 못한 결과를 보여준다.

2

1 ⓐ will be said ⓑ whose
2 such that a car is taken more or less for granted
3 depending on, socioeconomic

🔍해석 가난한 사람들 사이에서는 '그는 차가 있어.'라는 말은 어느 정도의 존경과 질투, 또는 결국은 그러한 지나친 부에 대한 비난의 어투로써 말해 질것이다. 그 전반적인 수입 수준이 차를 소유하는 것이 어느 정도 당연한 것으로 여겨질 정도인 사람들 사이에서는 그러한 진술은 감정적인 것이 아니라, 단지 사실에 대한 언급일 따름이다.

Exercise 04

1

1 This made me so embarrassed that I just stood there without knowing what to do.
2 코치가 의도한 것: just standing after missing the ball
선수가 이해한 것: missing the easy ball

🔍해석 야구 시합 중 나는 쉬운 공을 놓쳤다. 이것은 나를 너무 당황스럽게 만들어서 난 어쩔 줄 모르고 거기에 서 있었다. 실망스럽게도, 상대 팀이 3점을 얻었다. 게임 후에 코치가 "다시는 그렇게 해서는 안 돼!"라고 소리쳤다. 나는 "안 그럴게요. 다시는 그런 쉬운 공은 안 놓칠게요."라고 주저하며 대답했다. "놓친다고" 그가 소리쳤다. "너는 많은 공을 놓칠 거야. 그건 문제가 아냐. 문제는 그 후의 네 행동이지. 네가 거기 서 있는 동안, 상대 팀이 몇 점이나 냈느냐?"

어휘 embarrass 당황스럽게 만들다, 곤란하게 만들다
hesitatingly 주저하듯이, 망설이듯이

2

1 the institution of language exists for the purpose of serving as a means of communication between human beings
2 languages have taken such a number of diverse forms
3 Ⓐ languages, commonly Ⓑ language barriers

🔍해석 언어 제도는 인간 사이의 의사 소통 수단으로 기능할 목적으로 존재하지만, 지금까지 인류 역사에서 언어 제도의 사회적 효과는 실제로 인류 전체를 분열시키는 것이지 통합하는 것이 아닙니다. 언어는 매우 다양한 형태를 취했기 때문에 가장 널리 통용되는 언어조차도 아직 인류의 일부 이상에게 공통된 적이 없으며, 이해할 수 없음은 이방인의 특징입니다.

Unit 36 too 형용사(부사) to ⓡ 구문

Exercise 01

1 This problem is so difficult that I cannot solve.
이 문제는 너무 어려워서 내가 풀 수 없다.

2 This river is not so deep that I can swim across.
이 강은 내가 건너기에 너무 깊지 않다.

3 This book is so exciting that I can keep on reading.
이 책은 너무나 재밌어서 계속해서 읽을 수 있다.

4 It is so complicated that he cannot express verbally.
그것은 너무 복잡해서 그가 말로 표현할 수 없다.

5 It is so deep and huge that we cannot count the parent's mind.
그것은 너무나 깊고 커서 우리는 부모님의 마음을 헤아릴 수 없다.

Exercise 02

1 He was too modest to tell a lie / too timid to tell the truth

2 She was too deeply impressed / not to write to the government

3 they were not too proud to learn / the people whom they conquered

4 Amoebas are far too small to be seen without a microscope.

5 found the advanced calculus problems in the textbook too challenging to solve without seeking help from his professor

Exercise 03

1

1 so much superior / that / cannot be / understood

2 is usually too superior to be quickly appreciated

3 superiority

🔍해석 천재는 주변의 사람들보다 너무나 뛰어나서 빨리 이해될 수 없다. 그리고 그의 책, 그림, 조각상, 혹은 음악은 대개 너무 뛰어나 빨리 진가가 알려지지 않는다. 아마, 그가 오래 산다면, 죽기 바로 전에 혹시 약간의 성공을 거둘지도 모른다.

2

1 학교에서 많이 배워서, 사랑에 관해서 많이 알고 있었다.

2 love

3 a matter that only concerned young people

4 who had sons as old as I

5 exclusive

🔍해석 나는 많은 소설을 읽고 학교에서 많이 배워서, 사랑에 관해서 많이 알고 있었다. 그러나, 사랑은 젊은이들에게만 관계가 있는 것이라고 생각했다. 나는 턱수염이 나고, 내 나이의 아들을 몇 가진 사람도 그런 종류의 감정을 가질 수 있다는 것을 상상할 수 없었다.

Unit 37 결과를 나타내는 부정사 구문

Exercise 01

1 He grew up <u>to be</u> a famous scholar.

2 She woke up <u>to be</u> an outstanding actress.

3 The hunter went deep into the forest, <u>never to return.</u>

4 He tried to answer <u>only to fail.</u>

5 I ran very fast <u>only to be</u> late for school.

Exercise 02

1 wake up to find yourself

2 never again to rise

3 make up their minds to do some good things / only to forget all about them

4 He evolved to become a leader in the emerging community / paved the way for / leaving a lasting legacy for generations to come

5 the efforts to control inflation proved insufficient / only to exacerbate the challenges faced by businesses and consumers alike

Exercise 03

1

1 그들 모두는 누워서 즐거운 꿈을 꾸며 다시는 깨어나지 않을 수 있을 것이다.

2 because → because of

3 ⓐ induce a state of pleasant dreams
  ⓑ prevent them from waking up
  ⓒ met their fate while singing happy songs

📋해설 아편을 많이 복용하면, 그들은 모두 누워 즐거운 꿈을 꾸며 다시는 깨어나지 않을 수 있을 것이었다. 하지만 그들은 마약을 무시하고 서로를 격려하는 노래를 부르며 죽었다. 우리는 그들의 얼어붙은 몸과 함께 발견된 작별 편지 때문에 그들이 그렇게 했다는 것을 알고 있다.

2

1 only to watch him die an agonizing death

2 keep myself away / what I should do

🔍해설 내가 보기에 그는 자신을 죽이고 있는 것 같고, 내가 그의 흡연에 관해 할 수 있는 일은 없다. 내가 이렇게 지내며 계속 그와 더욱 깊은 사랑에 빠져서 그가 폐암으로 고통스럽게 죽는 것을 봐야 하는 것일까? 지금까지 나는 결심이 설 때까지 그와 거리를 두고 있는 중이다.

Exercise 04

1 only to find himself suddenly entrapped

2 ⓐ the seal ⓑ a fish ⓒ the seal ⓓ the polar bear

🔍해석 과학자들에 의하면 북극곰들은 거의 전적으로 물개를 잡아먹고 산다고 한다. 그러한 식사를 즐기기 위해서 북극곰들은 때때로 약간 교활한 속임수에 의존한다. 만약 물개가 자신의 먹이를 얻는 구멍이 얼음 가장자리 근처에 있으면 북극곰은 숨을 깊이 들이쉰 다음 물속에서 헤엄쳐 그것의 정확한 위치로 이동한다. 얼음 밑에 있으면서 북극곰은 물고기를 흉내내어 아주 작은 긁는 소리를 낸다. 마법에 걸린 물개는 이 소리를 듣고서 손쉬운 저녁 식사거리를 위해 물 속으로 잠수하지만 스스로가 육식 동물(북극곰)의 배고픈 큰 포옹에 갑자기 걸려들었다는 것을 알게 된다.

📖어휘 polar bear 북극곰 seal 바다표범, 물개 resort to ~에 의존하다 trickery 속임수, 사기 entrap 함정에 빠뜨리다, 속여서 빠져들게 하다 embrace 포옹 predator 약탈자, 육식동물

Unit 38 so [as] 형용사(부사) as 구문

Exercise 01

1 American pop groups became as famous as British groups.

2 I am not so as interested in literature as you.

3 He tried to absorb as much knowledge as he could.

4 I am as careful as you are.

5 This hall is as wide as long.

6 Susan is not so old as she looks.

Exercise 02

1 are moving as rapidly as the ship

2 don't read as much as we did / spend so much of their time watching TV

3 to draw whatever you are really interested in / as much as possible

4 arguments that are as thought-provoking as they are controversial / the ethical complexities surrounding the use of the death penalty in society

5 Chomsky's linguistic theory is as groundbreaking as it is controversial / innate cognitive structures that have sparked debates within the linguistic community

Exercise 03

1

1 positive / bright
2 as gentle as I see others harsh
3 honest → dishonest
4 as good as I see others wicked

🔍해석 나는 유쾌하지 못한 사람을 만나면, 그 만큼 유쾌해지려고 노력한다. 나는 다른 사람이 거친 만큼 부드러워지려고 노력하고, 다른 사람들이 부정직한 만큼 정직하고 다른 사람들이 사악한 만큼 선하려고 노력한다.

2

1 as happy as they make up their minds to be
2 ⑤
3 walking up the stairs of the Long Island Railroad station in New York.
4 ① what → that ④ was struggled → was struggling ⑤ astonishing → astonished

🔍해석 Abe Lincoln은 한 때 "대부분의 사람들은 자신들이 마음먹은 만큼만 행복해 한다"고 말했다. 그는 옳았다. 나는 그런 사실의 생생한 예시를 뉴욕의 Long Island 역의 계단을 오르면서 보았다. 나의 바로 앞에 지팡이와 목발을 짚은 3, 40명의 장애 소년들이 계단을 힘들게 오르고 있었다. 나는 그들의 웃음과 활기에 놀랐다.

Exercise 04

1

1 Since we don't want to be the odd ones out and to reveal our shameful feelings.

2 We are sometimes sad or lonely. (또는 We don't feel happy or content.)
3 ⑦ fake(hide, disguise) ⓛ the odd ones out ⓒ satisfied(happy)

🔍해석 우리는 아픔을 숨기고 거짓 미소를 짓고 당당한 얼굴 표정을 하라는 가르침을 받는다. 그리고 우리가 보게 되는 대부분의 것이 다른 사람들의 햇볕에 완벽하게 탄 얼굴 위에 드러난 완벽한 미소일 때는 우리는 우리 자신만이 외톨이라고 믿기 시작하는데, 그 이유는 우리가 가끔씩 슬프고 외롭게 느끼거나 다른 모든 사람이 그래 보이는 것만큼 행복하거나 만족스럽게 느끼지 못하기 때문이다. 외톨이가 되고 싶지 않고, 부끄러운 감정을 드러내고 싶지 않아서, 우리는 우리의 불행을 자신의 가면으로 가리고는 어떻게 지내냐는 질문을 받았을 때도, 윙크를 하고 미소를 지으며 "아주 잘 지냅니다"라고 대답한다. 그리고 나서 우리는 신경정신과 의사에게 달려가서 그런 강요가 필요도 없는 그녀에게 우리의 슬픔을 없애 달라고 강요한다. 우리는 어리석은 행진에 동참하며 우리의 인간성을 부인하는 위대한 기만의 공범자가 된다.

🔤어휘 fake ~인 체하다, 위조하다 the odd one out 혼자만 다른[겉도는] 사람 psychiatrist 정신과 의사 folly 어리석음, 바보짓 accomplice 공범

2

1 Ⓐ which was at its inception not as refined as paid technologies from Apple and Microsoft Ⓑ has become equally as sophisticated as conventional development technologies
2 Android developers can develop not only for smartphones, but also for new and emerging consumer electronic devices that are network-compatible and thus available to connect to the Android Market
3 open source technologies

🔍해석 Android는 처음에는 Apple 및 Microsoft의 유료 기술만큼 세련되지 않은 오픈 소스 기술을 기반으로 합니다. 그러나 지난 20년 동안 오픈 소스 소프트웨어 기술은 기존 개발 기술만큼 정교해졌습니다. 대부분의 소비자 가전 제조업체가 Windows 및 Macintosh 운영 체제 대신 Linux 및 Java를 선택했기 때문에 이것은 Internet 2.0에서 분명합니다. 따라서 Android 개발자는 스마트폰뿐만 아니라 네트워크 호환이 가능하여 Android 마켓에 연결할 수 있는 새로운 소비자 전자 장치를 개발할 수 있습니다.